# Der lange Weg zum Anfang

Dieter Wellershoff

# Der lange Weg zum Anfang

Zeitgeschichte, Lebensgeschichte, Literatur

Kiepenheuer & Witsch

1. Auflage 2007


Umschlaggestaltung: Linn-Design, Köln
Autorenfoto: © Peter Peitsch/peitschphoto.com
Gesetzt aus der Stempel Garamond
Satz: Buch-Werkstatt GmbH, Bad Aibling
Druck und Bindearbeiten: GGP Media GmbH, Pößneck
ISBN 978-3-462-03765-4

# Inhalt

# Hier und jetzt

## Eine Vorbemerkung

Die in diesem Buch versammelten Aufsätze, Reden und Gespräche stellen eine Auswahl aus Einzeltexten dar, die alle zwischen 1998 und 2006 entstanden sind, in dem Zeitraum, in dem ich meine letzten drei Bücher geschrieben habe – den Roman »Der Liebeswunsch«, den literaturgeschichtlichen Essay »Der verstörte Eros« und den Erzählungsband »Das normale Leben«. Im Vergleich mit ihnen kann man die Texte dieses Buches als Nebenarbeiten bezeichnen, denn sie sind zwischen den zitierten Büchern oder in kurzen Unterbrechungen der über Monate oder Jahre sich erstreckenden Arbeit entstanden, in der Regel angeregt durch Fragen, Situationen, Erinnerungsanlässe, also herausgefordert vom täglichen Hier und Jetzt, dem man ja immer noch angehört, auch wenn man täglich viele Stunden und manchmal auch Tag und Nacht in der entstehenden imaginären Welt eines Romans verbringt.

Es handelt sich also um Gelegenheitstexte, was nach meinem Verständnis nichts mit Beliebigkeit zu tun hat. Gelegenheiten ergeben sich nicht jederzeit, sondern nur dann und wann, wenn ein Problem, ein Ereignis, eine Forderung der Außenwelt mit einer inneren Disposition, einer persönlichen Aufmerksamkeitsrichtung zusammentrifft und sich manchmal sofort, manchmal nach einigem Nachdenken als ein Thema zu erkennen gibt, zu dem man etwas beizutragen hat. Wenn es sich darum handelt, über sich und seine Arbeit Auskunft zu geben und kritische Fragen zu beantworten, wie in dem langen insistierenden

Gespräch mit Daniel Lenz und Eric Pütz, das den Anfang dieses Buches bildet, hat man die Gelegenheit, sich zu äußern, die Eindringlichkeit einer Herausforderung oder einer Prüfung, der man sich stellen muß. In anderen Fällen, wie dem Vortrag, den ich bei einer Jubiläumsveranstaltung anläßlich des 50. Todestages von Gottfried Benn im Berliner West-End-Krankenhaus gehalten habe, oder bei dem Vortrag zur Jahresversammlung der Kölnischen Gesellschaft für die Christlich-jüdische Zusammenarbeit, ist das Thema meist nur ein Rahmen für selbstgewählte Fragestellungen und Perspektiven. Die Erwartung der Zuhörer, aber auch schon der Veranstalter ist auf persönliche Gedanken des Redners eingestellt und nötigt ihn, sich erneut mit dem Rahmenthema der Veranstaltung auseinanderzusetzen und das mit der Zeit erworbene vermeintliche Bescheidwissen in Frage zu stellen. So wurde mir bei der Vorbereitung meines Vortrages über Benn klar, wie weit ich mich in den letzten Jahrzehnten von Benn entfernt hatte und was immer schon mein Grundeinwand gegen ihn gewesen war.

Neben den allgemeinen, noch unspezifischen Erwartungen eines größeren Publikums gibt es auch besondere und meist auch unerwartete Fragen, die zu einem Schreibanlaß werden. So zum Beispiel als mich Friedrich Schorlemmer für eine von ihm geplante Anthologie um eine erläuternde Äußerung bat, was der für mich persönlich bedeutendste Bibeltext sei. Diese Frage schärfte einen Gedanken in mir, den ich seit langem mit mir herumgetragen hatte. Nun kam er gewissermaßen zur Welt. So viel zu Gelegenheiten. Sie sind Signale, die, hier und jetzt aufleuchtend, die Vielfalt des Lebens signalisieren und uns zu Antworten herausfordern, manchmal mit belästigender Dringlichkeit. Nachträglich läßt sich dann vielleicht entdecken – und so erging es mir bei der Auswahl der Texte für dieses Buch –, daß die unabhängig voneinander entstandenen, thematisch und auch formal unterschiedlichen Texte sich hier und da in einzelnen Motiven überschneiden. Dadurch sich ergebende Wiederholungen sind Knotenpunkte übergreifender Zusammenhänge, die dem im Buch stöbernden Leser nicht entgehen werden.

# Wahrnehmung, Vorstellung, Evidenz

## Gespräch über das Schreiben mit Daniel Lenz und Eric Pütz

*Könnten Sie für die Leser dieses Interviews, denen Ihre Vita nicht so vertraut ist, erst einmal Revue passieren lassen, unter welchen Umständen und in welchen Etappen sich Ihr Schreiben entfaltet hat?*

Das erste, was ich geschrieben habe, war eine Indianergeschichte. Der Text stand noch in einem engen Zusammenhang mit meinen Spielen. Er war eine Spielvorlage für mich und meine Freunde. Danach begann ich, Kriegsbücher zu lesen. Und dann, in der Erholungsphase nach einer längeren Erkrankung, Dramen von Schiller, Goethe, Kleist und Shakespeare. Ich schrieb dann auch selbst zwei Theaterstücke über historische Themen. Und einige Gedichte. Als ich mit 17 Jahren Soldat wurde, ist das alles für Jahre abgebrochen und verschüttet worden. Nach dem Krieg versuchte ich mich an einem Roman. Es war ein Kriegsheimkehrerroman. Aber er war weit von meinen eigenen Erfahrungen entfernt. Ich kam gar nicht erst auf die Idee, darüber zu schreiben. Statt dessen dachte ich mir eine Geschichte aus, die meinen damaligen Vorstellungen von Literatur entsprach. Ich dachte, es müsse ein Thema von exemplarischer Bedeutung, mit einer gewissen Fallhöhe sein – ich hatte eben mehr Theaterstücke als Romane gelesen und natürlich die typischen UFA-Problemfilme gesehen. Also schrieb ich über einen Pianisten, der im Krieg einen Arm verloren hat. Es war ein typisches Anfängerunternehmen im Stil der vierziger Jahre. Als ich begann, kannte ich keine moderne Literatur. Es hatte sie ja nicht gegeben. Im Winter 1946/47, ich arbeitete damals im Bautrupp der Universität Bonn, hörte ich Wolfgang Borcherts Heimkehrerstück »Draußen vor der Tür« im Radio, las dann auch Borcherts Geschichten und begann, während der ersten Studiensemester ähnliche Geschichten zu schreiben, immer am Wochenende. Ganz schlecht scheinen sie nicht gewesen zu sein, denn es fand sich ein kleiner Verlag, der sie veröffentlichen wollte. Glücklicherweise ist er vorher bankrott gegangen. Während des Studiums lernte ich dann auch zeitgenössische Literatur kennen, vor allem französische und amerikanische Autoren. Ich promovierte im Frühjahr 1952 über Gottfried Benn und arbeitete noch einige Zeit als Redakteur der überregionalen »Deutschen Studentenzeitung«, kam dabei auch in Kontakt mit Autoren wie Böll, Hildesheimer, Rühmkorf und anderen und ging allmählich dazu über, Features, Nachtprogramme, später auch Hörspiele für den Rundfunk zu schreiben. Alles war eine Art Training für mich. Aber auch harter Broterwerb, der auf die Dauer eine sich abnutzende Routine zu werden drohte.

Dann bekam ich den Auftrag, ein Buch über Gottfried Benn zu schreiben, was der Anfang meines essayistischen Schreibens war. Das brachte mir anschließend das Angebot des Verlegers Witsch ein, Lektor in seinem Verlag zu werden. Ich sah das als einen vorübergehenden Job, der es mir ermöglichen sollte, zunächst einmal das Schreiben am laufenden Band für das Rundfunkprogramm loszuwerden. Der Lektoratsjob löste zunächst einmal einige Lebensprobleme. Ich war verheiratet, und wir hatten inzwischen zwei Kinder, dann kam mit einigem Abstand noch ein drittes dazu. Da brauchte man soziale Sicherheit. Außerdem sagte ich mir, Berufserfahrung könne für einen Schriftsteller nicht schlecht sein. Es ist ja ein neuer vielfältiger Kontakt mit dem Leben und mit vielen interessanten Menschen.

*Sie haben 20 Jahre für den Verlag Kiepenheuer und Witsch im Lektorat gearbeitet. Schätzen Sie diese Arbeit eher als eine gute Voraussetzung für diesen Beruf ein, oder schafft sie ein zu hohes Maß an Selbstkritik?*
Ich habe nur einige Jahre einen Fulltime-Job gehabt. Ich begann im Herbst 1959. Und etwa fünf Jahre später habe ich die Lektoratsarbeit auf drei Tage in der Woche reduziert, indem ich vom Verleger anstelle fälliger Gehaltserhöhungen mehr Freizeit erbat. Schließlich habe ich nur noch einen Tag in der Woche und meistens zu Hause an einzelnen Verlagsprojekten gearbeitet. Es war also ein schrittweiser Übergang vom Lektorenjob zum Beruf eines freien Schriftstellers, der allein von seiner literarischen Produktion lebt. Ihre Frage, ob die Lektoratsarbeit förderlich oder hemmend und erschwerend für die schriftstellerische Arbeit gewesen sei, muß ich mit einem Einerseits-Andererseits beantworten. Sie bedeutete eine beträchtliche Verzögerung, und solange ich beides nebeneinander betrieb, auch eine große Erschwernis. Aber ich halte es für nicht ausgeschlossen, daß ich diese Verzögerung gebraucht habe, um immer deutlicher in mir selbst eine persönliche Vorstellung von meinem eigenen Schreiben entstehen zu lassen. Das bestärkte mich in meiner Neigung, allein auf mich selbst zu vertrauen und mir in der Literaturlandschaft ein eigenes Terrain zu erobern. Ich glaube aber sagen zu können, daß schon meine Arbeit als Lektor einem persönlichen Konzept folgte. Ich suchte vor allem jüngere Autoren, in deren Texten ich verwandte Vorlieben und Perspektiven entdeckte. Und das Gespräch über die Texte und die Arbeit am Manuskript waren mir immer der liebste Teil der Lektoratsarbeit. Dabei habe ich

viel gelernt. Vor allem hat sich mein Blick für Details und dramaturgische Entwürfe geschärft. Aber da ich nie an Rezepte geglaubt habe, hat mir das nie im Weg gestanden. Im Grunde war die Lektoratsarbeit, wie schon das Wort sagt, für mich nichts anderes als ein besonders intensives Lesen, und jeder Schriftsteller wird bestätigen, daß Lesen eine fundamentale Voraussetzung des Schreibens ist.

*In Ihren Frankfurter Poetikvorlesungen »Das Schimmern der Schlangenhaut« erzählen Sie, wie Sie neben Ihrer Arbeit als Lektor zunächst nur an zwei freien Tagen in der Woche literarische Texte verfaßten. Als Vollzeitschriftsteller genießen Sie nun schon lange Zeit den Luxus, immer dann schreiben zu können, wenn Sie es wollen. Welche Unterschiede sehen Sie in diesen beiden Möglichkeiten zu arbeiten? Haben Sie damals mit mehr Disziplin geschrieben, weil die Zeit kostbarer war?*
Ich habe in den Jahren, als ich nur an zwei Wochentagen, am Wochenende und abends oder in der Nacht an meinen Texten schreiben konnte, gewissermaßen um mein Leben geschrieben. Voraussetzung war, daß ich Erfolg als Lektor hatte, damit der Verleger mich halten wollte und bereit war, mir entgegenzukommen und mir mehr freie Zeit einzuräumen. Ich baute in den ersten Jahren eine wissenschaftliche Abteilung und auch das außer Heinrich Böll damals wenig bedeutende Lektorat für die zeitgenössische deutsche Literatur auf. Dadurch war ich allerdings in der Öffentlichkeit zunächst einmal als Lektor definiert. Und so etwas läßt sich nicht von heute auf morgen wieder ändern. Außerdem bekam ich ein sehr verlockendes Angebot vom Rundfunk und später auch Angebote von zwei Universitäten, die mich habilitieren wollten und mir einen Lehrstuhl versprachen. So etwas kann man nicht mit leichtem Herzen ablehnen, wenn man verheiratet ist

und drei Kinder hat. Ich brauchte die kameradschaftliche Solidarität meiner Frau, um statt all dieser verlockenden, Sicherheit gewährenden Möglichkeiten einen höchst ungewissen Lebensweg als Schriftsteller zu beginnen. Ich mußte nun also den Beweis antreten, daß dieser Entschluß sinnvoll war, und ich trat ihn auch praktisch unter erschwerten Bedingungen an. Das Schreiben ist ein sich selbst verstärkender Prozeß, der ungestörte Kontinuität braucht, um sich entfalten zu können. Es ist schädlich, wenn nicht gar zerstörerisch, ständig zwischen eigenen und fremden Manuskripten hin- und herwechseln zu müssen. Aber was half's. Das waren die Bedingungen, unter denen ich meine ersten beiden Romane schrieb. Da die Wohnung zu klein war und lebhafte Kinder darin herumliefen, schrieb ich in Cafés, in der Wohnung einer Kollegin oder abends nach Dienstschluß in meinem Arbeitszimmer im Verlag. Ich weiß selbst nicht mehr, wie ich das geschafft habe. Heute hätte ich vermutlich ein Jahresstipendium bekommen können, das dann nach Bedarf auch noch einmal verlängert worden wäre. Aber ich weiß gar nicht, ob das ein Vorteil gewesen wäre. Denn wie soll ein Schriftsteller ein Thema entwickeln, wenn der Reibungswiderstand des Lebens durch fürsorgliche Subventionen seiner Arbeit bis gegen null vermindert wird? Ich habe mir gesagt, für mein Lebenskonzept und seine Verwirklichung ist niemand zuständig außer mir selbst.

Es muß mit diesen schwierigen Jahren zusammenhängen und mit der vorausgegangenen Erfahrung des Krieges, den ich nur durch viele Zufälle überlebt habe, daß mir das Leben als Kampf ums Überleben und als ein von den Gefahren des Scheiterns, der Selbsttäuschung bedrohtes Glücksspiel erschienen ist. So habe ich es – um es in extremer Verkürzung zu sagen – in meinen Büchern dargestellt. Wenn man meinen beiden ersten Romanen noch einen methodischen Purismus ansehen mag, dann hängt das mit der Situation zusammen, in der sie entstanden sind. Ich brauchte wegen der ständigen Unterbrechungen deutliche stilistische und strukturelle Konzepte, an denen ich mich immer wieder orientieren konnte. Zweifellos gehören auch diese Bücher schon zu mir. Aber danach habe ich noch mehr Freiheit gewonnen.

*Mir ist kaum ein Autor bekannt, der sein eigenes Schreiben oder das Schreiben im Allgemeinen mit solch einer Akribie und in einer solchen Kohärenz reflektiert hat wie Sie – seltsamerweise hat man Ihnen das ja oft nachteilig ausgelegt. Nun hat Walser geschrieben, daß die Sprache permanent »Überraschungen« produzieren müsse, damit er nicht zum »Erfüllungsgehilfen« seiner Pläne würde. Sie selbst haben in einem Essay 1991 geschrieben, daß ein Autor, der sich in die eigenen Karten guckt, die notwendige Spontaneität und Unbewußtheit der Phantasieproduktion durchbricht. Gab es durch diese permanente Selbstreflexion Interferenzen zu Ihrem fiktionalen Schreiben?*

Ich habe zweimal, auf Einladung eines Universitätsseminars und in der »Mainzer Akademie der Wissenschaften und der Literatur«, über die Entstehung einer eigenen Arbeit gesprochen. Und außerdem noch die Frankfurter Poetik-Vorlesungen gehalten, bei denen ich, wie auch meine Vorgänger in Frankfurt, von eigenen Schreiberfahrungen ausgehend, über mein Verständnis von Literatur gesprochen habe. Das ist, bis auf eine kleine Marginalie unter dem Titel »Neuer Realismus«, die 1965 in der Hauszeitschrift des Verlages Kiepenheuer & Witsch erschien und sich vor allem auf eine Gruppe von Autoren bezog, die ich als Lektor betreute, schon so ziemlich alles, was man als textbezogene Selbstreflexion bei mir finden kann. Aber auch das sind keine normativen oder gar rezepthaften Texte. Die weit überwiegende Anzahl meiner Essays zur Literatur beschäftigt sich mit grundsätzlichen Themenstellungen und Aspekten und zieht als Beispiele die Texte anderer Autoren heran. Ein thematischer Kern war die Frage, was denn Literatur überhaupt sei und welche Funktion, welche menschliche Bedeutung sie habe. Die Diskussion darüber war ausgelöst worden durch die literaturfeindlichen, aktionistischen Thesen von 1968. Damals tönte es, Literatur sei überflüssig und bedeutungslos, es sei denn, sie diene der unmittelbaren Vorbereitung politischer Praxis. Den genauso einseitigen Gegensatz bildete die These, Literatur sei »l'art pour l'art«, also selbstgenügsam in sich kreisende Kunst. Ich versuchte diesen unfruchtbaren Gegensatz zu überwinden, indem ich darlegte, Literatur sei zwar ein von den Zwängen der Praxis freigesetzter, fiktionaler Raum, bleibe aber auf die außerliterarische Wirklichkeit bezogen. Sie sei nämlich eine imaginäre Probebühne, auf der wir uns, entlastet von den Anpassungszwängen des praktischen Lebens, alle unsere Möglichkeiten bis zur äußersten Konsequenz vor Augen führen könnten. Sie sei deshalb der mediale Raum, in dem sich unsere Wahrnehmung des Lebens erneuere und vertiefe. Über solche und ähnliche Themen habe ich geschrieben. Das entspricht zwar meiner persönlichen Sicht der Literatur, hat aber überhaupt nichts mit einem Schreiben nach poetologischen Konzepten zu tun. Das kann man ja auch gar nicht. Denn beim Schreiben einer Erzählung oder eines Romans ist man auf viele unvorhersehbare, unplanbare Einfälle angewiesen, die während des Schreibens entstehen. Wenn Martin Walser meint, die Sprache produziere diese notwendigen Überraschungen, dann ist das nach meiner Erfahrung nicht genau. Die Sprache kann von sich aus gar nichts hervorbringen, denn die Einfälle, also die überraschenden Wendungen einer Geschichte, die individuellen Besonderheiten und Reaktionen einer handelnden Person, die zufälligen Details, mit denen keiner gerechnet hat, entstehen aus der intensiven Phantasie und Denkarbeit des Autors, seiner fortschreitenden Einfühlung und Versenkung in die dargestellte Situation und ihre Akteure und auch durch ständige Selbstreflexion des Autors. Die Sprache ist das Instrument oder das Organ, mit dem diese Prozesse sich einen Ausdruck verschaffen. Ohne ein starkes, Perspektive schaffendes Interesse bliebe die Sprache neutral wie ein Wörterbuch. Wie man das Instrument Sprache spielt, welche Nuancen, Farben, Rhythmen man ihm abgewinnen kann, das ist natürlich unterschiedlich. Ich zum Beispiel mag keinen Sprachschmuck und keine Stilgrimassen. Die Sprache soll ihre Gestalt im Erscheinen der dargestellten Sache, des dargestellten Vorgangs finden.

*War es denn für Sie nicht schwierig, das reflektierende und das darstellende Schreiben zu trennen? Und was gab es da für Interferenzen?*
Essays und erzählerische Texte sind für mich nicht grundsätzlich getrennt. Sie haben ihre innere Einheit in meiner Person, in meinen Interessen und stehen in einer produktiven Wechselwirkung zueinander. Die Schreibanlässe sind allerdings verschieden: Wenn man einen Essay oder einen Vortrag schreibt, ist man in der Regel dazu eingeladen worden. Es ist ein Beitrag für ein Symposium, einen Workshop, eine Anthologie oder eine Vorlesung an einer Universität. Einen Roman oder eine Novelle schreibt man nicht zu einem bestimmten Zweck, und sie entstehen, meistens mit einem langen Vorlauf vor dem eigentlichen Schreiben, in vielen Entwicklungsschritten allein im Kopf des Autors, ohne Auftrag und Bestellung. Im übrigen glaube ich, daß ich die Essays, die ich geschrieben habe, ohne die Schreiberfahrung als Prosaautor und

Autor von Hörspielen und Drehbüchern so nicht hätte schreiben können. Der Schreibprozeß ist bei beiden Textformen zumindest in einer Hinsicht ähnlich – ich mache mir keine Pläne, sondern versuche, innerhalb des Themas und erster ungefährer Gesamtvorstellungen in einen spontanen Denk- und Vorstellungsprozeß hineinzukommen und mich für Einfälle offenzuhalten.

*Der Widerstand gegen das Schreiben stellte 1988 den Anlaß dar, das gleichnamige Essay über dieses Problem zu verfassen. Mit diesem Essay ist Ihnen also klargeworden, was diesen Widerstand hervorrief.*
Die Ausgangssituation war der Auftrag, für eine Anthologie über das Schreiben einen Beitrag zu verfassen. Ich hatte den Auftrag angenommen, empfand aber später, als ich mich an die Schreibmaschine setzte, nicht die geringste Lust dazu. Ich kam dann dahinter, daß ich deshalb keine Lust hatte, weil mir nichts Neues einfiel und ich nichts Schablonenhaftes schreiben wollte. Das brachte mich darauf, eben das zum Thema zu machen. Ich schrieb einen Aufsatz, in dem ich den inneren Widerstand gegen das Schreiben als den Widerstand gegen die Schablone interpretierte.

*Sind viele Ihrer Essays so entstanden, daß Sie an etwas stießen und sich dem stellen mußten?*
Ja, der Anfang ist eigentlich immer ein Eindruck oder ein Einfall, der Fragen nach sich zieht. Warum ist etwas so, wie es erscheint? Ist es wirklich so? Kann ich es noch anders sehen?

In dem Roman, an dem ich gerade schreibe, gibt es eine Szene über ein Paar, das sich heimlich trifft. Beide sind verheiratet und hintergehen ihre Partner, obwohl alle vier seit Jahren eng befreundet sind. Um sicherzugehen und nicht in der Öffentlichkeit aufzufallen, hat der Mann ein Zimmer gemietet, in dem sie sich gelegentlich für zwei, drei Stunden treffen. Das ist der Grundeinfall. Nun muß ich mir vorstellen, wie diese beiden Menschen diese Situation erleben und wie sie sich verhalten. Es fällt mir ein, das fast leere, anonyme Zimmer ist für die Frau der fremdeste Ort der Welt, herausgenommen aus allen lebendigen Beziehungen, umgebungslos. Das gibt mir eine Stimmung für die Situation. Nun kann ich die Frau beobachten, die als erste kommt. Sie ist unter einem Vorwand von zu Hause weggegangen. Der Mann, er ist Chirurg, kommt aus dem Operationssaal zum Treffpunkt, meistens später als sie. Sie muß warten. Die Unwirklichkeit des Zimmers motiviert sie, sich ins Bett zu verkriechen. Vorher legt sie alles ab, was sie an ihre alltägliche Existenz erinnert, auch ihren Schmuck und ihren Ehering. Es ist etwas Radikales in ihrem Verhalten, das den Mann fasziniert, aber auch besorgt macht. Denn wohin wird das führen? Er möchte seine normale Existenz nicht aufs Spiel setzen. Sie sehen, schrittweise entfaltet sich die Situation aus einem ersten Ideenkeim heraus. Und das ist der produktive Vorgang beim Schreiben, das schrittweise Erschließen von Vorgängen, Personen, Situationen. Das Schreiben ist der Versuch, herauszufinden, was man über das Leben weiß. Und das ist immer auch eine Selbstbefragung.

*Was macht man als Autor, wenn der Strom der Vorstellungen versiegt?*

Man schaltet ab, geht spazieren, liest etwas und hält dabei, über geheime, halbbewußte Kanäle, immer Kontakt mit seiner Sache. Vielleicht ist es auch sinnvoll, ein Stück des bisher entstandenen Textes durchzulesen und zu überarbeiten, um über die Korrektur wieder ins Schreiben zu kommen.

*Um von der Inhalts- zur Sprachebene überzulenken: In dem Essay »Der Gemeinplatz und das einzig richtige Wort« berichten Sie einleitend über Flauberts immer wiederkehrende Schreibkrisen. Lieber wolle er sterben, als den Anspruch aufzugeben, immer das einzig richtige Wort zu suchen, lieber wolle er sich bei lebendigem Leibe die Haut abziehen lassen, als einen Gemeinplatz zu schreiben. Kommt es bei Ihnen auch vor, daß die Sprache Sie auf ähnliche Art und Weise in die Enge und Verzweiflung treibt?*
Es ist nicht die Sprache, die sich verweigert, sondern es ist die Vorstellung, die stockt. Die Sprache ist zu unendlichen Differenzierungen und Variationen bereit. Sie ist ein Potential. Aber das Denken und Wahrnehmen kann durch Gemeinplätze, also Klischeeansichten der Welt, blockiert sein.

*Ich meine, daß die eigene restringierte Sprachkompetenz einen in die Verzweiflung treibt ...*
Gut, man kann vielleicht einen kleinen Wortschatz haben und zu einem starren Satzbau neigen. Aber das ist meiner Meinung nach ein Indiz für ein Denken, das sich in ausgetretenen Pfaden bewegt. Und auch Eloquenz ist keine Garantie für einen interessanten, differenzierten Text. Das kann nämlich auch auf die Kunst hinauslaufen, »auf einer Glatze Locken zu drehen«, wie Karl Kraus das vom Feuilletonisten gesagt hat. Das Entscheidende ist die Eindringlichkeit und Tiefenschärfe, mit der das Dargestellte erfaßt wird. Aber bei manchen Textstellen ist eventuell Genauigkeit falsch und unangemessen und eine andeutende, unbestimmte Darstellungsweise richtiger.

*Wie kommen Sie dann genau auf den Punkt?*
Es gibt keine feste Regel. Der Text muß Heraklits berühm-

tem Diktum »Alles fließt« gewachsen sein, also mit den Veränderungen und Tempowechseln des dargestellten Geschehens und der subjektiven Dynamik unserer Wahrnehmungs- und Erinnerungsprozesse mitschwingen. Sobald ein festes Stilraster zu dominieren beginnt, stellt sich Monotonie ein. Dafür gibt es viele Beispiele – etwa eine extreme, künstliche Kurzatmigkeit aus gleichförmigen kurzen Aussagesätzen, oder das Gegenteil: eine ständige Überdehnung der Satzstrukturen, oder, um einen berühmten Autor wie Antunes zu nennen, der das Geschehen, das er darstellt, in einer pausenlosen Metaphernflut ertränkt. Die Ausdruckskraft der einzelnen Formulierungen ändert dann nichts daran, daß schließlich der ganze Text nur noch als barocke Sprachtapete erscheint. Oder als ein Klavierspiel, bei dem alle Töne ineinanderfließen, weil der Spieler seinen Fuß nicht mehr vom Pedal herunternimmt.

*Sie plädieren also für eine dynamische, am Erlebnis oder am Geschehen orientierte Schreibweise?*
So kann man es sagen.

*Marcel Reich-Ranicki wirbt für die Brockhaus-Enzyklopädie mit dem Slogan »Wer viel weiß, will noch mehr wissen«. Läßt sich diese Aussage auch in die These umwandeln »Wer viel schreibt, will noch mehr schreiben«? Sie selbst haben bei sich ja festgestellt, daß Sie bei der Produktion eines Romans schon Ansätze für den darauffolgenden finden ...*

Das stimmt. Es ist ein fortschreitender Verzweigungsprozeß, durchaus vergleichbar mit der natürlichen Evolution, die ja auch aus einer Gestalt immer neue Varianten hervorgehen läßt. So haben sich meine fiktionalen Texte als Varianten eines übergreifenden Gesamtthemas entwickelt. Aber es gibt daneben auch die Verzweigung des Schreibens in verschiedene Textformen – fiktionale Prosa, autobiographische Texte, Hörspiele, Drehbücher und Essays. Auch da kann man noch einen gemeinsamen thematischen Hintergrund entdecken und eben auch die gleichen Schreibinteressen, die aufgrund von Gelegenheiten, Notwendigkeiten und Herausforderungen ein so differentes Formenspektrum hervorgebracht haben. Wer das vergleichend liest, wird feststellen, daß es in einem substantiellen Sinn alles meine Texte sind.

Im übrigen funktioniert das auch als eine Überschußproduktion, wieder ähnlich wie in der natürlichen Evolution. Ich habe eine große Menge von Notizen zu möglichen Texten angesammelt, die ich bestimmt nicht mehr alle verarbeiten werde. Aber vielleicht fasse ich sie einmal unter dem Titel »Ungeschriebene Geschichten« zusammen, bevor ich aufhöre zu schreiben.

*Ich kann mir gar nicht vorstellen, daß Sie irgendwann nicht mehr schreiben …*
Vielleicht haben Sie recht. Das Schreiben ist für mich schon seit langem und immer mehr eine natürliche Lebensäußerung geworden. Aber es gibt da in mir auch eine Utopie von einer letzten Lebensphase, die allein einer betrachtenden Haltung gewidmet ist: noch einmal sehen, wie der Schnee fällt und wie es wieder Frühling wird. Bei dieser Phantasie erhole ich mich von den Anstrengungen konzentrierter Arbeit. Aber zunächst schreibe ich einen neuen Roman.

*In Ihren Frankfurter Poetikvorlesungen unterscheiden Sie zwei verschiedene Autorentypen: einerseits diejenigen, die sich wie Journalisten an externen Wichtigkeiten orientieren. Andererseits Autoren, deren »phanta-*

*sieauslösenden Motive« »existentielle Interessen« sind. »[F]ür ihn ist Schreiben ein Prozeß der Selbsterfahrung und Selbstentfaltung, der keinen vorgegebenen Zwekken dient, ein sich selbst verstärkender Vorgang, der im Ursprung nicht sozial ist und einen anderen Treibstoff braucht als bereits öffentlich sanktionierte Interessen.« Welchen »Treibstoff« hat dieser existentielle Schreibimpetus?*

Das ist vermutlich zum Teil unbewußt. Roland Barthes hat gesagt: »Das Begehren schreibt den Text.« Damit schließt er sich Freud an, der das Phantasieren auf das Wünschen zurückgeführt hat. Dabei muß natürlich die Darstellung schrecklicher Erfahrungen, einschließlich des Sterbens, auch noch als Wunscherfüllung interpretiert werden. Es ist dann ein paradoxes Wünschen, das noch in der Negation einen Lustgewinn entdeckt. Dafür spricht einiges. Aber man kann diese innere Spannung, das prinzipielle Ungleichgewicht der menschlichen Existenz, auch fundamentaler erklären, nämlich mit der »exzentrischen Position des Menschen«, wie Helmuth Plessner das genannt hat. Damit ist gemeint, daß der Mensch als körperliches Wesen immer in ein konkretes Hier und Jetzt gebannt ist, sich aber durch sein Vermögen, sich zu erinnern, sich etwas vorzustellen, zu träumen, zu wünschen, seine konkrete Existenz überschreiten kann in Richtung einer Unendlichkeit anderer Möglichkeiten. So lebt er zwar hier und jetzt, doch zugleich auf anderes hin. Er hat nicht nur Gegenwart, sondern auch Vergangenheit und Zukunft oder, besser gesagt, viele mögliche Zukünfte, die er imaginieren kann. Ein optimaler Gebrauch, den man von dieser exzentrischen Position machen kann, sind das Schreiben und das Lesen von Literatur.

*Wenn man Nietzsches Klassifikation »Kunst aus Mangel« versus »Kunst aus Überfluß« herbeizitiert, dann wäre das bei Ihnen anscheinend eher das zweite. Martin Walser sagt dazu, er schriebe aus einem existentiellen »Mangel« heraus …*

Das ist eine individuelle Erklärung, die ich so nicht verallgemeinern würde. Ich würde es jedenfalls etwas anders erklären, eben mit unserer beschriebenen exzentrischen Position zwischen der unentrinnbaren physischen Begrenztheit unseres Lebens und unserem Vermögen, uns viele andere Möglichkeiten vorzustellen, was ja übrigens kein müßiges Phantasieren sein muß, sondern die Basis ist für die Einfühlung in andere Menschen. Ontologisch gesehen ist diese doppelte Position aber auch ein Riß, der durch uns hindurchgeht. Es ist die Schnittstelle, an der wir uns unserer Sterblichkeit bewußt werden. Indem wir über uns hinausblicken können, wird uns bewußt, daß das Leben eine Versuchsstrecke ist, durch die jeder nur einmal gehen kann, ohne zu wissen, wie lang sie ist. Damit hängt die Angst vieler Menschen zusammen, ihr Leben zu verfehlen. Die einen stecken in einer falschen Notwendigkeit fest und leiden an einem Mangel an Möglichkeiten. Die anderen verflattern in beliebigen Möglichkeiten und können nie zu einer eigenen, als sinnvoll erfahrenen Notwendigkeit gelangen. Das ist der Grund der Verzweiflung, die Kierkegaard als »die Krankheit zum Tode« beschrieben hat. Es ist sehr erhellend, unsere moderne Berufs- und Gesellschaftswelt vor diesem Hintergrund zu sehen. Die sich dort abspielenden Dramen sind für mich der Stoff meiner Bücher.

*Die Sie aus Neugier schreiben?*

Das klingt jetzt etwas voyeurhaft. Nein, es ist Faszination für das Schauspiel des Lebens.

*Die »Selbstverwirklichung im Werk«, wie Sie es einmal beschrieben haben, besteht dann im wesentlichen darin, die eigene Wahrnehmung zu erweitern?*
Die Wahrnehmung und das Verstehen. Erweitern heißt aber nicht, oder nur begrenzt, extensive Erweiterung. Gemeint ist vor allem die intensive Vertiefung der Wahrnehmung des Lebens. Und dabei muß ich den produktiven Aspekt betonen: Die Erinnerung, zum Beispiel, ist nicht einfach eine Reproduktion der Vergangenheit, sondern immer auch ein Neusehen der Vergangenheit in der Perspektive aktueller Interessen. Noch freier und spielerischer oder auch konstruktiver ist der Umgang mit unseren Vorstellungen. Auch sie wurzeln in Erfahrungen – und zwar sowohl in unmittelbaren praktischen Lebenserfahrungen als auch in vermittelten Erfahrungen, wie wir sie beispielsweise beim Lesen von Büchern machen – einer unserer Wege, an Erfahrungen anderer Menschen zu partizipieren. Aber Vorstellungen sind frei bewegliche Bilder, die sich aus ihrer Verankerung in lebens- und bildungsgeschichtlichen Hintergründen gelöst haben und neu kombinierbar sind. Aus ihnen bilden wir die Muster und Modelle, mit denen wir weitere Erfahrungen machen, also altes Wissen und neu zuströmendes Material miteinander vermischen. Das ist der innerpsychische Prozeß, durch den wir mit der Welt, in der laut Heraklit alles fließt, in Verbindung bleiben. Beim Schreiben von Literatur geschieht dasselbe, aber in gesteigerter, intensivierter Form: Wir machen uns aus alten Erfahrungen und Vorstellungen ein neues Bild.

Entscheidend ist natürlich, daß eine neue Perspektive das Material durchdringt und erschließt. Als ich in dem Roman »Die Schönheit der Schimpansen« die Geschichte eines sozial abgestiegenen Intellektuellen schilderte, der am Ende in einer engen, zugespitzten Situation eine Frau tötet – die nur eine Zufallsbekanntschaft ist, mit der ihn so gut wie nichts verbindet –, da vertiefte sich mein Verständnis des Vorgangs, als ich begriff, daß es sich um eine verschobene Aggression handelte, die ursprünglich einer anderen Person galt, aber lange unterdrückt wurde und schließlich, allgemein geworden, auf ein Zufallsopfer überspringt. In meinem Roman »Der Sieger nimmt alles« begeht ein Unternehmer nach einer geschäftlichen Niederlage einen zweiten verhängnisvollen Fehler, der ihn in den Ruin führt. Um das darstellen zu können, mußte ich versuchen zu verstehen, was die Triebkräfte dieser Fehlentscheidung waren. War es der Wunsch, die erste geschäftliche Niederlage zu verleugnen, der ihn davon abbrachte, den einzig realistischen, langen Weg einer schrittweisen Konsolidierung seines Unternehmens zu gehen? War es eine Mischung aus Größenwahn und unbewußter Selbstzerstörung? Das sind Fragen, die sich stellen und dem Vorgang eine mehrdeutige Tiefe geben, auch dann, wenn der Protagonist nicht darüber nachdenkt. In dem Roman, an dem ich jetzt schreibe, führt der Versuch, einen menschlichen Konflikt in einer neugegründeten Lebensordnung stillzulegen, zu dessen erneutem, dramatisch gesteigertem Ausbruch.

Diese Geschehensabläufe sind natürlich Erfindungen des Autors. Aber er findet sie als in seinem Erzählstoff angelegte Möglichkeiten, nicht anders, als habe er sie im Leben realer Personen entdeckt. Denn er spekuliert nicht im anhaltslosen Raum eines freien Phantasierens, sondern folgt den Fingerzeigen seiner Lebenserfahrung und auch den Erfahrungen, die er schon in seinen bisherigen Büchern entwickelt hat. Daran schließt er an, um sie zu erweitern.

*»Die Literatur ist eine Probebühne des menschlichen Lebens, auf der wir alle unsere Probleme zur Anschauung*

*bringen und bis zu ihren Extremen durchspielen.« Wenn Sie nun als Autor selbst beim Schreiben die Probebühne betreten – später kommen wir noch auf die Rolle des Lesers auf der Probebühne zu sprechen –, so lassen sich zwei Schlüsse ziehen: Sie könnten einerseits ein glücklicher, zufriedener Mensch sein, der auf der Bühne der Literatur probeweise den Gegenpart einnimmt, andererseits könnten Sie aber auch ein grübelnder, zweifelnder Charakter sein, der sich seiner Romanfiguren bedient, um diese Ungereimtheiten über sein Schatten-Ich fiktiv auszuleben. Welchen Schluß hat man zu ziehen?*

Ohne Lebenserfahrung könnte man gewiß nicht so schreiben, wie ich das tue. Das heißt aber nicht, daß ich in meinen Texten ständig eigene Lebensprobleme ausagiere. Obwohl ich mich selbst als Erfahrungsquelle benutze, gehe ich beim Schreiben über mich hinaus. Ich will herausbekommen, was ich aufgrund meines Lebenswissens über das Leben anderer Menschen sagen kann, und zwar in einem Erkenntnisprozeß, bei dem sich Einfühlung und Analyse untrennbar mit Wahrnehmung und Phantasie mischen. Dabei entsteht Neues und anderes. Ich brauchte zum Beispiel keine Frau zu erschlagen, um es so schildern zu können, wie ich es in dem zitierten Roman »Die Schönheit der Schimpansen« getan habe.

*Gehen Sie dann bei diesen Texten bis zur nötigen Konsequenz, weil Sie diese Erfahrungen im richtigen Leben nicht machen können?*

Das ist wohl ein zu enges Erklärungsmuster. Es wäre ja auch denkbar, daß man sich als Autor deshalb in die tabuisierten Dunkelzonen des Lebens hineinwagt, weil man sich seiner persönlichen Identität sicher ist. Daß es sich dabei auch um eine durch das Schreiben erworbene Sicherheit handelt, wäre dann die nächste Vermutung. Ich glaube schon, daß man durch das Schreiben geistige Furchtlosigkeit entwickeln kann – die Fähigkeit, auch in das eigene Dunkel zu blicken. Das ist übrigens das Gegenteil von Abgestumpftheit, denn es verlangt ein hohes Maß an Einfühlung. Das Verhältnis von unmittelbarer praktischer Lebenserfahrung und imaginärer Erfahrung verschiebt sich dabei immer mehr zugunsten der Imagination. Aber das bleiben keine säuberlich getrennten Bereiche. Imagination und praktische Lebenserfahrung verschmelzen zu einem Gesamtwissen dank ihrer ständigen osmotischen Vermischung.

*Ausgangspunkt Ihres Verständnisses von Literatur ist Ihr antiteleologisches Weltbild: die Einsicht, daß die Welt von einer hohen Komplexität sowie von Kontingenz und Zufall geprägt ist. Diese Einsicht haben Sie in die Metapher vom »Schimmern der Schlangenhaut« aufgenommen: »Die Welt, nicht von mir gemacht und auch nicht als Ganzes von mir besser zu machen, war ein Irrgarten, in dessen geheimen Winkeln eine Schlangenhaut schimmerte, ein Ort für Ängste und Träume.« Bevor wie jetzt näher auf dieses Thema eingehen: Sie würden sich vermutlich eher des Schimmerns der Schlangenhaut, dieses Lichtspiels aus Verführung und Bedrohlichkeit, erfreuen, statt sich von der nicht zu fassenden Komplexität des Lichtspiels der Schlangenhaut blenden oder beunruhigen zu lassen?*
Ich wollte mit dieser Metapher die Komplexität der Faszination darstellen: daß sich Schrecken und Schönheit vermischen. Etwas Unheimliches, Stilles, das plötzlich gefährlich werden könnte, das aber auch wunderschön ist. Und fremd.

*Je nach Blickwinkel. Andere würden sich von diesem unheimlichen Schimmern abwenden. Sie aber gucken hin?*

Weil es ein Faszinosum ist. In ihm zeigt sich die abgründige Mehrdeutigkeit der Welt.

*Hohe Weltkomplexität erfordert aufgrund der Gefahr der Reizüberflutung ihre Reduktion. Ihre Vorstellungen von Literatur haben Sie zu einer Zeit entwickelt, in der die Reduktion von Komplexität zu einer Überintegration des Individuums geführt hat. In einer Gegenbewegung ist Ihre Literatur angetreten, die Komplexität wieder in die konventionellen Wahrnehmungsmuster einzuführen. Luhmann verortet die Funktion der Kunst ähnlich wie Sie in der »Herstellung von Weltkontingenz« und der Erprobung von verschiedenen »Realitätsverhältnissen«. Nun haben sich aber in der Postmoderne die Koordinaten etwas verlagert: Die Überintegration ist einer grassierenden Orientierungslosigkeit gewichen, die dem Individuum eine Art »Bastelbiographie«, eine weitaus höhere Eigenleistung abverlangt. Wie bringen Sie Ihr Verständnis der Funktion von Literatur mit diesen veränderten Rahmenbedingungen zusammen?*
Nicht indem ich zum Marsch in die Gegenrichtung blase, also zurück zu einfachen idyllischen Modellen vom richtigen Leben oder zum positiven Helden, wie wir ihn aus dem »Sozialistischen Realismus« kennen.

*Ihre Funktionsbestimmung der Literatur gilt also auch noch in der Postmoderne?*
Ich denke schon. Obwohl sie nicht postmodern ist, sondern existentiell.

*Was heißt das?*
Der postmoderne Leitsatz »Anything goes« birgt in sich die Tendenz zu einer Welt aus Beliebigkeiten, in der dann wechselnde modische Trends die Herrschaft

übernehmen. Flüchtiger Konsumkonformismus ist die mehrheitliche Antwort darauf. Mich faszinieren dagegen Menschen, die auch dann, wenn sie sich entgleiten oder zugrunde gehen, eine Ahnung ihrer grundsätzlichen Einmaligkeit haben.

*Sehen Sie dann Ihre Figuren, die fast alle scheitern, sich selbst zerstören, nie aber eine gefällige Katharsis durchleben, eher als ein Ensemble aus Verlierern, Opfer gesellschaftlicher Komplexität, oder vielmehr als Rebellen?*
Alle scheitern nicht. Aber fast alle machen Krisen durch. Und das sind Situationen, die mich besonders interessieren. In ihnen zeigt sich erst, wer die Menschen eigentlich sind. Es gibt zum Beispiel normale, alltägliche Zustände des Angepaßtseins, die nur verdeckte Krisen sind, künstliche Nullzustände, die erst beim Ausbruch der Krise ein Gesicht bekommen. Mein Interesse an solchen Vorgängen mag damit zusammenhängen, daß ich in ihnen nachträglich Ängste verarbeite, die ich auch einmal gehabt habe, obwohl keine dieser Szenen etwas Abbildhaftes hat.

*In den Frankfurter Vorlesungen zitieren Sie den Schriftsteller Bruno Schulz, der behauptet, daß »es gewissermaßen Inhalte für Dichter gibt, die für sie vorbestimmt, vorbereitet sind und auf sie am Eingang des Lebens warten«. In Ihrem Essay »Double, Alter Ego und Schatten-Ich« spezifizieren Sie diese These, indem Sie versuchen, Ihr eigenes Thema in wenigen Worten zu formulieren: »Es handelt sich um Geschichten von Menschen, die dem Sog einer sich langsam und versteckt anbahnenden Katastrophe erliegen oder zu erliegen drohen, die sie in innerer Ambivalenz zugleich bekämpfen wie unbewußt herbeiführen, weil in der Zerstörung ihres bisherigen Lebens eine ruinöse Lockung*

*liegt.« Ist die Gefahr nicht groß, daß, wenn man über Jahrzehnte an einem einzigen Buch weiterschreibt, wie es Walser einmal formuliert hat, man von seinem eigenen Thema beherrscht wird, anstatt es selbst zu beherrschen?*
Die Gefahr gibt es, man kann ihr aber nicht ausweichen, indem man sich nach neuen Aktualitäten umschaut, sondern kann ihr nur begegnen, indem man seinen Weg wie einen fortschreitenden Erkenntnisvorgang fortsetzt. Aber das ist jetzt eine rhetorische Formel, die nur durch die Praxis Gehalt bekommen kann. Ich nehme an, wenn eine Möglichkeit erschöpft ist, dann erlischt die Faszination. Darauf sollte man hören und sich nichts vormachen oder vormachen lassen.

*Könnte man kontrastiv nicht auch vertreten, daß ein »künstlicher« Text, der also nicht aus dem Lebensthema des Autors erwächst, ein Sichsträuben anstelle eines Sichfügens, einen größeren Spielraum ermöglicht?*
Das ist eine interessante Idee. Aber ich glaube nicht daran. Texte, die aus strukturalistischen Operationsregeln entstehen, bleiben beliebig und zeigen nichts als den Mechanismus, der sie hervorgebracht hat. Heißenbüttel hat das in seinen Textbüchern mit allerdings anderer Absicht durchgespielt. Dem lag ein typischer Mystizismus der 50er und 60er Jahre zugrunde, der Glaube nämlich, wenn man die Grundordnungen der Syntax zerstöre, könne man zu einer tieferen Schicht der Wahrheit vordringen, die hinter der Sprache verborgen sei. Statt dessen kam dabei ein Set von beliebigen Worttapeten heraus, die nichts zeigen als die Unterschiede ihres Designs. Nein, an solche Rastertexte glaube ich nicht. Wohl aber an einen Wechsel der Darstellungsweisen, der an einem erzählerischen Gegenstand multiperspektivisch die Mehrdeutigkeit der Realität zeigt. So etwas habe ich beispielsweise in meinem Roman

»Einladung an alle« vorgeführt. In diesem Buch gibt es einen fortwährenden Wechsel von Erzählung, Reportage, Inneren Monologen und Erlebter Rede, analytischen Texten, Fern- und Nahsichten, Innenwelt und Außenwelt, Zeitlupe und Zeitraffer. Aber auch das ist eine Inszenierungsform, die man nicht ständig wiederholen kann. Die Triftigkeit einer Darstellungsmethode existiert ja nicht für sich, sondern kann sich nur am dargestellten Gegenstand erweisen.

*»Jeder Roman [...] muß Denk- und Wahrnehmungsgewohnheiten des Lesers irritieren«, heißt es in Ihrem Essay »Der Roman als Krise«. Integraler Bestandteil des Leserbezugs Ihrer Literatur sei die »Einübung eines komplexeren, freieren Sehens«, durch das der Leser aufgefordert werde, die Kontingenz des Daseins sowie Paradoxien und Diskontinuitäten im Leben auszuhalten. Der Leser »soll sich [...] verlieren, um sich neu zu vergewissern«. Dahinter steckt eine Idealvorstellung von Identität, die einem Fließgleichgewicht oder einer latenten Struktur gleicht. Trauen Sie diese Identität prinzipiell jedem Leser zu, oder gelingt diese Leistung nur einem intelligenten, in der Selbstreflexion geübten Leser?*
So wie Sie das jetzt formulieren, auch mit Zitaten aus meinem Aufsatz, hört sich das sehr vertrackt und schwierig an. Aber es handelt sich um Bücher, die von den Lesern als spannend empfunden werden und die Situationen in realen Umgebungen darstellen. Die überraschenden Wendungen des Geschehens, das Unvorhersehbare, steigern in der Regel die Neugier und Faszination der Leser. Man will wissen, was nun weiter passiert. Aber die Texte richten sich schon an Leser, die bereit sind, sich auf neue Erfahrungen einzulassen.

*Heinz Puknus hat in dem Ihnen gewidmeten »text und kritik«-Band bemerkt, daß Sie mit diesem Anliegen möglicherweise den Leser überfordern. Vielleicht nicht ganz zu Unrecht, denn insbesondere Ihr Anliegen, daß sich der Leser zunächst mit dem Protagonisten identifizieren solle, um sich dann zum Schluß gestärkt aus der »mimetischen Kur« lösen zu können, birgt die Gefahr, daß der Leser den letzten Schritt nicht mehr mitgeht und bei der Identifikation stehenbleibt – wie etwa der Mann, der Sie zu einem fingierten Interview aufgesucht hat, Sie um Ihre Meinung gebeten hat und sich später, in seinem Weltbild bestärkt, umgebracht hat. Sehen Sie auch die Gefahr, daß Sie mit diesem Anliegen des sublimierten Rituals durch stellvertretende Figuren-Opfer Teile Ihrer Leserschaft überfordern, da es ein bestimmtes Potential an Selbstreflexion, an Intelligenz erfordert?*

Der Fall, auf den Sie anspielen, ist natürlich traurig und hat mich sehr beschäftigt. Es war ein junger Mann, der mich besuchte, um mit mir ein Gespräch über meine Bücher und mein Bild des menschlichen Lebens zu führen, aber nur wenige, schematische Fragen stellte, die er sich auf einem Zettel notiert hatte. Er hatte wissen wollen, wie ich denn ohne bergenden metaphysischen Sinn leben könne. Ich hatte geantwortet, ich empfände es als Freiheit, ohne ein solches Gehäuse zu leben. Er gab mir zu verstehen, daß er das eigentlich auch so sehe. Während des Gesprächs hielt er sich strikt an seinen Zettel, und als er damit zu Ende war, bedankte er sich und ging. Ich hätte ihn aufhalten müssen, das weiß ich. Aber ich glaube nicht, daß das etwas geändert hätte. Etwa ein Jahr später sprach mich nach einer Veranstaltung sein Bruder an und erzählte, sein Bruder habe sich umgebracht. Nach dem Gespräch mit mir sei er zunächst animiert gewesen, habe es auch veröffentlichen wollen. Aber er litt unter schweren

Depressionen, die immer wiederkamen, vor allem im Sommer, wenn die Natur ringsum ihre höchste Vitalität und Reife erreichte. Aus Angst davor fuhr er im Winter, als unerwartet noch einmal Schnee fiel, in den Wald und ließ sich in einer Tannenschonung einschneien.

Eine wahrhaft traurige Geschichte. Es war ein intelligenter, gebildeter Mensch, aber das half ihm nicht. Auch die Lektüre meiner Bücher und das Gespräch mit mir halfen ihm nicht. Aber es haperte schon daran, daß er seine wirkliche Not nicht zu erkennen gab. Er ist nach der Auffassung seines Bruders nicht an meinen Büchern zugrunde gegangen, er war nur nicht in der Lage, aus ihnen eine befreiende Einsicht zu gewinnen. Aber das hatte er gehofft. Er wollte sich aus einer strengen religiösen und prinzipienstarren Erziehung befreien, die er als sein eigentliches Lebenshindernis empfand. Er war hochintelligent, wie seine Tagebücher beweisen, die mir sein Bruder gab, weil er darin oft auf meine Bücher Bezug genommen hatte. Aber er war in allen Lebensbereichen blockiert, vor allem in der Sexualität, wo er demütigende Erfahrungen gemacht hatte. Das alles hatte er mir nicht sagen können, weil er durch seine Erziehung vor allem das Respektieren von Grenzen und Unterschieden gelernt hatte. Ich war ein Autor und nicht sein Psychotherapeut.

Was soll ich daraus folgern? Daß Literatur erbaulich sein müsse? Beratend und hoffnungsfroh? Von solcher Literatur hatte er sich längst abgewandt. Sie hätte ihm ja auch überhaupt nicht genützt. Was er suchte, was er sich zu eigen machen wollte, war eine unbeschönigte, realistische Sicht des Lebens. Das hatte ihn auch zu meinen Büchern geführt, wie ich in seinen Tagebuchaufzeichnungen las. Übrigens hatte er auch zwei Therapeuten aufgesucht, ergebnislos. In seinen Aufzeichnungen steht der Satz: »Meinen Namen habe ich mittlerweile gewechselt wie meine

Identitäten: Cioran, Kamper, Amiel, Strauß, Wellershoff, deren ›Geschichten‹ ich mir einverleibt habe, wo ich selbst keine mehr hatte.« Ich glaube, er wollte Schriftsteller werden. Vielleicht hätte ihn das gerettet.

*In Ihrer Rede anläßlich des Heinrich-Böll-Preises stimmen Sie der Romanfigur Garp des US-amerikanischen Autors John Irving zu, die dreist behauptet, sie könne jede reale traurige Geschichte in der Fiktion noch trauriger gestalten. Auf der Probebühne der Literatur ist dem Schriftsteller also die Möglichkeit gegeben, Ereignisse des Lebens im äußersten Extrem darzubieten, einem Extrem, dem die Realität gar nicht standhalten kann. Liegt es für den Leser wie auch, wenngleich nicht im selben Maße, für den Autor da nicht nahe, das Leben als uninteressant und langweilig anzusehen, als eine Wirklichkeit, die trotz ihrer Mannigfaltigkeit nicht viele Höhepunkte bietet?*

Diese Rolle des farbigen Lebensersatzes für Leser mit einem langweiligen Alltagsleben hat früher der Reise- und Abenteuerroman ausgefüllt, vor allem, wenn er die Leser in ferne exotische Gefilde führte. Heute, im Zeitalter von Massentourismus und Fernsehen, ist damit nichts mehr zu gewinnen. Inzwischen übernehmen die Thriller mit extremen Schockeffekten die Kompensation der Langeweile, oder auch die Pornographie und die Fantasy-Romane.

Die Literatur, die mich interessiert, geht einen anderen Weg. Sie intensiviert die Wahrnehmung. Man kann auch sagen, sie führt den Beweis, daß es nichts Uninteressantes gibt. Nicht einmal die Langeweile ist für diesen Blick uninteressant.

*Mit Ihrem Aufsatz über den »Neuen Realismus«, entstanden im Jahre 1965, fordern Sie einerseits die detaillierte Darstellung des »gegenwärtigen, alltäglichen Lebens«, auf*

*der anderen Seite allerdings auch die »Aufmerksamkeit für die Störungen, Abweichungen und das Unauffällige« in der Literatur.*
Was ja kein Widerspruch ist.

*Aber einige Jahre später haben Sie sich noch einmal zu Ihrer These geäußert und eingeräumt, daß Sie das Wort »alltäglich« nicht wieder verwenden würden. Waren Sie sich damals schon darüber im klaren, daß Sie sich mit einer solchen Behauptung der Kritik auslieferten, jedes Wort, jeder mögliche Widerspruch dieser Aussage von allen Seiten beleuchtet werden würde?*
Also, ich finde, die Kritik müßte es zunächst einmal zur Kenntnis nehmen, wenn ich meine Gedanken korrigiere. Aber ich habe das eigentlich gar nicht getan. Ich wollte nicht sagen, die Darstellung von Alltäglichkeit sei kein Thema mehr für mich. Das wäre ja äußerst seltsam für einen an der Lebenswirklichkeit interessierten Autor. Ich wollte nur verhindern, daß Alltäglichkeit zu einem dogmatischen Programmpunkt erhoben wird. Denn mich interessieren auch krisenhafte, extreme und katastrophale Zustände, also die Ausnahmen.

Lassen Sie mich aber noch etwas zum Beiläufigen, Zufälligen, also zum Kontingenten sagen, das für moderne Texte charakteristisch ist. Dafür hat die Fotografie unseren Blick geschärft. Durch die neue technische Möglichkeit, billig und schnell viele Bilder zu machen, ist die Konzentration auf das wichtige und bedeutende Motiv, die wir in der traditionellen Malerei beobachten können, abgelöst worden durch eine neue Aufmerksamkeit für bisher unentdeckte Winkel und Details der Wirklichkeit. Diese Sichtweise hat zunehmend auch die moderne Prosa geprägt.

*Ist eine besondere Aufmerksamkeit für Abweichungen und Störungen überhaupt noch notwendig, wenn man bedenkt, daß es heute ein Charakteristikum unserer Zeit ist, durch Abgrenzung aufzufallen?*
Das sind zwei verschiedene Dinge – die auffallende Selbststilisierung von Personen, die auf dem Markt der Eitelkeiten miteinander konkurrieren, und die unerwarteten Verschiebungen und Abweichungen, mit denen sich die Wirklichkeit immer wieder von dem Bild unterscheidet, das wir uns von ihr gemacht haben. Solche Korrekturen unserer Erwartungen machen literarische Texte interessant. Es sind erfrischende Irritationen, die uns nötigen weiterzulesen. Um ein Beispiel zu wiederholen, das ich in einem Aufsatz über die produktive Kraft der Verneinung zitiert habe: Claude Simon schildert in seinem Roman »Das Gras«, wie eine junge Frau sich heimlich mit ihrem Geliebten trifft, der an der hinteren Grenze eines großen ländlichen Gartens auf sie wartet. Simon benutzt die rhetorische Form der Verneinung, um eine Klischeevorstellung zu dementieren, die wir aus vielen Filmen kennen: nämlich, daß die junge Frau ihrem Geliebten entgegenläuft und sich in seine Arme wirft. Simon schreibt: »Sie ging nicht einmal rasch auf ihn zu.« Und das ist neu und eigenartig und läßt uns nachdenken, was diese Verhaltenheit bedeutet. Ist sie wie in einer Trance? Oder ist es das Gewicht einer bevorstehenden Entscheidung, die sie so gehen läßt? Das ist ein Beispiel dafür, was auf der Mikroebene des Satzes »Erneuerung und Vertiefung der Wahrnehmung« genannt werden kann.

*»Alle Ideen sind formuliert, alle Formen stehen zur Verfügung, was jetzt kommt, ist nur technische Perfektionierung und Variation. Betrachtet man die gegenwärtige literarische Szene der Bundesrepublik, dann scheinen alle*

*drei Thesen zuzutreffen«, haben Sie in Ihrem Essay »Die Literatur auf der Suche nach Legitimation« 1975 geschrieben. Hat sich in dem Vierteljahrhundert nach dieser Bemerkung an der Einschätzung etwas Grundlegendes geändert?*
Die großen Welterklärungsentwürfe der Philosophie oder Religion sind verblaßt. Das ist ein verschwundener Hintergrund. Die wiederholten Forderungen, den großen Roman über die deutsche Teilung und Wiedervereinigung zu schreiben, fordern zwar das Panorama des großen historischen Gesellschaftsromans immer wieder ein, sind aber im wesentlichen unerfüllt geblieben. Ich glaube allerdings, das liegt daran, daß die viel schneller arbeitenden journalistischen Medien diese großen Themen immer schon bis zum Überdruß abgeweidet haben, bevor sich ein Schriftsteller ihrer annehmen kann. Man kennt es eben schon.

Noch viel auffallender aber ist für mich die Erschöpfung der formalen Avantgarde. Da geht wirklich nichts mehr. Jeder Anfänger kann heute einen Inneren Monolog, eine Collage oder serielle Texte zustande bringen. Das ist gesunkenes Kulturgut, beliebig und risikolos verwendbar. So stirbt die ehemalige Avantgarde in den Workshops und Creative-Writing-Kursen der Autorenförderung. Das einzige, was der Literatur geblieben ist, ist der persönliche Blick auf das nach wie vor stattfindende menschliche Leben. Das allerdings ist nach wie vor ein weites Feld.

*Wo steuert diese Entwicklung hin?*
Das weiß ich nicht.

*Wie schätzen Sie die Techniken der im Moment angesagten Popliteratur, das Vermischen, Samplen und Zitieren von Diskursmaterial, das meist kein Erfahrungsmaterial ist, ein?*

Ich habe etwas Ähnliches auch schon einmal gemacht, und zwar in meinem Hörspiel »Das Schreien der Katze im Sack«, das seinem Titel ziemlich genau entsprach. Es war ein Spiel mit Allerweltsmaterial, aus dem ich einen klirrenden Scherbenberg, ein wüstes Chaos gemacht habe. Bei der von Ihnen erwähnten Popliteratur scheint das eher ein Schwelgen in szenespezifischen, modischen Aktualitäten zu sein. Aber ich bin kein Kenner dieser Literatur.

*Gibt es denn Entwicklungen, die Sie faszinieren?*
Was mich fasziniert, sind immer einzelne Autoren und einzelne Bücher. Um Trends müssen sich die Lektoren und Redakteure kümmern.

*Neben zahlreichen Romanen und Essays haben Sie auch Hörspiele und Fernsehdrehbücher geschrieben. In einem Interview beklagen Sie sich darüber, daß Kinder nicht mehr an das Lesen herangeführt werden, sondern von ihren Eltern nur noch »vor dem Fernseher geparkt werden«. Hatten Sie manchmal die Befürchtung, mit dieser Tätigkeit gegen die Literatur zu arbeiten?*
Nein, denn ich habe die Arbeit genauso ernst genommen wie das Schreiben von Prosatexten oder von Essays. Das Hörspiel war mein erstes literarisches Arbeits- und Übungsfeld. Es ist eine im Grunde undefinierte, diffuse Gattung – das hat es mir ermöglicht, vielerlei auszuprobieren. Beim Drehbuch war es umgekehrt. Ich mußte mich auf die beschränkten Möglichkeiten des Fernsehfilms einstellen. Vor allem eben auf die Unmöglichkeit, Innenwelten darzustellen – Bewußtseinsvorgänge, Gefühle –, was für mich als Prosaautor immer wichtig war. Nun mußte ich für alles, was ich darstellen wollte, eine szenische und dialogische Form finden. Dabei habe ich eine ganze Men-

ge gelernt. Ich schrieb meine Drehbücher in einer guten Phase der Fernsehgeschichte. Die Dramaturgen und Regisseure gingen damals sensibel auf die Drehbücher ein. Das änderte sich später. Das Drehbuch wurde zum Spielmaterial der Produktion. Es gab schlimme, groteske Eingriffe. Das war für mich das Signal, mit dem Schreiben von Drehbüchern aufzuhören.

*In Ihrem Essay »Der Widerstand gegen das Schreiben« heißt es, bei den meisten Autoren würden sich die »Erosionsspuren von langer erschöpfender Arbeit zeigen«. Haben Sie diese Spuren auch an sich selbst entdeckt?*
Natürlich. Vor drei Jahren hatte ich eine gesundheitliche Krise. Aber von der habe ich mich gut erholt. Was das geistige Leben angeht, so habe ich den Eindruck, daß das Alter auch noch ein Gewinn sein kann. Das Problem ist das Dahinschwinden der Zeit. Eben war ich noch 70, nun steuere ich auf ein Datum wie 75 zu. Oft, wenn ich meine Notizen durchblättere, spüre ich so etwas wie einen Stau unerledigter Sachen. Aber dann kuriere ich mich mit einem Satz von John Cage, der meinem Naturell eigentlich fremd ist, aber vielleicht gerade deshalb ein unverzichtbarer Satz ist. Er lautet: »Wenn wir die Welt von unseren Schultern nehmen, bemerken wir, daß sie nicht fällt.« Das sollte man nicht vergessen. Ab und zu erinnere ich mich an diesen Satz. Er ist befreiend wie das Verfliegen einer Illusion.

## Augenblicke der Erkenntnis

Antwort auf die Frage nach dem persönlich bedeutendsten Bibeltext

*Matthäus 27, Vers 46*
*Und um die neunte Stunde schrie Jesus laut und sprach: Eli, Eli, lama asabthani? Das ist: Mein Gott, mein Gott, warum hast du mich verlassen?*

Es gibt keine andere Stelle im Neuen Testament, wo mir Jesus so nahe ist wie in der Kreuzigungsszene, die in seinem Ruf nach Gott gipfelt, auf den er keine Antwort bekommt. Worauf er »abermals« schreit (Vers 50) und antwortlos stirbt. Für mich ist das der Augenblick, in dem ein inspirierter, schwärmerischer junger Mensch, der mit dem Gebot der Nächstenliebe eine neue Ethik begründet hat, aus seinem Lebenstraum herausstürzt in die kalte Wahrheit des Todes: Wir sind sterblich, und da ist niemand, der uns auffängt. Sterben und Erwachsenwerden sind in diesem Augenblick eins. Jesus begreift, daß da kein Gott ist, der ihn väterlich hält oder gar rettet. Dieser Gott, der immer noch ein Menschenopfer braucht, um seinen archaischen Zorn auf die Menschheit an einem stellvertretenden Opfer zu stillen, ist ein monströses Phantom, das einer finsteren Sicht des Lebens angehört, die im Gebot der Nächstenliebe überwunden schien. Jesus konnte freilich nur noch schreien. Seine Jünger und Apostel haben ihn dann auf den menschenfernen Richterstuhl neben das finstere Gottesbild gesetzt, das im gewalttätigen Wüten nach Jesu Tod einen Vorgeschmack auf die Schrecken des Jüngsten

Gerichtes gibt (Vers 51–52), das im Glaubensbekenntnis noch immer angekündigt wird.

Alles das schien durch Jesus überwunden und wurde nach seinem Tod von seinen Jüngern und Aposteln wieder in Kraft gesetzt. Er konnte nichts mehr dagegen einwenden. Doch sein antwortloser Todesschrei hallt nach in den abermillionenfachen Schmerzens- und Todesschreien der Gefolterten, Hingerichteten oder auf den Schlachtfeldern verreckenden Opfer der menschlichen Geschichte. Er ist so verzweifelt und so hoffnungslos gestorben wie sie. Das macht ihn glaubhaft und erhebt ihn über den sozialen Träumer. Sein einsamer Todesschrei ist seine zweite Botschaft. Durch sie erhält seine menschenfreundliche Vision einer Welt der Nächstenliebe erst ihre wahre Tiefe und Notwendigkeit.

## Antwort auf die letzte Frage

*Ich widme den folgenden Text meinem Schulfreund Franz Brendgen, der 1945 an einem Kopfschuß gestorben ist, den er noch kurze Zeit überlebte. Auf meine Frage, was in ihm vorgegangen sei, als er getroffen wurde, antwortete er, er habe gedacht: Ach so ist das!*

Lärm war um ihn herum, und er lief. Geknatter wie von fernen und nahen Feuerwerken. Und Schreie. Ich bin, ich bin nicht. Ich bin, ich bin nicht – dachte er, während er in den grauen Raum hineinlief, auf die feurigen Punkte zu. Ich bin, ich bin nicht. Ich bin, ich bin nicht. Ich bin, ich bin nicht – die keuchende Lebensmaschine, die er jetzt noch war. Augenblick für Augenblick gerettet, Augenblick für Augenblick unauffindbar. Ich bin, ich bin nicht. Ich bin, ich …

Sein Helm dröhnte, und er wurde hintenübergerissen. Ach so ist das! dachte er. Ach so ist das! Es war ihm eine Frage beantwortet worden, an die er sich blitzartig erinnerte, die Frage, wie das Sterben sei. So, dachte er, so! Er hatte es nicht gewußt, nicht vorausgesehen. Es kam als ein Schlag von weit her, unerwartet in diesem Augenblick und mit unvorstellbarer Wucht. Er hatte das unausdenkliche Faktum immer erwartet, hatte sich darauf vorzubereiten versucht. Aber das war gar nicht nötig gewesen. Es war ja schon geschehen, und nun wußte er es. So ist das! So einfach.

Er lag jetzt auf der Erde, umgeben von Stille, obwohl da eigentlich Lärm sein mußte, und er versuchte, sich an den Lärm zu erinnern, der unendlich weit weggerückt war, um Platz zu machen für seine Gedanken. Aber er brauchte nicht so viel Platz. Das war falsch! Er mußte alles zusammenhalten, um sich zu erinnern. Er mußte sich an das Lärmen erinnern. Er war ein Teil dieses Lärms gewesen, und er wartete darauf, daß er wieder einsetzte, zusammen mit dem Schmerz. Ein Teil von was? dachte er.

Was fehlte jetzt? Nicht der Lärm, nicht die Schmerzen, nichts, was er nicht vergessen durfte. Jetzt, da er alles wußte, begann er alles zu vergessen. Er spürte, wie er einwilligte. Dort in dem Dunkel war jetzt das Beste zu finden. Ja, er glaubte sich zu erinnern: das Beste, das Einzige. So ist das, so ist das, pumpte sein Herz.

# Die Entstehung eines Romans

## Ein Zwischenbericht.
## Vortrag in der Mainzer Akademie

Herr Präsident, meine Damen und Herren,

es bedurfte der sanften und suggestiven Überredungskunst unseres Vizepräsidenten Walter Helmut Fritz, daß ich mich dazu entschlossen habe, heute zu Ihnen über etwas zu sprechen, das eigentlich noch keine Öffentlichkeit verträgt: einen entstehenden Roman, der erst zwei Drittel seines wahrscheinlichen Gesamtumfanges erreicht hat.* Nicht alles ist noch offen in diesem Schreibprozeß. Doch solange noch einiges offen ist, steht noch alles auf dem Spiel. Das ist ein Grund zur Vorsicht. Ich bin mir bewußt, daß ich vorgreifende Festlegungen vermeiden muß, die die Gefahr in sich bergen, den Spielraum der entwerfenden Phantasie einzuengen.

Ein zweiter Einwand gegen die vorauseilende Darstellung eines noch unfertigen Werkes ist rein subjektiver Art. Sie könnte etwas abzapfen von dem produktiven inneren Druck, der den Autor Tag für Tag nötigt, weiter an seinem Text zu arbeiten, um endlich, ohne vorherige Abschlagszahlung, das ungeschmälerte Glück der Vollendung zu erreichen. Der alte Witz aus den Frühzeiten der Eisenbahn, »Blumenpflücken während der Fahrt verboten«, ist deshalb noch immer eine gute Regel für Schriftsteller.

Sie müssen aber jetzt nicht befürchten, daß ich nach dieser selbstkritischen Vorbemerkung das Podium verlassen

* Der Roman ist im August 2000 unter dem Titel »Der Liebeswunsch« im Verlag Kiepenheuer & Witsch, Köln erschienen.

werde. Ich wollte Sie nur darauf vorbereiten, daß ich, dem Titel meines Vortrages gemäß, vor allem über den Entstehungsprozeß und nur andeutungsweise, allerdings mit einigen Textbeispielen, über das Werk sprechen werde. Der Eindruck wird fragmentarisch bleiben. Aber ich denke, daß Thema, Plot und Hauptfiguren in Umrissen kenntlich werden.

Das entspricht im übrigen auch dem fragmentarischen Bewußtsein, das der Autor beim Schreiben von dem entstehenden Werk hat. Die natürliche Enge des Bewußtseins verhindert in der Regel, daß ihm alle Schwierigkeiten und Möglichkeiten, die ihm im Verlauf der Arbeit begegnen werden, schon von Anfang an vor Augen stehen. Ein solches totales Vorauswissen würde einen lähmenden Gehirnkrampf auslösen und den Autor unfähig machen, seinen Stoff in einem prozeßhaften Nacheinander zu entwickeln.

Es gibt solche Schreibneurosen, Hemmungen, die vom Anblick des noch unbeschriebenen Papiers ausgelöst werden, weil es wie ein gefährliches Terrain erscheint, das man nur mit äußerster Vorsicht betreten kann. Camus hat in seinem Roman »Die Pest« einen Autor dargestellt, der in zwanghaftem Perfektionismus nie über den immer wieder umformulierten ersten Satz hinauskommt. Zwar ist der Anfang eines Romans eine herausgehobene Textstelle. Doch richtig verstanden ist es der Ort eines noch unbestimmten Versprechens. Ohne schon den Beweis antreten zu können, muß der Autor seinen Lesern am Anfang das Gefühl vermitteln, daß sie sich ihm anvertrauen können, weil er etwas Interessantes zu erzählen hat.

Das kann auf vielerlei Weise geschehen: durch starke, Aufmerksamkeit erzwingende Effekte, aber oft noch besser durch leise, unspektakuläre Anfänge, in deren Unaufdringlichkeit das ruhige Selbstvertrauen des Autors sich um so besser beweist, seine Gewißheit, daß – um den Titel eines berühmten Aufsatzes von Kleist zu variieren – die Gedanken erst im Vollzug des Schreibens verfertigt werden. Das gilt erst recht für die Details, in denen die Singularität der dargestellten Augenblicke und die Individualität der Personen ihre besondere sinnliche Gestalt gewinnen. Gerade das Besondere ist nicht im voraus planbar. Es muß sich zeigen. Aber dafür muß man ihm das Feld offenhalten.

Zwar hat der Autor, wenn er ein größeres Werk wie einen Roman zu schreiben beginnt, in der Regel eine ungefähre Vorstellung von Thema und Gesamtgestalt des geplanten Werkes. Und meistens gibt es innerhalb dieser Rahmenvorstellungen auch schon Flecken größerer Konkretion – einzelne Szenen und Situationen, die dem Autor deutlicher vor Augen stehen und erste Kristallisationen seiner tastenden Phantasie sind. Doch all das ist unfest, in sich verschiebbar und revidierbar und gewinnt erst im Schreiben seine Verbindlichkeit. Abschnitt für Abschnitt, Satz für Satz, manchmal dann aber auch mit überraschenden Vorausblicken, erschließen sich Situationen und Menschen, von denen der Autor bisher, wenn überhaupt, vergleichsweise schematische Ansichten hatte. Und wenn der Autor Glück hat, wird der allmählich erstarkende Text wie ein sich selbst hervorbringendes System ihn zu weiteren Einfällen inspirieren. Das ist, als öffne sich ein neuer Zugang zur Welt, der der Alltagserfahrung an Differenziertheit und Tiefenschärfe deutlich überlegen ist. Diese neue Sicht setzt sich in spontaner, meist noch begriffsloser Evidenz im Autor wie im Leser durch. Und dies ist auch der ideale Sinn von Literatur: Sie ist, jedenfalls dem Anspruch nach, das Medium, in dem unsere immer wieder in alltäglichen Routinen und Konventionen abflachende Wahrnehmung des Lebens sich erneuern und vertiefen kann.

Aber woher kommen diese Einfälle, die unsere Sicht des Lebens erneuern, vor allem die grundlegenden Einfälle, aus denen die Idee zu einem neuen Buch entsteht? Der russische Schriftsteller Konstantin Paustowskij hat das so beschrieben:

> Der Einfall kommt ebenso wie der Blitz in einem mit Gedanken, Gefühlen und Gedächtnisnotizen gesättigten Bewußtsein eines Menschen zustande. Das sammelt sich nach und nach, langsam, bis es jenen Grad von Spannung erreicht, der unbedingt eine Entladung verlangt. Dann bringt diese gedrängte und noch etwas chaotische Welt einen Blitz – den Einfall – hervor. Damit ein Einfall zutage kommt, genügt, genauso wie beim Blitz, oft ein geringfügiger Anstoß. Niemand weiß, was es sein wird: eine zufällige Begegnung, ein Wort, das einen ins Herz trifft, ein Traum, eine ferne Stimme, ein Sonnenblick in einem Wassertropfen oder das Tuten eines Dampfers. Den Anstoß kann alles geben, was um uns existiert.«

Das ist eine Darstellung, die, vor allem wegen der impressionistischen Zufallsreize, der Proustschen Idee von der unwillkürlichen Erinnerung zu folgen scheint, nach der der Geschmack einer in Tee getauchten Madelaine die versunkene Kindheit wieder ins Bewußtsein des Autors ruft. Das ist auch bei Proust halb Erfahrung, halb Theorie, wobei unterbelichtet geblieben ist, daß die das Romanwerk strukturierenden Erinnerungsprozesse auch dramaturgische Kunstgriffe des Autors sind. Bei Paustowskij ist das Modell erweitert zum Zusammenspiel zwischen der innerlich sich aufbauenden geistigen und emotionalen Spannung und einem Auslöserreiz. Auch das, denke ich, ist immer noch zu impressionistisch. Es muß ergänzt werden durch lebensgeschichtlich entstandene Persönlichkeitsprägungen – man kann sie Aufmerksamkeitsrichtungen, Reizbarkeiten, Interessen oder mit Roland Barthes das »Begehren« nennen –, die wie fein eingestellte Sensoren in Schwingung versetzt werden, wenn etwas in der Außenwelt – eine besondere Wahrnehmung, ein Erlebnis oder ein Lektüreeindruck – in den Wellenbereich des Empfängers gerät. Das ist der Moment, in dem der Autor aufhorcht. Vielleicht hat sich da ein Thema für ein neues Buch bei ihm gemeldet.

Hat der Autor schon mehrere Bücher geschrieben, so gehören auch sie zu den prägenden Vorerfahrungen, die wie ein unbewußt funktionierendes Suchmuster die Welt nach Anregungen für neue Bücher abtasten. Der Autorentyp, von dem ich rede und zu dem ich mich auch zähle, wird nicht alles mögliche schreiben, weil es vielleicht gerade als gängig und aktuell gilt, sondern folgt bei seiner Themen- und Stoffwahl allein seiner persönlichen Faszination. Die einzelnen Bücher erscheinen so als Verzweigungen eines Grundthemas und Teil eines lebenslang sich fortsetzenden und ausweitenden imaginären Erfahrungsprozesses.

Ich will aber jetzt nicht den Versuch machen, mir selbst über die Schulter zu schauen und aus den Themen meiner Bücher auf Motive meiner Lebensgeschichte zurückschließen oder dasselbe in umgekehrter Richtung tun. Das ist schon deshalb meistens irreführend, weil im Austausch von Leben und Literatur, den ich ja nicht geleugnet habe, komplizierte Verschiebungen, Umkehrungen und Radikalisierungen stattfinden, die jede einfache Zurechnung zur puren Spekulation machen.

Wichtig scheint mir jetzt nur noch nachzutragen, daß das Schreiben natürlich nicht nur das lustvolle Abspulen langer Ketten spontaner Einfälle ist, sondern auch mühevolle Arbeit, aufgezwungenes Warten, Selbstkritik und Überarbeitung und jeden Tag immer wieder neues Beginnen. In der Regel werden auch nur wenige Einfälle spontan literarisch umgesetzt. Viele werden zunächst nur notiert, da man mit einer anderen Arbeit oder einem anderen Textteil beschäftigt ist. Wenn man die Notiz später wieder liest, wird sich zeigen, ob der Einfall noch reanimierbar ist.

Es kann auch umgekehrt laufen. Man hat einen Eindruck, ein Erlebnis gehabt und sie wie das meiste bald wieder vergessen, bis lange Zeit danach die wieder aufleuchtende Erinnerung zur Initialzündung für ein literarisches Werk wird. Die Inkubationszeit kann viele Jahre oder auch Jahrzehnte dauern. Dafür könnte ich mehrere Beispiele bringen.

Das zentrale Motiv meiner Novelle »Zikadengeschrei« entstand aus einem ursprünglich eher beiläufigen Eindruck während eines Spanienurlaubs. Im Nachbarbungalow hatte damals eine Frau gewohnt, die eine halbseitige Gesichtslähmung hatte. Ich sah sie immer nur von ferne und vergaß sie zwölf Jahre lang, bis mir tatsächlich blitzartig mit der wiederkehrenden Erinnerung das Motiv der Novelle einfiel, die ich dann, als hätte sie fertig in mir bereitgelegen, in einem Zug niederschrieb. Die Novelle handelt davon, wie ein Mann mittleren Alters, der mit Frau und Tochter im Bungalow nebenan wohnt und sich in einer halbwegs verdeckten Lebenskrise befindet, angesichts der Frau mit dem versehrten Gesicht von einer tief beunruhigenden Faszination ergriffen wird.

Der Eindruck, aus dem sich nach und nach die Idee zu dem Roman entwickelt hat, an dem ich gegenwärtig schreibe, hat einen noch wesentlich längeren Vorlauf. Es war eine Party Anfang der siebziger Jahre, zu der, wie es damals üblich wurde, auch unerwartete Gäste kamen.

Unter ihnen fiel mir eine jüngere Frau auf, die sich wortlos betrank, dann aufstand, über eine Teppichkante stolperte und aufs Gesicht fiel. Ich hob sie auf und hielt sie einen Augenblick im Arm, bis sie wieder stehen konnte. Kurz danach hat sie die Party verlassen.

Ich erfuhr, sie hatte eine leidenschaftliche Liebschaft mit einem verheirateten Mann gehabt, um dessentwillen sie ihren eigenen Mann verlassen hatte, und wurde kurz danach dann von ihrem Liebhaber verlassen. Danach hatte sie ihren Halt verloren und zu trinken begonnen. Durch ihr provozierendes Auftreten in Gesellschaften, zu denen sie nicht eingeladen wurde, war sie zu einer Skandalfigur geworden.

Als ich sie hielt und zugleich ihr Schwanken und ihr blindes Sträuben spürte, hatte ich das Gefühl, eine Botschaft ihrer verworrenen Existenz zu empfangen. Aber mein Interesse erwachte erst richtig, als ich später erfuhr, daß sie sich vom Balkon eines Hochhauses hinuntergestürzt hatte. Das war für mich auch deshalb irritierend, weil ich häufig, und so auch in diesem Jahr, außerhalb der Feriensaison ein Apartment in einem Hochhaus am Wattenmeer gemietet hatte, um dort in vollkommener Zurückgezogenheit zu schreiben. Aus der offenen Loggia blickte ich mit Schwindelgefühlen auf den asphaltierten Parkplatz mit den leeren, weiß eingerahmten und numerierten Parktaschen hinunter und begann mir vorzustellen, sie sei dort hinuntergefallen.

Aber wie war das geschehen? Hatte sie sich immer weiter vorgebeugt, bis sie das Übergewicht bekam? Ich konnte es mir nur so vorstellen, vermutlich weil ich bei der Party gesehen hatte, wie sie vornüber aufs Gesicht gefallen war. Dann erfuhr ich, daß ein Zufallszeuge sie beobachtet hatte und es ganz anders gewesen war. Sie hatte sich mit dem Rücken zum Abgrund auf das Geländer des Balkons gesetzt und dann rücklings fallen lassen, viele Stockwerke tief. Das war für mich fast unfaßlich, denn sich rückwärts fallen zu lassen, erschien mir als eine Geste absoluten Vertrauens. Sie war für mich zu einem Geheimnis geworden. Und das war der Anlaß, über sie nachzudenken. Sie wurde zu einer Romanfigur.

Ich zitierte den Anfang meiner Personenbeschreibung:

> Nie zuvor hatte sie daran gedacht zu heiraten, nicht, weil sie es ablehnte, sondern weil sie annahm, dies sei, wie das ganze übrige Leben, für sie nicht vorgesehen. Sie haderte nicht damit, sie litt nicht darunter, es war ihr nicht einmal deutlich bewußt. Ihr Leben hatte seit langem etwas Unfühlbares und Gleitendes angenommen. Zwar war ihr nicht alles leichtgemacht worden, schon gar nicht von Kindheit an. Es gab Widerstände, Einengungen, Enttäuschungen. Doch konnte sie nie wirklich glauben, daß sie gemeint war.
> Sie war neunundzwanzig Jahre alt, als sie heiratete, eine Studentin, die im vierzehnten Semester ohne Berufsziel und ohne Aussicht auf einen baldigen Abschluß Literatur und Sprachen studierte und zwischen all den jüngeren Studentinnen und Studenten, die mit ihr in den Seminaren saßen, ein wenig vereinsamt erschien. Sie hatte immer nebenher gearbeitet (als Kellnerin, Schreibkraft, Verkäuferin und in anderen Gelegenheitsjobs), denn ihre Mutter, die geschieden war und ein kleines Modegeschäft betrieb, konnte ihr kein Geld geben. Der Vater war zu einer anderen Frau gezogen, als sie vier Jahre alt war, und ihre Mutter hatte sie verpflichtet, nie mehr von ihm zu sprechen und keine Verbindung zu ihm aufzunehmen. Inzwischen war er wohl auch tot.
> Statt Geld schickte ihr die Mutter gelegentlich ein Kleid aus ihrem Laden, wenn sie glaubte, ein besonderes zu

haben. Am liebsten trug sie schwarze Kleider mit schwerem Silberschmuck. Ihr braunes, in hellem Licht ein wenig rötlich schimmerndes Haar ließ sie offen über die Schultern fallen. Ihre Augen, die als empfindlich galten, versteckte sie hinter einer dunklen Sonnenbrille. Sie war schlank, allenfalls mittelgroß, eine zarte Person, die sich bewegte wie jemand, der in seine Gedanken versunken ist und es der unbewußten Erfahrung seines Körpers überläßt, sich im Raum, in der Gegenwart zurechtzufinden. Immer war sie gleichzeitig in der Gegenwart und außerhalb von ihr.

Sie sah ganz anders aus als ihre Mutter, was noch deutlicher wurde, wenn man sie mit Jugendbildern ihrer Mutter verglich. Vermutlich sah sie ihrem Vater ähnlich, von dem es aber keine Fotos mehr gab. Ihre Angewohnheit, eine dunkle Sonnenbrille zu tragen, ließ den unteren Teil ihres Gesichtes wie entblößt erscheinen. Da war etwas Lauerndes, Witterndes um Mund und Nase herum, auch eine große Empfindsamkeit. Ihr Mund, dessen Umriß sie mit einem zarten Schattenstrich zu umranden pflegte, war das unruhige Zentrum ihres Gesichtes. Ihr nervöses Rauchen wirkte, als beschwichtigte sie ihn. Wenn sie zum ersten Mal die Sonnenbrille abnahm, sah man ihre ziemlich weit auseinanderstehenden Augen noch wie blicklos aus der schützenden Verschattung auftauchen und fühlte sich gehindert, sie unverhohlen anzusehen.

Immer gab es Männer, die sie anziehend und reizvoll fanden. Aber sie zogen sich bald zurück, wenn sie entdeckten, wie schwierig sie war. Es waren verlegene Rückzüge, die sie nicht verstand, mit denen sie aber zu rechnen begann. Einer dieser flüchtigen Bekannten sagte ihr bei seinem wütenden Abschied, daß sie indifferent und frigide sei. Das verletzte sie nicht. Sie sah es als einen Vorzug an, wenn es denn tatsächlich so war.

Sie war sich nicht sicher. Es mußte etwas an ihr geben, das die Phantasien der Männer weckte. Manchmal glaubte sie, daß es gerade ihre Zurückhaltung, ihre Vorsicht sei. Sobald sie den fremden Blicken auswich, blieben sie an ihr haften. Sie fühlte sich betrachtet, abgeschätzt, und in ihr regte sich ein Bedürfnis, den fremden Vorstellungen zu entsprechen. Das wurde nur offensichtlicher, wenn sie es zu verbergen versuchte. Sie verstummte, senkte den Blick, und wenn sie ihn langsam wieder hob, stand in ihrem Gesicht ein Ausdruck wehrloser Einwilligung, als habe sie in sich keinen Grund und also auch keine Kraft gefunden, nein zu sagen.
Doch dann verlor es sich. Sie ließ geschehen, was geschah, und nahm die Erregung der Männer aus immer größerer Entfernung wahr. Sobald sie spürte, wie sie sich mühten, sie mitzureißen, glitt sie weg in eine innere Leere.

Dies ist der Anfang eines Personenporträts, wie es in dieser Ausführlichkeit im Roman kein zweites gibt, obwohl es ein Roman mit vier Hauptpersonen ist, die miteinander ein kompliziertes und fragiles Muster bilden. Die drei anderen Personen werden nach und nach in szenischen Zusammenhängen eingeführt, im Unterschied zu Anja. So heißt die Frau, die sich am Ende umbringen wird und deren diffuse und passive Persönlichkeit Ausgangspunkt eines krisenhaften Prozesses ist, der die Vierergruppe sprengen wird. Ein Mann wird sie heiraten, der ihre Passivität mit Formbarkeit verwechselt und darin eine Chance sieht, sich von einer Lebensniederlage zu heilen. Er nämlich ist verlassen worden von einer ganz anders gearteten, selbstbewußten Frau, die jetzt mit seinem Freund verheiratet ist. Aber die drei sind nicht auseinandergegangen, sondern haben sich gemeinsam bemüht, ihre Freundschaft zu erhalten. Es ist ein schiefes, schlecht ausbalanciertes Verhältnis, das aber ins Gleichgewicht zu kommen scheint, als Anja in diesem Kreis auftaucht und die Frau des verlassenen Mannes wird. Vor allem Marlene, die Frau, die die Männer gewechselt hat, bemüht sich, diese neue Ehe ihres ehemaligen Partners zu stützen, um eine neue Harmonie herzustellen, die ihr schwelendes Schuldgefühl vermindert. Alle Widersprüche scheinen nun versöhnt, alle Bedürfnisse wechselseitig aufeinander abgestimmt zu sein. Gemeinsame Unternehmungen und Rituale sichern einige Jahre lang den Zusammenhalt der Gruppe.

Dann allmählich zeigen sich neue Spannungen und sprengende Widersprüche. Anja, die sich lange von ihrem Mann dominieren ließ, verliert ihre bedingungslose Anpassungsbereitschaft, und dieser Schritt zur Selbstfindung zerstört die künstliche Harmonie der Gruppe. Doch damit beginnt in fataler Verknüpfung von Selbstbehauptung und Selbstbestrafung auch Anjas unaufhaltsamer Verfall, der mit ihrem Todessturz endet.

Es versteht sich von selbst, daß dieses gedrängt geschilderte Konfliktmuster, das die vier Hauptpersonen miteinander verbindet, in der Weiträumigkeit des Romans als ein über Jahre sich hinziehendes Geschehen erscheint und sich im Bewußtsein der handelnden Personen fragmentarisch und subjektiv verzerrt spiegelt. Da die Perspektiven wechseln, erhält der Leser die Chance, ihre jeweilige persönliche Begrenztheit zu erkennen. Mit anderen Worten, er kann die agierenden Personen bei ihren aufeinander bezogenen Täuschungen, Befangenheiten und Illusionen beobachten und das sich darin vorbereitende Scheitern der Gruppe voraussehen, nicht allerdings den konkreten Verlauf des Auflösungsprozesses.

Der Roman zeigt die Personen in bürgerlichen Alltagssituationen und in ihren Berufswelten, was, nebenbei gesagt, dem Autor auch dort, wo er eigene Milieukenntnisse mitbringt, nachbessernde Recherchen und Kontrollen auferlegt. Denn es ist selbstverständlich, daß alle Schilderungen bis ins Detail stimmen müssen. Das Milieu ist nicht bloß Kulisse, sondern es sind Lebenswelten, die die Personen prägen und ihre Denkart mitbestimmen. Marlene und ihr Mann sind beide Ärzte. Leonhard, der Mann, der Anja heiratet, ist Vorsitzender Richter am Landgericht. Es sind drei erwachsene, fest in ihrem Beruf verankerte Menschen, zwischen denen Anja, obwohl sie ein Kind bekommt und gelegentlich auch Lektoratsgutachten für eine Fernsehredaktion schreibt, wie ein Mensch von geringerer Dichte erscheint. Sie bleibt in der Gruppe eine Fremde. Die monologisierende Stimme ihrer inneren Ortlosigkeit und ihres ziellosen Denkens hört sich so an:

> Ich weiß nicht, was mit mir los ist. Vorhin habe ich eine Stunde lang aus dem Fenster gestarrt und nichts wahrgenommen. Irgendein Zauber hätte die Straße und die Häuser auf der anderen Seite verschwinden lassen können, es wäre mir nicht aufgefallen. Es waren auch keine Gedanken in meinem Kopf, keine, an die ich mich erinnere.
> Es ist still hier. Wenn ich mich konzentriere, höre ich Geräusche: ein fernes an- und abschwellendes Rauschen und irgendwo ein Poltern, Holz auf Holz, als würden Bretter aufgeladen. Vielleicht ist wieder eine Fassade gestrichen worden, und sie brechen das Gerüst ab.
> Ich erschrak gestern, als Marlene mich am Telefon fragte: ›Was gibt es Neues bei dir?‹ Es gibt nichts Neues. Es kann nichts Neues geben. Ich wüßte nicht, was.

Und doch gibt es etwas Neues in ihr selbst. In ihr regt sich Widerstand gegen ihren Mann, von dem sie abhängig ist und der ihr in vielen Belangen weit überlegen ist und darauf seine sie patronisierende Herrschaft gegründet hat, die auch ihr zunächst als selbstverständlich erschien. Jetzt findet sie den Mut, sich ihre Abneigung gegen ihn einzugestehen.

> Alles ist jetzt falsch: sein aufmunternder Tonfall, sein Händereiben, sein Rundrücken, sein Geruch, sein häufiges Räuspern und seufzendes Ausatmen, wenn er seine Akten liest. Er leidet, aber er weiß es nicht. Es ist in seinem Bild vom Leben nicht vorgesehen. So höre ich ihn manchmal seufzen. Mein Abscheu ist stärker als mein Mitleid, und ich verurteile mich deswegen, sage mir, daß er unschuldig ist. Doch vielleicht stimmt das nicht.

Leonhard ist die nächste Figur, die mir nach und im Kontrast zu Anja eingefallen ist. Das Modell der Vierergruppe entstand noch später.

Auch von Leonhard gibt es ein kurzes Porträt. Es ist viel kürzer als das Porträt von Anja und findet sich viel später im Text. Es steht in Spannung zu ihr und erscheint dort, wo in der Handlung die Krise zwischen den beiden ausbricht, bei ihm trotz massiver Barrieren der Verdrängung:

> Dr. Leonhard Veith, Vorsitzender Richter am Landgericht, der viele spektakuläre Kriminalprozesse mit Übersicht und Einfühlung geleitet hatte, war außerhalb seines Amtes ein Mensch ohne Menschenkenntnis. Sein Gefühl, man könnte auch sagen, das System seines unbewußten Denkens, ließ ihn die katastrophalen Lebensgeschichten, die er in seinen Akten studierte und über die er zu Gericht saß, als eine Welt für sich sehen, unvermischt mit seinem eigenen, alltäglichen

Leben. Er hatte diese grundsätzliche Unterscheidung nicht durchdacht, denn dann wäre sie ihm zweifellos unhaltbar erschienen. Doch weil er sie für seine Sicherheit brauchte, versperrte er sich dem Gedanken, seine Freunde, Bekannten und vor allem seine Frau könnten im geheimen anders sein, als es ihrer Rolle in seinem Leben entsprach. Nur durch Zufall und erst nach Monaten kam er dahinter, daß seine Frau ihn betrog.

Leonhard, der Ehemann und Gegenpart Anjas, ist die zweite Hauptfigur des Romans, die ich entwarf. Für ihn hatte ich kein Vorbild, und ich wußte zunächst nicht einmal, daß dieser Mann Richter sein sollte. Darauf verfiel ich erst in Erinnerung an einen Strafprozeß, den ich mir in den 70er Jahren angeschaut habe.

Eine schwangere Frau, Aussiedlerin aus den ehemaligen deutschen Ostgebieten, hatte ihren Mann, der ein arbeitsloser Alkoholiker war, mit einem Hammer erschlagen, nachdem er sie in den Bauch getreten hatte, um sie zu zwingen, ihr letztes verstecktes Geld herauszugeben. Mich faszinierte besonders, daß die Frau in einer gewaltigen Kraftanstrengung den schweren Körper des Toten auf ein Fahrrad gebunden und nachts auf die Landstraße hinausgeschoben hatte, um einen Verkehrsunfall vorzutäuschen. Danach hatte sie die ganze Nacht das blutbespritzte Zimmer zu reinigen versucht, die Tatspuren aber bei weitem nicht beseitigen können.

Der Richter rekonstruierte diesen Tatverlauf in einem wohlwollenden, geradezu väterlichen Gespräch mit der Angeklagten, ohne irgendeinen Punkt ihrer Darstellung in Zweifel zu ziehen. Sie hatte gesagt, der Hammer habe zufällig da gelegen. Die genauso wahrscheinliche Version, daß sie ihn bereitgelegt hatte, um den betrunkenen Mann von hinten zu erschlagen, kam überhaupt nicht zu Wort.

Ich sympathisierte mit dem außergewöhnlich milden Urteil, das der Richter sprach. Und vermutlich war es angesichts der unsicheren Beweislage juristisch völlig in Ordnung. Aber es erschien mir voreingenommen und erklärungsbedürftig.

Als ich dann viel später eine so labile und haltlose Frau wie Anja darstellte, erinnerte ich mich daran und sagte mir, daß eine Frau wie sie einen Mann mit konservativen Werten, also in diesem Fall einen Richter, durchaus veranlassen konnte, in dieser anderen Frau, die ihre Schwangerschaft und ihr erspartes Geld gegen einen brutalen alkoholisierten Mann verteidigte, eine bewundernswerte Heldin zu sehen. So trafen zwei vollkommen getrennte Erfahrungen zusammen – die Party mit der betrunkenen Frau, die sich später umgebracht hatte, und dieser Prozeß, an dem ich zu einer ganz anderen Zeit teilgenommen hatte. Und aus diesem Zusammentreffen entstand, typisch für die Verknüpfungen der Phantasiearbeit, eine psychologische und dramaturgische Konstellation, aus der sich dann viele neue Möglichkeiten für das weitere Geschehen ergaben.

Mein nächster Einfall war es dann, um diese konflikthaltige und im Grunde verfehlte Beziehung von Leonhard und Anja mit der künstlichen Harmonie eines Freundschaftsbundes zu viert einen Sicherheitsmantel zu legen, der die Spannungen zunächst verdeckte, aber sie in einem komplexeren Zusammenhang erneut inszenierte. Als mir das vor Augen stand, hatte ich das Grundgerüst des Romans. Oder vielleicht sollte man einem solchen dramaturgischen Muster einen dynamischeren Namen geben und es als den Generator der Handlung bezeichnen.

Eng verschränkt mit der Entwicklung der Figuren und ihrer konfliktträchtigen Beziehungen ergeben sich beim Schreiben eines Romans von Anfang an Darstellungsprobleme. Am einfachsten wäre es, alles der Stimme eines allwissenden Erzählers anzuvertrauen, der das Geschehen nach Belieben raffen und im Überblick kommentieren kann, gleichzeitig aber Einblick in die intimsten Regungen und Gedanken der verschiedenen Personen hat. Dichte einzelne Momente, auch die begrenzten Einsichten und Verblendungen der handelnden Personen, wären aus dieser Perspektive ebenso zwanglos darstellbar wie der weiträumige Geschehensverlauf. In seiner traditionellen Erscheinung würde dieser Erzähler Kontakt zum Leser aufnehmen, ihn sozusagen ins Gespräch ziehen und durch das Geschehen hindurchbegleiten, die Geschichte vielleicht am Ende sogar mit einem Resümee abschließen. In der moderneren, seit Flaubert üblichen Inszenierung tritt der Erzähler unerkennbar hinter das Geschehen zurück und enthält sich zugunsten des szenischen Ablaufs aller zusammenfassenden Kommentare.

Eine andere geläufige Variante ist es, die Position des allwissenden Erzählers zu relativieren, indem man eine ins Romangeschehen einbezogene Person zum Erzähler macht. Das Geschehen wird dann durch seine begrenzte, subjektive Perspektive selektiert und eingefärbt. Oft gesteht der Erzähler auch ein, nicht alles genau zu wissen und auf Vermutungen angewiesen zu sein. Der Leser muß dann den Filtereffekt einer persönlichen Perspektive mitreflektieren. Er muß den Zeugen beurteilen, um dessen Optik zu kennen, durch die er als Leser zwangsweise blickt. Die Subjektivität ist ganz offensichtlich, wenn der Erzähler mit einer hörbaren Emotion spricht, wütend, entrüstet, höhnisch oder verzweifelt oder mit dem Distanzierungsmechanismus einer sich automatisch fortspinnenden Ironie. Der rhetorische Gestus schiebt sich dann als die eigentliche Mitteilung des Textes vor die Erzählung.

Am extremsten ist das im sogenannten Inneren Monolog, der rhetorischen Textform, die die sprunghaften assoziativen Verknüpfungen des spontanen, ungeformten Denkens fingiert, in dessen Strom die außersubjektive Realität nur noch in Form von Bruchstücken und Momenten mitgespült wird.

Mit der Ausnahme der weit geöffneten Perspektive eines allwissenden Erzählers sind das lauter monoperspektivische Darstellungsformen, die mir zu einem Roman mit vier Hauptpersonen nicht recht zu passen schienen. Ich wollte aber auch nicht vier gleichberechtigte Erzählerperspektiven nebeneinanderstellen, weil mir das schwerfällig und schematisch erschien. So strebte ich eine rhetorische und stilistische Facettierung an, in der kapitel- oder auch abschnittweise szenisch gebundene, ans Nacheinander der Augenblicke gefesselte Erlebnisperspektiven der einzelnen Personen und zusammenfassende erzählerische Überblicke sich unvermittelt abwechseln.

So gibt es zum Beispiel, als eine Art Sockel des Romangebäudes, eine auf drei Kapitel verteilte Icherzählung aus der Perspektive Marlenes, die in drei Schüben, wechselnd zwischen szenischer Darstellung und Reflexion, sowohl den Gesamtverlauf des Geschehens als auch ihre eigene, schrittweise fortschreitende und sich wandelnde Erfahrung darstellt. Andere Icherzählungen, für die ich noch ein Beispiel zitieren werde, sind jeweils auf eine bestimmte Situation beschränkt – in dem noch zu zitierenden Beispiel nur auf einen Augenblick.

Die Icherzählung ist eine sehr lebendige Textform, weil in ihr ein Mensch mit seinem persönlichen Temperament und seinen Motiven als der agierende Mittelpunkt des Geschehens erscheint und sofort Aufmerksamkeit auf sich zieht. Für szenische Darstellungen habe ich allerdings in meinen bisherigen Büchern und partienweise auch in diesem Roman die ebenfalls personale Perspektive der sogenannten Erlebten Rede bevorzugt, die anstelle des

Ichs der Icherzählung ein Er oder ein Sie setzt. Die Selbstpräsentation des Icherzählers wird dann abgelöst durch das objektivierte Bild einer Person, die sich vor unseren Augen in ihrer szenischen Umgebung bewegt und im Unterschied zum Icherzähler keinen Kontakt zu einem imaginierten Zuhörer aufnimmt. Die Möglichkeit, ins Innere der Person zu blicken, bleibt dabei trotzdem erhalten.

Die Intimität der subjektiven Vorgänge nimmt sogar zu. In der Icherzählung sind Gedanken immer mitgeteilte, also ins Ich integrierte Gedanken. In der Erlebten Rede werden die Gedanken, ähnlich wie im Inneren Monolog, im Moment ihrer Entstehung belauscht. Sie haben also unter Umständen noch keine sozialfähige Form erreicht.

Dank ihrer eigentümlichen Doppelperspektive ist die Erlebte Rede die flexibelste rhetorische Form zur Darstellung des fließenden Grenzverkehrs zwischen Innen- und Außenwelt, der unser Bewußtseinsleben bildet. Wenn man beispielsweise schreibt: »Zögernd stieg er die Treppe hoch. Sollte er nicht besser umkehren?«, dann sieht man im ersten Satz, wie sich die Person in der Außenwelt bewegt, hat aber gleichzeitig die Lesemöglichkeit, daß sie sich deutlich oder undeutlich bewußt ist, was sie tut. Vor allem mit dem Wort »zögernd« wird eine Selbstwahrnehmung der Person suggeriert. Und das bestätigt der nächste Satz, mit dem man Zeuge ihres Innenlebens wird. »Sollte er nicht besser umkehren?« Das ist ein spontaner Gedanke, erfaßt im Augenblick seiner Entstehung, also Seelenarbeit pur.

Ich gebe zu, daß es sich bei den Unterschieden von Erzählung, Icherzählung und Erlebter Rede in der fließenden Bewegung des Textes oft nur um Schattierungen handelt oder – um eine keineswegs zufällige Analogie zur Musik einzuführen – um chromatische Modulationen auf einer Scala von Halbtönen.

Es gibt aber auch schärfere Kontraste. So hebt sich beispielsweise der mit einigen Sätzen zitierte Innere Monolog Anjas, in dem sie sich ihre Langeweile und ihre Abneigung gegen Leonhard bewußt macht, stilistisch aus den übrigen Kapiteln heraus und wird gerade dadurch zum Ausdruck ihrer Isolation. Möglicherweise wird es an anderer Stelle auch noch Briefstellen oder Tagebuchnotizen Anjas geben, also wieder andere Textsorten mit neuen perspektivischen Nuancen.

Deutlich abgesetzt von den szenischen, handlungsstarken Kapiteln ist auch die lange Beschreibung von Anjas Person, die ich zum Teil vorgelesen habe. Sie könnte man als einen Erzählertext lesen, mit dem sich der Autor selbst zu Wort meldet. Ich habe aber durch Umstellung der Kapitelfolge und damit auch des Ablaufs der erzählten Zeit die Möglichkeit geschaffen, diese Personendarstellung einer handelnden Person zuzuschreiben, nämlich Paul, der als Leonhards Rivale, Marlenes Mann und Anjas kurzfristiger Liebhaber nicht nur den Zusammenbruch der Gruppe auslöst, sondern auch sechs Jahre nach Anjas Selbstmord noch einmal von der Erinnerung an sie heimgesucht wird. Und diese Szene, auch in Form einer Icherzählung geschrieben, habe ich jetzt an den Anfang des Romans gestellt. Ich lese Ihnen den Text vor.

> Manchmal denke ich, daß ich nicht sie erklären muß, sondern mich, mein Interesse an ihr, das so spät, fast sechs Jahre nach ihrem Tod, wieder in mir erwacht ist. Doch vielleicht muß ich erst vom Vergessen sprechen, das gewaltsam als Abwendung und Trennung begann und dann allmählich in Beruhigung überging. Ich habe immer weniger, immer flüchtiger an sie gedacht und irgendwann dann nicht mehr. Wann das war, weiß ich

nicht. Man vergißt auch noch das Vergessen, wenn man etwas vergißt. Es ist wie eine doppelte Wand oder wie etwas, das es in Wirklichkeit nicht gibt – eine doppelte Dunkelheit. Inzwischen weiß ich: Man kann nicht sicher sein. Sie war verschwunden in diesem doppelten Dunkel, bis ich sie plötzlich wiedersah. Sie erschien mir in jener bannenden Ausdrücklichkeit, mit der eine Schauspielerin im Lichtkegel eines Scheinwerfers, unbeirrt von den auf sie gerichteten Augen im verdunkelten Zuschauerraum, über die Bühne schreitet.

Wenige Schritte vor mir bei einer Verkehrsampel, die gerade auf Rot schaltete, kreuzte sie inmitten anderer Fußgänger meinen Weg und verschwand in der Seitenstraße. Ruhig, ohne den Kopf zu wenden, ging sie an mir vorbei, in dem unangetasteten Reiz ihrer längst vergangenen Erscheinung Jahre vor ihrem Tod. Sie erschien mir in dem seltsamen Zwielicht einer nahen Ferne: unwirklich und selbstverständlich und, wie jene Schauspielerin, nicht anrufbar.

Es war eine andere, eine fremde Frau, in der ich sie wiedererkannte. Doch das wußte nur mein Verstand, der den Schrecken, der mich durchfuhr, mit kurzer Verzögerung abwehrte und zunichte machte. Sie war es nicht. Sie konnte es nicht sein. Eine fremde, ihr nur ähnlich sehende Frau hatte dieses heftige, aus Begehren und Angst gemischte Gefühl in mir aufflammen lassen, das sich Sekunden später in Erleichterung und Enttäuschung verwandelte. Nein, sie konnte nicht zurückkommen. Es konnte nicht noch einmal beginnen.

Ich ging weiter, im rechten Winkel zu dem Weg der fremden Frau, deren plötzliche Erscheinung mich getäuscht hatte, obwohl ihre Ähnlichkeit mit Anja, wie ich noch im Augenblick ihres Verschwindens erkannte, nur oberflächlich war. Während sie sich entfernte – eine ganz andere Person, die nichts von den Phantasien ahnte, die ich ihr aufgebürdet hatte –, riß auch meine Verbindung zu der Umgebung, deren Mittelpunkt sie gewesen war. Ich fühlte mich wie im Inneren einer durchsichtigen Blase, an deren Außenhaut der Verkehr, die Menschen und die Schaufenster der Geschäfte schillerten – eine zerflossene farbige Illusion. Dann wechselte die Ampel auf Grün, und angestoßen von der Bewegung um mich herum ging ich weiter in der einmal eingeschlagenen Richtung, Schritt für Schritt weg von dem sich ebenfalls entfernenden Anlaß meiner Halluzination. Nach zwanzig, dreißig Schritten hatte ich den Impuls, umzukehren und der fremden, nun schon ein großes Stück entfernten Frau nachzueilen. Ich wollte ihr folgen, um festzustellen, worin sie Anja glich und ob die Ähnlichkeiten oder die Unterschiede überwogen. Das sei wichtig, damit die ins Wanken geratene Wirklichkeit sich wieder festigte, sagte ich mir. Doch eigentlich verstand ich diesen Gedanken nicht. Ich wußte ja, daß ich mich getäuscht hatte. Deshalb brauchte ich jetzt nicht noch hinter der Frau herzulaufen. Es sei denn ... Ja, es sei denn, daß dies nur ein Vorwand war, hinter dem sich der entgegengesetzte Wunsch verbarg, den ich mir zögernd eingestand: Wie ein Schläfer, der, hinausgefallen aus einem unabgeschlossenen Traum, noch einmal die Augen schließt, hatte ich gehofft, daß sich die Täuschung noch einmal wiederholte.

Die Perspektive der Romanerzählung durch die vorangestellte Rückblende bringt zeitliche Ferne ins Geschehen und läßt die später folgende ausführliche Personenbeschreibung Anjas als das Kondensat einer abgeschlossenen Erfahrung erscheinen. Der vorangestellte Text verrät außer der Mitteilung, daß sie seit sechs Jahren tot ist, nichts über Anja, deutet aber – gerade im Zurückhalten aller weiteren Informationen – an, daß es hier eine komplexe Geschichte zu erzählen gibt, die in sich die Substanz birgt, Jahre später in einem anderen Menschen eine heftige, zwiespältige Erinnerung auszulösen.

Paul macht sich auf den Weg, sich dieser Erinnerung anzunähern, indem er den Ort aufsucht, wo Anja sich umgebracht hat. Die Romanhandlung erscheint so als Rückblick, ist aber, wie schon gesagt, nicht in einer geschlossenen Erzählerperspektive durchkonstruiert, sondern öffnet sich zu einem multiperspektivischen Geschehen mit eigener Gegenwart. Ob oder wie ich es rückbeziehen werde auf die vorangestellte spätere Erinnerung, kann ich jetzt noch nicht sagen. So oder so aber macht die dramaturgische Konstruktion des Rückblicks deutlich, worin Erzählung und Erinnerung sich gleichen: Beide sind Ausdruck unserer Freiheit, den Fluß der Zeit, dem wir körperlich nicht entkommen können, in unseren Vorstellungen zu unterbrechen, um in der alltäglichen Zeit eine zweite, nach eigenem Maß bestimmte, verdichtete Zeit zu erleben.

Die erlebte Zeit als die Dimension darzustellen, in deren wechselnden, äußerlich und innerlich bestimmten Rhythmen sich unser Leben vollzieht, ist für mich eine Grundfaszination beim Schreiben, vielleicht sogar die stärkste. Es gibt die gleichmäßig dahinfließende oder die sich verlangsamende, stockende Zeit, ihr sprunghaftes Fortschreiten, ihr rasendes Vorbeijagen und ihre sich dehnenden magischen Augenblicke des Schreckens oder der Erkenntnis. Wie in der Musik modulieren diese Tempowechsel die Erfahrung. Heraklits berühmtes Wort »Alles fließt«, das auf Menschen bezogen sagt, wir wachsen und verändern uns, machen Krisen durch, altern und sterben, hat in der Musik und in der untergründigen, vorwärtstreibenden Dynamik literarischer Texte seine stärksten Entsprechungen.

# Das Zerreißen des Sinns

## Rede anläßlich der Verleihung des Hölderlinpreises

Verehrter Herr Oberbürgermeister, liebe Freunde, meine Damen und Herren,

das schöne festliche Ritual, einen Schriftsteller der Gegenwart mit einem Preis auszuzeichnen, der den Namen eines berühmten Autors der Vergangenheit trägt, mag vordergründig als eine dekorative Inszenierung erscheinen. Recht verstanden gründet es in einem Bedürfnis nach kultureller Kontinuität. Für eine Gedenkstunde – und möglichst darüber hinaus – sollen Vergangenheit und Gegenwart in ein wechselseitiges Verhältnis gebracht werden, in der Erwartung, daß sie sich gegenseitig beleuchten und befragen. Das ist nicht als Forderung an mich gestellt worden, als mir Jochen Hieber am Telefon sagte, daß mir in diesem Jahr der Hölderlinpreis zuerkannt worden sei. Aber ich empfand es als einen Anspruch, der in der Situation lag. Und in einer schnellen Selbstvergewisserung machte ich mir klar, daß dieser Anspruch mich in Schwierigkeiten brachte. Seit meinem Germanistikstudium hatte ich mich nicht mehr mit Hölderlin beschäftigt. Und da meine literarischen Interessen, nicht zuletzt das eigene Schreiben, sich in anderer Richtung entwickelten, hatte ich den Eindruck meiner ersten Lektüre nicht revidiert. Wenn ich mich nun Hölderlin wieder anzunähern versuche, muß es zunächst einmal auf dem Weg der Unterscheidung geschehen.

Was mutete mich an Hölderlin fremd oder fern an, als ich als Student die Gedichte und den Hyperion las? Es war der pathetische Ton, in dem ständig von Gott und den Göttern die Rede war. Und es war seine Neigung zur Idealisierung, die sich in zahlreichen schmückenden Adjektiven und Metaphern ausdrückte. In dem berühmten Gedicht »Heidelberg« stehen dicht beieinander »die reizende Ferne, das liebliche Bild, die gigantische Burg, die ewige Sonne, die freundlichen Wälder, das heitere Tal, die fröhlichen Gassen, die duftenden Gärten«. Diese Verklärungstendenz, die sich vor keiner Etikettierung scheute, hörte sich für mich an wie eine langweilige und aufdringliche Belehrung über das, was gut und schön sei, der ich nicht folgen mochte. Der verklärende Sprachgebrauch war Ausdruck eines metaphysischen Bedürfnisses nach einem höheren Sinn, das die Welt als ein geistgeprägtes Ganzes zu verstehen suchte und alles Individuelle in die Obhut von Allgemeinbegriffen brachte. Der oberste, noch nicht voll erfüllte Begriff war das Losungswort, mit dem Hegel, Schelling und Hölderlin sich verabschiedeten, als sie das Tübinger Stift verließen, dessen Schüler sie gewesen waren – es lautete: »Reich Gottes«. Auch dieses Wort war für mich im Blick auf die menschliche Geschichte und den besonderen Ausschnitt, den ich am eigenen Leibe erlebt hatte, ein unbrauchbarer, zum allseits verwendeten Legitimationsmechanismus verkommener, mit Schrecken und Absurditäten beladener Begriff geworden.

Aber als ich Schüler war, hatte ich ein ungebrochenes Verhältnis zum erhabenen Sprachgebrauch, denn er schien mir der Zugang zu einer höheren Form des Daseins zu sein. In dieser Sphäre vermischte sich alles, was meine Phantasie bewegte: die großen Dichter, die großen Helden, die geliebte Literatur und das geliebte Vaterland. Am abendlichen Lagerfeuer sangen wir manchmal, wenn es feierlich wurde, ein Lied nach einem Text von Rudolf

Alexander Schröder: »Heilig Vaterland in Gefahren, deine Söhne sich um dich scharen. Eh der Fremde dir deine Krone raubt, Deutschland, fallen wir Haupt bei Haupt.« Ich bekam dabei jedesmal eine Gänsehaut, denn obwohl noch kein Krieg war, ahnte ich, daß das einmal von uns gefordert werden würde. Wenige Jahre später war es dann soweit. Ich lernte als Achtzehnjähriger, zusammen mit lauter Gleichaltrigen, die blutige Wirklichkeit des Wortes »Schlachtfeld« kennen, menschliche Körper, noch im Sterben mehrmals getroffen, über eine weite Fläche verstreut. Ich, ebenfalls getroffen, hatte noch die Kraft wegzukriechen, während das große Sterben noch stundenlang weiterging.

Heilig Vaterland. Was war das Heilige? Eine universelle Begründungsformel für Opfergänge. Später erfuhr ich, daß Graf Stauffenberg, ein Bewunderer und Schüler Stefan Georges, nach dem mißglückten Attentat auf Hitler, vor dem Erschießungskommando stehend, noch gerufen hatte: »Es lebe das heilige Deutschland!« Das war dasselbe Vokabular, das auch uns geprägt hatte. Bei ihm war es ein Ruf des Widerstandes und der Unterscheidung. Doch es kam aus dem großen Hallraum der Tradition, in dem auch Worte von Hölderlin erklungen waren, so das Gedicht »Tod fürs Vaterland«, eine machtvolle Suggestion für junge Menschen, die nach einem höheren Sinn für ihr Dasein suchten:

*o nehmt mich, nehmt mich mit in die Reihen auf,*
*damit ich einst nicht sterbe gemeinen Tods!*
*Umsonst zu sterben lieb ich nicht, doch*
*lieb ich zu fallen am Opferhügel.*

Das ist mehr Opferinbrunst, als ich selbst je empfunden habe. Doch ich erinnere mich an das Begräbnis unseres

Klassenlehrers, der im Frankreichfeldzug, also auf dem Höhepunkt des nationalen Narzißmus, gefallen war und mit militärischen Ehren in seinem Heimatort beerdigt wurde. Mein Freund Franz und ich überbrachten als Abordnung des Gymnasiums einen Kranz. Die Reden und das militärische Ritual mit Salutschüssen über das offene Grab beeindruckten uns so stark, daß Franz während der Heimfahrt zu mir sagte: »Hoffentlich dauert der Krieg so lang, daß wir auch noch Soldat werden.« Nach dem Krieg traf ich ihn wieder. Er ging an Krücken, schwer verletzt. Einen Monat vor dem Kriegsende hatte er durch den Helm hindurch einen Schuß in den Kopf bekommen, dessen Folgen er nicht mehr lange überlebte. Wir hatten ein längeres Gespräch miteinander, in dem ich ihn fragte, ob er in dem Moment, als er getroffen wurde, sofort bewußtlos geworden sei oder noch irgend etwas gedacht habe. Er antwortete: »Ich habe nur gedacht: ›Ach so ist das!‹«

Und dieses Wort der totalen Ernüchterung ist für mich das Kennwort der Erfahrungen meiner Generation geworden, weil es alle Idealisierungen und hochtrabenden Allgemeinheiten, mit denen wir aufgewachsen waren, beiseite fegte.

Das steigerte sich zur Fassungslosigkeit, als mit Fotos grauenhafter Leichenberge die Enthüllungen über den Massenmord in den Todesfabriken der Konzentrationslager begannen. Nun mußten wir erkennen, daß wir dazu beigetragen hatten, das unter dem schauerlichen Titel einer »Endlösung« sich vollziehende Morden zu verlängern. Auch das mußte für immer aufgenommen werden in das »Ach so ist das« unserer katastrophalen Bilanz.

Als ich Jahre später eingeladen wurde, eine Rede zum 100jährigen Bestehen des Gymnasiums zu halten, stellte ich dieses Wort als kritisches Korrektiv des Bildungsauftrags der Schule in den Mittelpunkt und löste damit bei dem ausschließlich sprechenden protestantischen Pfarrer einen pathetischen Legitimierungsversuch aus. »Ja, so ist das!« rief er, »auch das hat Gott uns gesagt: so ist das!« Ich weiß nicht mehr, wie er es begründete, denn ich hörte es mit Abscheu. Wie konnte er so schamlos sein, in rhetorischer Geläufigkeit das grauenhafte Massensterben mit theologischem Sinn zu bekränzen! Nein, alle diese Sinndeutungssysteme – die religiösen, die heilsgeschichtlichen, die politischen –, die Anspruch auf absolute Wahrheit erhoben, waren in meinen Augen für immer korrumpiert.

Das allerdings schreckte mich nicht. Es war eine große Erleichterung. Ich begann, die von vielen beklagte metaphysische Obdachlosigkeit als geschenkte Freiheit für ein selbstbestimmtes Leben zu begreifen. Das wollte ich mir von keinem Weltsinnverkünder, gleich welcher Couleur, wieder zumauern lassen.

Als 1989 die DDR und anschließend das ganze sowjetische Imperium kollabierten, hatte ich verschiedentlich Gespräche mit Schriftstellerkollegen, die darunter litten, daß durch die Ereignisse ihr Weltbild zusammengebrochen war. Ich antwortete, etwas Besseres könne einem doch gar nicht passieren. Der Zusammenbruch einer Ideologie sei die beste Voraussetzung für die Menschwerdung.

Einmal hatte ich Besuch von einem jungen Mann, der aus einer sehr katholischen Familie kam. Er hatte mich um ein Interview gebeten. Er hatte seine Fragen auf einen Zettel geschrieben und ging sie der Reihe nach durch. Mehr oder minder deutlich kreisten sie um die Frage, wie man denn leben könne, wenn man wie ich an nichts glaube. Ich antwortete, zum Leben brauche man keine Begründung. Es trage seinen Grund in sich selbst. »So sehe ich es eigentlich auch«, sagte er und verabschiedete sich.

Ein Jahr später sprach mich nach einem Vortrag ein junger Mann auf meinen damaligen Besucher an. Er war dessen Bruder. Und er sagte mir, sein Bruder habe sich umgebracht. Er bot mir eine Kopie des Tagebuchs des Toten an. Ich las darin mit Bestürzung, daß er seit langem meine Bücher gelesen hatte und in fast allen Grundgedanken mit mir übereinstimmte. Doch es war ihm nie gelungen, ins Leben hineinzufinden, weder beruflich noch sexuell. Und so hatte er sich schließlich umgebracht. Übrigens auf eine Weise, die ich in meiner Novelle »Die Sirene« als eine sekundenlange Versuchung für die Hauptperson dargestellt hatte: Er hatte sich in eine Tannenschonung gelegt und einschneien lassen.

Hier muß ich auf etwas hinweisen, was mir erst jetzt richtig deutlich wurde: In intellektuellen Diskussionen neige ich dazu, meine Ansichten radikal zuzuspitzen und rigorose Forderungen an den Lebensmut, die Vernunft und die Autonomie der Menschen zu stellen, während ich die Menschen in meinen Romanen und Erzählungen mit dem größten mir möglichen Maß an Einfühlung in ihre Gefährdungen und Schwächen darstellte und sie als illusionsanfällige, sich selbst immer wieder entgleitende Personen beschrieb, die dazu neigen, auf der Suche nach dem richtigen Leben in die Falle der eigenen Phantasien zu gehen.

Mit diesem Blick habe ich auch Hölderlin gesehen, als ich ihn jetzt wieder las. Weil ich mich nicht mehr gegen ihn abgrenzen mußte wie in meiner Studienzeit, sah ich nun mit intimerer Nähe die Tragik seiner Existenz. Ich begriff, wie aus seiner inneren Zerrissenheit und Fremdheit das unruhige Verlangen entstand, die Welt als eine von göttlichem Sinn durchdrungene Geistes- und Seelenheimat zu deuten, eine angestrengt beschworene Vision, die immer wieder durch den Anhauch von Dunkelheit und Kälte, nicht nur der Natur, wie eine unhaltbare Täuschung bedroht wird. Nur scheinbar ist das Gedicht »Abendphantasie« ein lyrisches Stimmungsbild – es geht um die Nacht der Existenz:

*Doch, wie verscheucht von töriger Bitte, flieht der Zauber, dunkel wirds und einsam! ...*

Oder in der Ode »Chiron«:

*... wo bist du Licht?*
*Das Herz ist wieder wach, doch herzlos*
*Zieht die gewaltige Nacht mich immer.*

Oder in dem Entwurf zum Gedicht »Hälfte des Lebens«:

*Weh mir!*
*Wo nehm ich, wenn es Winter ist,*
*Die Blumen, daß ich Kränze den Himmlischen winde?*
*Dann wird es seyn, als wüßt' ich nimmer von Göttlichen.*
*Denn von mir ist gewichen des Lebens Geist.*

Vor allem dieser letzte Text drückt Hölderlins Angst aus, das grandiose Projekt einer Vergöttlichung der Welt werde ihm mißlingen, weil von ihm weicht »des Lebens Geist«. Wie die Welt dann aussehen wird, sagen die berühmten letzten Zeilen des vollendeten Gedichtes:

*Die Mauern stehen*
*Sprachlos und kalt, im Winde*
*Klirren die Fahnen.*

Das Bild ist eine visionäre Schrecksekunde, in der ihm in eisiger Verdinglichung der Innenraum des Wahnsinns erscheint. Der Wahn ist eine isolierte Welt, die sich aus den Zusammenhängen des Lebens gelöst und gegen sie abgedichtet hat. Der Psychiater Klaus Conrad hat in seinem Buch über »Die beginnende Schizophrenie« diesen Prozeß modellhaft beschrieben, und es fällt nicht schwer, darin die sich vertiefenden Risse und Brüchigkeiten in Hölderlins Leben zu erkennen: seine Armut, die ständigen Ortswechsel auf der Suche nach einer Existenz, subalterne, meist bald wieder gekündigte Anstellungen als Hauslehrer und sein Kampf gegen seine pädophilen Neigungen, den er in langen Nachtwachen am Bett seines Zöglings Fritz von Kalb ausfocht, sein vergebliches Werben um die Anerkennung seines Dichtertums durch seine Mutter, die von ihm erwartete, daß er den Beruf des Pfarrers ergriff, sein Versuch, durch die Gründung einer literarischen Zeitschrift von der Literatur zu leben, der daran scheiterte, daß es ihm nicht gelang, Goethe, Schiller und Schelling als Mitarbeiter zu gewinnen, vor allem aber sein demütigender Rausschmiß aus dem Haus des reichen Frankfurter Kaufmanns Gontard, der Hölderlins Liebes- und Seelengemeinschaft mit dessen Frau Susette zerschnitt, und schließlich Susettes Tod. Andere Menschen werden mit solchen Erfahrungen fertig, nicht dieser verletzbare, auf Idealität und Einklang mit der Welt angewiesene Mensch, der verzweifelt Götter beschwor, die nur noch Worte waren.

Durch Conrads Gestaltanalyse des Wahns können wir einen Blick in die Innenseite des unheimlichen Vorgangs der Wahnentstehung tun. Während sich langsam – sozial, geistig, emotional – unsichtbare Barrieren um den Menschen aufrichten, verdichtet sich die innere Spannung des eingeengten Feldes zu der Ahnung, etwas Außerordentliches stehe bevor. Dann, oft plötzlich, wird die ganze Welt physiognomisch. Die Dinge und Geschehnisse nehmen abnorme Bedeutungen an und vernetzen sich unwidersprechbar zu einem wahnhaften Sinnmuster, das als offenbartes Geheimnis erscheint. Schließlich reißen diese Zusammenhänge, und alles löst sich in ein apokalyptisches Chaos von Sinnfetzen und durcheinanderredender Stimmen auf.

Als erschütterndes Abbild dieser inneren Katastrophe erscheint Hölderlin auch in den Zeugnissen der Zeitgenossen. Er war im Sommer 1802 – als Susette Gontard starb – zu Fuß aus Frankreich zurückgekommen, als sein Tübinger Studienfreund, der Lyriker Matthison, ihn plötzlich wiedersah. Hölderlin, dessen apollinische Schönheit oft gerühmt worden war, hatte sich gespenstisch verwandelt: »Er war leichenbleich, abgemagert, von hohlem, wildem Auge, langem Haar und Bart und gekleidet wie ein Bettler.« Die schreckliche Gestalt habe sich ihm genähert und mit dumpfer geisterhafter Stimme gemurmelt: »Hölderlin«. Nicht weniger erschreckend ist Schellings Bericht aus dem Frühjahr 1803: »Es war ein trauriges Wiedersehen, denn ich überzeugte mich bald, daß dieses zartbesaitete Instrument für immer zerstört sey. Wenn ich einen Gedanken anschlug, der ihn ehemals ansprach, war die erste Antwort immer richtig und angemessen, aber mit dem nächsten Wort war der Faden verloren.«

Man erkennt in diesen Beschreibungen den dramatischen Ausbruch des Wahns und den fortgeschrittenen Zerfall der inneren Zusammenhänge. Laut Klaus Conrad folgt dann meist noch eine letzte Phase teilweiser Konsolidierung durch Energieverlust, in der der Kranke wie ein niedergebranntes Feuer erscheint, in dessen Asche noch einige Reste glimmen. Diese Phase hat bei Hölderlin 36 Jahre gedauert, die er im Tübinger Turm verbrachte, eine groteske Gestalt, die Besuchern katzbuckelnd kleine formelhafte Gedichte überreichte, die wie ärmliche Parodien seiner großen Lyrik anmuten. Durch einen eingeschliffenen Automatismus der Wortverknüpfungen lassen sie manchmal noch einen rudimentären Sinn erahnen, während beim Schreiben von Prosa sofort die Gedankenflucht begann.

Der Wahn hatte Hölderlin dazu verurteilt, die Brüchigkeit seiner imaginären Welt leibhaftig darzustellen. Der scheiternde Versuch eines der sprachmächtigsten deutschen Dichter, die alten Götter in eine götterlose Welt zurückzurufen, endet in totaler Sprachverwirrtheit. Der Heimatsuchende wird zum Gefangenen im Asyl des Wahns.

Man kann darüber streiten, ob das nur eine individuelle Katastrophe ist oder ein tragisches Scheitern von historischer Repräsentanz. Mir scheint es angemessen, diese beiden Lesarten zusammenzufassen. Hölderlins Versuch einer Belebung der alten Götter ist eine ins Mythische übersetzte Suche nach dem früh verlorenen Vater. Aber das Scheitern dieses Versuches, sich in der Welt zu beheimaten, ist ein historisches Schwellenphänomen, denn es war eine Sinnsuche mit dem Rücken zur Zukunft. Was wir heute mit einem kommunen Wort als »Selbstverwirklichung« bezeichnen, setzt unter anderem die Fähigkeit voraus, Entfremdung zu ertragen und sich in einer Welt einzurichten, die keineswegs für einen gemacht zu sein scheint. Die Welt ist das Nicht-Ich, das uns herausfordert, der Widerstand und die Zufälle, in die wir hineingeraten. Hölderlin, ein besonders verletzbarer und harmoniebedürftiger Mensch, hat das vielfach verstörend erfahren und in seiner Phantasie zu überfliegen versucht. Er konnte sich das wahre Leben nur im geträumten Einklang mit einer idealisierten, von Göttern bewohnten Welt vorstellen, die er nicht mehr herbeibeschwören konnte, auch nicht im erhabenen Pathos und im hymnischen Überschwang seiner Sprache.

## Dazwischen und darüber sein

### Rede zur Verleihung des Joseph-Breitbach-Preises am 28.09.2001 in der Mainzer Akademie der Wissenschaften und der Literatur

Verehrter Herr Präsident,
meine Damen und Herren, liebe Freunde,

wenn wir sagen, etwas sei möglich, dann reden wir von einem zukünftigen Ereignis, dem zu seiner Verwirklichung noch die eine oder andere Voraussetzung fehlt. Und falls es nicht in unserer Macht gestanden hat, diese Voraussetzungen selbst herzustellen, sagen wir – beim Eintreffen eines erfreulichen Ereignisses –, man habe Glück gehabt. Gibt es verdientes Glück?

Die Beglückten möchten es gerne glauben. Allerdings nicht nur. Denn das schmälerte das Glück, dessen Zauber darin besteht, das grundsätzlich Unberechenbare, das Unverfügbare zu sein.

Wenn man einen Literaturpreis zugesprochen bekommt, dann hat man für dieses besondere Ereignis die Grundvoraussetzung selbst geschaffen, indem man Bücher geschrieben hat. Doch dann beginnt das Unberechenbare: Eine Jury aus mehreren Personen mit vermutlich unterschiedlichen Vorlieben und nicht unbedingt identischen Kriterien muß vor einem weitgefächerten Panorama unterschiedlicher Autoren und Werke eine gemeinsame Wahl treffen. Darüber denkt man als Autor besser nicht nach. Es ist der Ratschluß der Götter, und der findet bekanntlich in der Verborgenheit der Transzendenz statt. Als von dort der Anruf kam und Walter Helmut Fritz mir die Mitteilung machte, daß ich einer der drei Autoren sei, die in diesem Jahr den Joseph-Breitbach-Preis erhalten, traf die Nachricht zusammen mit dem Abschluß eines neuen Buches. Und in dem Zustand freudiger Erschöpfung, in dem ich mich befand, wirkte diese Glücksnachricht auf mich spontan vitalisierend: Ein großer Preis und ein neues Buch – da war für mich ein Doppelstern am Horizont aufgegangen.

Ich danke der Jury, der Breitbach-Stiftung und der Mainzer Akademie für die Auszeichnung. Als die großzügige Stiftung eines eigenwilligen Mannes, der einerseits Schriftsteller, andererseits eine erfolgreiche Person des Wirtschaftslebens war, hat der Preis das unnachahmlich Individuelle einer großen persönlichen Geste. Für mich ist die Verleihung dieser Auszeichnung wie ein persönlicher Händedruck.

Wenn ich mich jetzt im Gefolge der Laudatio von Werner Jung mit einigen Anmerkungen über mein Schreiben für den Preis bedanke, dann gehe ich dabei von den Fragen aus, die mir eine Schülerin in einem Brief stellte. Sie schrieb: »Ich bin achtzehn Jahre alt und gehe noch zur Schule. Vor kurzem kam im Unterricht die Frage auf, weshalb Autoren Bücher schreiben. Der Lehrer verwarf die Antwort, ein Autor schreibe wegen der Leser. Zu der Annahme, ein Autor schreibe wegen seiner Idee, äußerte sich der Lehrer wenig konkret. Die Frage blieb leider unbeantwortet. Ich würde mich sehr freuen, wenn Sie sich die Mühe machen könnten, kurz aus Ihrer Sichtweise zu dieser Frage Stellung zu nehmen.«

Ich will das gerne versuchen.

Natürlich hofft jeder Autor, Leser zu finden. Und nur wenn auch ein Verleger diese Hoffnung hegt, wird ein Manuskript gedruckt und veröffentlicht. Ein Buch, das nicht gelesen wird, ist ein toter Gegenstand: eine Anhäufung sinnloser schwarzer Zeichen auf weißem Papier.

Allenfalls kann man es mit einem ungehobenen Schatz vergleichen, der in den dämmerigen Ecken einer Bibliothek darauf wartet, vielleicht doch noch entdeckt und für andere erschlossen zu werden. Das ist heute unwahrscheinlicher denn je, weil die ständig wachsende Buchproduktion Jahr für Jahr mit ihren Novitäten die älteren Bücher aus Schaufenstern und Regalen verdrängt und einen zunehmenden Teil von ihnen entwertet. Das wurde mir neulich wieder anschaulich deutlich, als ich meine aus allen Nähten platzende Bibliothek durchforstete, um Platz zu schaffen für neue Bücher, und mehrere Transportkisten mit Büchern vollpackte, die mich einmal mehr oder minder interessiert hatten, die ich aber vermutlich nicht noch einmal lesen würde. Ich hatte ein schlechtes Gewissen, als ich die Bücher aussortierte, tröstete mich aber mit dem Gedanken, daß es dem Antiquar, der die Kisten abholte, vielleicht gelingen könnte, für sie neue Interessenten zu finden und sie so zu reanimieren.

Um also eine vorläufige Antwort auf die Frage der Schülerin zu geben: Leser sind für Autoren so nötig wie die Luft zum Atmen. Das bedeutet jedoch nicht unbedingt, daß der Autor für die Leser schreibt. Viele tun es allerdings. Zum Beispiel Schriftsteller, die stets Ausschau nach aktuellen Themen halten, von denen sie sich vermehrte Aufmerksamkeit versprechen. Ich rechne dazu die Autoren, die in den vorgeprägten Dramaturgien der Unterhaltungsliteratur kalkulierbare Leseerwartungen bedienen. Mit einem didaktischen oder auch agitatorischen Konzept der Literatur machte ich Ende der sechziger Jahre Bekanntschaft. Es drückte sich damals in literarischen Diskussionen in stereotypen Kontrollfragen aus: »Für welche Zielgruppe schreiben Sie?« »Was wollen Sie wem sagen, und welcher stilistischen und dramaturgischen Mittel bedienen Sie sich?« Oder, wie ich nach der Lesung aus einem neuen Roman einmal gefragt wurde: »Warum haben Sie das Wetter dargestellt?« Die Darstellung des Wetters durfte innerhalb dieses Denkens kein Selbstzweck sein. Sie mußte zu etwas dienen. Nämlich dem, was damals nach einer gängigen Formulierung die »politische Alphabetisierung Deutschlands« hieß. Alles andere, so hieß es, sei belanglos und überflüssig. Das hat mich herausgefordert, über mein Verständnis der Literatur nachzudenken.

Ich antwortete: Wenn man die Literatur darauf beschränkte, das Vehikel vordefinierter tagespolitischer Belange zu sein, dann sei das die rigoroseste Verdrängung menschlicher Erfahrungsvielfalt, die man sich vorstellen könne. In meinem Verständnis sei die Literatur eine imaginäre Probebühne, auf der alle Möglichkeiten des menschlichen Lebens – das Intime, das Private, das Verrückte, auch das Schreckliche und Unerwünschte – bis zu ihren Extremen durchgespielt und ausfabuliert werden können. Denn nur unter der Bedingung, daß sie freigestellt wird von allen Dringlichkeiten und Anpassungszwängen der Praxis, ist die Literatur der Ort, wo sich unsere Wahrnehmung des Lebens erneuern und vertiefen kann. Die Ausgangssituation, in der der Autor seine Figuren auf den Erfahrungsweg schickt, ist meistens eine offene oder eine noch im Verborgenen schwelende Krise, zumindest aber eine Irritation, durch die das bisherige Leben erste, vielleicht noch kaum sichtbare Risse bekommt. Manchmal signalisiert gerade ein leiser Beginn eine verborgene Gefahr. Vielleicht wird es bald um Leben und Tod gehen.

Der Autor muß seine Figuren, die ihre Zukunft nicht kennen, auf ihrem ungewissen Weg begleiten. Das kann er nicht ohne Einfühlung tun. Er muß sich dabei auf Probleme und Zustände einlassen, die auch für ihn nicht unproblematisch sind. Jeder Autor, der Menschen darstellt, gibt auch etwas von sich selber preis.

Das ist aber nicht das einzige Risiko, das der Autor eingeht. Das Schreiben eines Buches ist Seite für Seite ein Weg ins Ungebahnte. Zwar gibt es vorauslaufende ungefähre Vorstellungen – einzelne Szenen, die man unbedingt schreiben will, andere, die geschrieben werden müssen, deren Faszinationspunkt man aber erst noch entdecken muß. Doch lange Zeit bleibt vieles offen, und der Autor muß die Souveränität haben, sich auf unerwartete Einfälle einzulassen. Denn der Umweg, der vermeintliche Abweg können am Ende die besseren Wege sein, weil in ihnen das Nichtplanbare zum Ausdruck kommt, das Zufällige und Kontingente, dessen Hintergrund die extensive und intensive Unausschöpfbarkeit der Realität ist.

Bei diesen sensiblen, intuitiven Vorgängen, die die poetische Substanz und die Individualität eines literarischen Werkes hervorbringen, ist der Autor ganz auf sich selbst angewiesen. Niemand kann ihm dabei helfen, niemand darf ihm über die Schulter blicken. Vielleicht denkt er manchmal, wenn ihm etwas geglückt ist, an den einen oder anderen Leser in der Überzeugung, daß diesen Lesern der Text gefallen werde. Er schreibt nicht für sie, sondern folgt seiner Faszination. Doch er fühlt sich dabei in ihrem Interesse aufgehoben. Vor allem, wenn das Schreiben sich zu einer lebenslangen Arbeit auswächst, in der allmählich die einzelnen Bücher und Texte, gleichgültig welcher Gattung sie angehören, zu Stationen eines weiträumigen thematischen Zusammenhangs werden, gibt es für einen Autor keine schönere Bestätigung als die in Briefen und Gesprächen allmählich sich abzeichnende Tatsache, daß er eine Leserschaft hat, Menschen, die nicht nur flüchtige Zufallsleser sind, sondern sein entstehendes literarisches Lebenswerk mit anhaltendem Interesse begleiten und dieses Interesse in ihrem Lebenskreis weitergeben. James

Joyce widmete sein letztes Buch, »Finnegans Wake«, dem »idealen Leser, der an idealer Schlaflosigkeit leidet«. Ich verstehe das sehr gut. Denn so, wie es eine berauschende Erfahrung sein kann, einmal eine ganze Nacht durchzuschreiben, ist es für einen Schriftsteller eine besondere Bestätigung, wenn ihm ein Leser schreibt, er habe, ohne aufhören zu können, bis tief in die Nacht in seinem Buch gelesen. Trotzdem möchte ich meinen Lesern die »ideale Schlaflosigkeit« nicht unbedingt wünschen.

Ich möchte aber noch eine andere zugespitzte Bemerkung von Joyce zitieren, die er als junger Mann über den Blick des Autors gemacht hat. Er, der mit dem Inneren Monolog ein sprachliches Modell subjektiver Unmittelbarkeit geschaffen hat, definierte in dieser frühen Bemerkung die Notwendigkeit der objektivierenden Distanz. Er schrieb, der Künstler (der Schriftsteller) müsse »wie Gott in oder hinter oder jenseits oder über seinem Werk stehen, unsichtbar, aus dem Leben herausgelöst, gleichgültig damit beschäftigt, seine Nägel zu schneiden«.

Das sind die beiden Eckpunkte der fundamentalen Exzentrizität der menschlichen Existenz: Getrieben von Leidenschaften, Wünschen, Ängsten und alltäglichen Notwendigkeiten handeln und irren wir in der halbblinden Unmittelbarkeit, die Ernst Bloch das »Dunkel des gelebten Augenblicks« genannt hat. Gleichzeitig sind wir fähig, zu uns selbst auf Distanz zu gehen und uns aus einer Ferne zu betrachten, in der die Gründe unserer Aufregungen unerheblich und unsere Getriebenheiten und Anstrengungen absurd erscheinen. Diese Spannung des doppelten, gespaltenen Blicks von nah und fern, das Dazwischen-und-darüber-Sein ist unsere eigentliche existentielle Erkenntnischance. Sie wird in der Literatur auf vielfache Weise erlebbar, etwa wenn konkurrierende personale Perspektiven sich wechselseitig in ihrer Partikularität zu erkennen geben oder wenn das Kontinuum der Handlung durch ein unerwartetes Ereignis unterbrochen wird. Es kann auch etwas Episodisches sein.

In meinem Roman »Der Liebeswunsch« gibt es eine Szene, in der Marlene und Leonhard – alte Freunde, die gerade gescheiterte Ehen hinter sich haben – sich in einem Ferienhaus treffen, um die Wirrnis ihres Lebens zu besprechen. Bei einem Waldspaziergang entdecken sie einen Ameisenhaufen und bleiben stehen, um eine Weile dem eifrigen Herumrennen der kleinen rotbraunen Tiere zuzusehen. Dann kommt es zu einem kurzen Dialog:

»Die haben andere Probleme als wir«, sagte sie.

»Im Grunde haben sie dasselbe Problem«, sagte Leonhard, »sie sorgen dafür, daß das Leben weitergeht.«

»Du meinst, sie haben für dasselbe Problem nur andere Lösungen?«

»Ja. Aber sie haben keine andere Lösung. Sie sind die andere Lösung. Sie haben nämlich keine Wahl. Alles ist so, wie es immer ist.«

»Wer keine Wahl hat, kann sich auch nicht irren.«

»Irren vielleicht schon, aber zweifeln nicht.«

Sie schaute längere Zeit zu, dann sagte sie: »Es sieht für mich wie eine Panik aus.«

»Wer weiß, wie wir aussehen«, sagte Leonhard.

»Vielleicht viel bizarrer und monströser?«

»Anmaßend und unangemessen, nehme ich an.«

Sie blieben noch eine Weile stehen, bevor sie beide, anscheinend aus dem gleichen unbewußten Impuls, weitergingen.

# Spurensuche

## Dankrede zur Verleihung des Niederrheinischen Literaturpreises 2002

Herr Oberbürgermeister, meine Damen und Herren,

als mich die Nachricht erreichte, daß mir in diesem Jahr der Niederrheinische Literaturpreis zugesprochen worden sei, mußte ich sofort an die Studentin Anja denken, eine der vier Hauptfiguren meines letzten Romans »Der Liebeswunsch«, die an ihrer ehrgeizig formulierten Magisterarbeit scheitert. Sie wollte nämlich versuchen, »in den Landschaftsmetaphern und Landschaftsszenerien von drei Romanautoren unterschiedliche Geistes- und Seelenhaltungen zu erkennen. Sie hatte lange Listen der Motive zusammengestellt, kam aber nicht weiter damit, weil die Bedeutungen zu unbestimmt blieben und einander dauernd überlagerten. Als sie versuchte, diese Schwierigkeiten in einem Vorwort zu beschreiben, schien das auf den Nachweis hinauszulaufen, daß die Arbeit sinnlos sei.«

Ich hatte eigentlich gedacht, als ich das Thema formulierte, es sei eine normale Aufgabe für eine Magisterarbeit und deshalb auch geeignet, die Geistes- und Seelenlähmung meiner Romanheldin darzustellen, von der es heißt: »Sie las und blätterte weiter, las und vergaß alles, obwohl sie noch weiterlas. Sie hatte nichts Eigenes, keinen Kern, der die Sätze zusammenhielt.«

Vorstellen konnte ich mir diesen Zustand. Aber ich hatte nicht damit gerechnet, plötzlich selbst vor die Aufgabe gestellt zu werden, an der ich meine Romanperson hatte scheitern lassen: nämlich eine Verbindung sichtbar zu machen zwischen der Vorstellungswelt eines Autors und den Eindrücken einer Außenwelt, von denen sie vermutlich mitgeprägt worden ist. Es ist voraussehbar, ich werde daran ähnlich scheitern wie Anja im Roman. Und das ist ja auch nur eine Form von poetischer Gerechtigkeit.

Jetzt können Sie mich natürlich zurückrufen und sagen, es sei ja gar nicht gefordert, daß ich mich mit diesem Thema beschäftige. Mag sein. Aber ich kann mich nicht von dem Gedanken lösen, daß in dem Begriff Niederrheinischer Literaturpreis eine Hypothese über die verborgenen Zusammenhänge der beiden Dimensionen enthalten ist, der ich mich um so weniger entziehen kann, je weiträumiger und unbestimmter sie gemeint ist. Wer meine Bücher kennt, weiß, daß ich kein Heimatschriftsteller bin. Es finden sich darin keine Kirmesfeste und Umzüge und dazugehörige Anekdoten. Aber es gibt, beispielsweise in meinem letzten Roman, nur reale Schauplätze: Straßen, Gasthöfe, Gebäude, die jeder, der nach ihnen sucht, in der Wirklichkeit finden kann. Meine Frau ist deshalb auf die Idee gekommen, die erzählte Geschichte und ihre Szenerien mit Fotos und daneben zitierten Textstellen, also in der Form eines Fotoalbums nachzubilden. Beim Umblättern dieser Seiten wird deutlich, daß der Roman, sosehr sich auch seine Figuren in ihre Subjektivitäten verrennen mögen, immer Bodenhaftung hat.

Wie ja einige von Ihnen wissen, kulminiert er in Anjas Sturz aus einem Hochhaus und ihrem Sekunden später zu erwartenden Aufprall auf dem Asphalt des fast leeren Parkplatzes, der das Haus umgibt. Ich habe dieser Szene einen wirklichen Selbstmord im ferneren Bekanntenkreis als Motiv zugrunde gelegt, als Schauplatz aber einen Ort gewählt, den ich gut kannte – ein Hochhaus am Wattenmeer, westlich von Cuxhaven, in dessen 14. Stockwerk ich mich oft außerhalb der Saison eingemietet habe, um in äußerster Zurückgezogenheit schreiben zu können. Dort habe ich manchmal aus der offenen Loggia des Apartments hinuntergeblickt auf die weiß umrandeten Parktaschen mit ihren eingeschriebenen großen Nummern, die mir wie Grabparzellen erschienen, und das Hochhaus selbst kam mir wie eine riesige Stele vor, mitten in diesem Kreis, in dem nur noch wenige Autos standen, auch mein eigenes, wie bereit zur Flucht. Der Blick aus dieser Perspektive erneuerte meine alte Überzeugung, daß das wirklich Phantastische nicht das Ausgedachte, sondern das Gefundene und Gesehene ist. Wahrscheinlich hatte sie sich deshalb rücklings hinabgestürzt in den Sog geträumter, ausgebreiteter Arme.

Aber davon wollte ich jetzt nicht reden, oder nur beiläufig. Nicht die bewußte Orientierung an der unmittelbaren Wahrnehmung und Erfahrung, schon gar nicht die Recherche, die als vorbereitende oder begleitende Arbeitsphase selbstverständlich zum Handwerk eines realistischen Romanautors gehört, sondern was all dieser Arbeit und auch der Phantasie, schreiben zu wollen, vorausgeht, oft viele Jahre vorher. Ich weiß, es ist nur meine Hypothese, daß im Begriff Niederrheinischer Literaturpreis eine heimliche Vermählung bekanntgegeben wird zwischen der Landschaft und der Literatur, und ich will sie jetzt hier in der Unbestimmtheit einer Konturenverwischung, wie man sie in dieser Landschaft manchmal erleben kann, für mich in Betracht ziehen. Ja, der Niederrhein hat mich zweifellos geprägt. Ich merke es an meiner grundsätzlichen Affinität für flache, sich in der Ferne verlierende Landschaften, deren Urtyp offene Küstenlandschaften sind, während ich hohe Berge, die mir den Blick verstellen, trotz ihrer schneebedeckten Herrlichkeit manchmal als beengende Dominanzgebärden der Natur empfinde. Leben möchte ich in einem engen Gebirgstal nicht, obwohl ich vor kurzem fasziniert aus der vulkanischen Gebirgseinöde Islands mit ihren Gletschern und Wasserfällen zurückgekommen bin. Damit, und mit vielen anderen Landschaften, die ich als Erwachsener gesehen habe, konnte die Erftniederung bei Grevenbroich, damals in den frühen dreißiger Jahren ohne die späteren Eingemeindungen noch eine kleine Kreisstadt von sechstausend Einwohnern, nicht konkurrieren. Aber sie brauchte es ja auch nicht. Die Erft war ein schmaler, dunkler, lehmiger Fluß, der, aus der Eifel kommend, langsam mäandernd durch Pappelwälder, Weidengebüsche und Wiesen floß, die Stadt an ihrer Taille durchquerte und wieder in die gleiche Auenlandschaft eintauchte und ihren Weg zum Rhein fortsetzte. In einem von einer Schleuse regulierten Seitenarm des Flusses habe ich schwimmen gelernt, während die Wiesen, Gebüsche und Pappelwälder der Flußniederung unsere Jagdgründe waren. Ich glaube, daß man es gar nicht überschätzen kann, was es für die Entwicklung der Vorstellungskraft bedeutete, daß ich mich dort zusammen mit meinen Freunden nach den Vorlagen von Büchern, die wir uns gegenseitig ausliehen, jahrelang in die Fiktion hineingelebt habe, Indianer zu sein. Wenn es sich um eine spektakulärere Landschaft gehandelt hätte, wäre das schwieriger, wenn nicht unmöglich gewesen. Die Erftlandschaft, die nichts von wilder Natur an sich hatte, wurde erst durch uns, was sie für uns war. Es gab hier auch kaum Spaziergänger und schon gar keine Ausflügler und Touristen. Das galt natürlich erst recht für die Stoppelfelder der Umgebung, wo wir im Herbst, wenn sie abgeerntet waren, auf den großen, aus Würfeln gepreßten Strohs zusammengesetzten Mieten herumkletterten und sie zu unseren Pueblos erklärten, dabei aber immer Ausschau hielten, ob nicht der Bauer mit seinem Hund nahte.

Keineswegs gingen wir in unserem Spiel ganz auf. Es

war vielmehr ein dauerndes Als-ob, dessen Reiz darin bestand, dem alltäglichen Leben von Elternhaus und Schule den Traum eines anderen, abenteuerlichen Lebens hinzuzufügen, in dem brachliegende Teile der eigenen Lebendigkeit sich entwickeln konnten, und zwar anders als im Freibad oder auf dem Fußballplatz, in Distanz zum normalen Leben. Es wundert mich deshalb nicht, daß der erste Text, den ich geschrieben habe, eine Indianergeschichte war. Es war Vorzeichen der weiteren Entwicklung. Das Schreiben würde einmal an die Stelle des Spiels treten. Und daß ich dann später die Literatur als eine imaginäre Probebühne des Lebens beschrieb, löste ein, was das Spiel für mich gewesen war.

Das Spiel war aber nicht mein einziger Zugang zum Land. Mein Vater, der im Landkreis die Bauaufsicht hatte, nahm mich oft im Auto, einem noch mit der Handkurbel angeworfenen Opel P 4, zu den Baustellen mit, die er kontrollierte. Am Wochenende machten wir gelegentlich einen Ausflug ins Bergische Land oder in die Eifel oder nach Bad Honnef zu den Großeltern. Die Ferienreise führte uns nie weiter als in den Westerwald. Erst der Krieg sprengte diese Dimensionen. Ich kam zuerst nach Holland, dann nach Berlin und schließlich nach Ostpreußen und Litauen, wo ich verwundet wurde. Es blieb also bei den flachen Landschaften, bis ich nach Bad Reichenhall ins Lazarett kam und zum ersten Mal die Alpen sah. Die letzte Station des Krieges war dann für mich das riesige Entlassungslager Weeze am Niederrhein. Ich will nicht behaupten, daß ich mich dort heimisch gefühlt hätte. Heute fällt es mir auch oft schwer, wegen der fortschreitenden Zersiedelung und Verstraßung des Landes. Wenn ich mit meiner Frau nach Norden aus Köln hinausfahre, wo hinter Bocklemünd der Niederrhein beginnt, beschleicht mich immer eine eigenartige Doppelempfindung von Wiedererkennen und

Befremden. Es ist die Gegenwart des Gewesenen, das mir zuzuwinken und mich anzustarren scheint, während wir daran vorbeifahren. Meiner Frau, die aus der hügeligen, mit Seen und lichten Wäldern geschmückten Endmoränenlandschaft Hinterpommerns stammt, kann ich nicht erklären, was mich an den Feldern meiner Kindheitslandschaft anspricht. Für sie sind das monotone Nutzflächen bis zum Horizont. Die Erftniederung läßt sie allerdings gelten.

Der nördliche Niederrhein ist natürlich der schönere Teil dieser Landschaft. Aber weiter als bis Krefeld, wo ich schon mehrmals gelesen habe, komme ich in der Regel nicht. In diesem Herbst bin ich allerdings einmal zu einer Lesung in Schloß Moyland gewesen. Das ist nur ein markantes Beispiel für die vielen interessanten Baudenkmäler, die es für mich am Niederrhein noch zu entdecken gibt. Aber man kommt ja auch wegen der Leser, die man dort gewonnen hat, wieder in eine Stadt. Die Verleihung des Preises hier in Krefeld war dafür ein willkommener Anlaß. Sein Name hat viel Persönliches in mir in Bewegung versetzt, wenn ich auch zum Schluß gestehen muß, daß es mir genauso wenig wie meiner Romanheldin Anja gelungen ist, die Kindheitslandschaft als eine Art durchschimmerndes Wasserzeichen meiner Bücher zu entdecken. Deshalb muß ich Sie bitten, meinen Dank ohne die schmückende Beigabe vertrauter heimatlicher Bezüge entgegenzunehmen. Ich sage der Stadt, der Jury und allen, die an der Gestaltung des heutigen Tages mitgewirkt haben, meinen herzlichen Dank.

# Das Schweigen der alten Kirchen

Wenn man auf der Autobahn, von Westen oder Osten kommend, auf Köln zufährt, sieht man von den Hängen der Voreifel oder des Bergischen Landes aus schon von weitem die beiden Zwillingstürme des Domes. Sie ragen als das weltweit bekannte Wahrzeichen der Stadt aus der nach den Kriegszerstörungen wieder dicht mit Gebäuden gefüllten Schale der Innenstadt hervor.

Der Dom ist der Mittelpunkt der Stadt, was im 19. Jahrhundert durch seine Fertigstellung bestätigt und durch die Entscheidung bekräftigt wurde, den Hauptbahnhof zu seinen Füßen anzulegen. Die ankommenden Reisenden haben, wenn sie aus der Vorhalle des Bahnhofs treten, das gewaltige Bauwerk dicht vor ihren Augen. Manche nehmen den Umweg durch die Kathedrale, bevor sie in die Stadt gehen, als sei das eine unumgängliche Initiation.

Schon durch seine exponierte Lage ist der Dom die herausragende touristische Attraktion der Stadt, im Gegensatz zu den romanischen Kirchen, die als einzelne Bauten und als Ensemble ebenfalls eine architektonische und historische Kostbarkeit allerersten Ranges darstellen. Im Unterschied zum Dom wurden die meisten von ihnen außerhalb der römischen Stadtmauer in den angrenzenden Arealen der sich ausdehnenden mittelalterlichen Stadt gebaut, wo es zur Zeit der Stiftsgründungen noch genügend Raum für die zugehörigen Klosteranlagen und Ländereien gab. Heute ist das alles Innenstadt. Und die alten Stiftskirchen stehen in der städtischen Umwelt aus Kaufhäusern, Bürogebäuden, Einkaufspassagen und Verkehrsstraßen isoliert und zum Teil auch versteckt da als Überreste einer ganz anderen, seit langem vergangenen Zeit.

Während der Dom nach dem Zweiten Weltkrieg im wesentlichen unbeschädigt inmitten der Trümmerwüste der Stadt stand, sind die meisten romanischen Kirchen vom Bombenkrieg schwer getroffen worden. Viele von ihnen sahen aus, als müsse man sie verloren geben. Die Gewölbe waren eingestürzt, die Innenräume ausgebrannt, die Außenmauern zum Teil nur in Resten vorhanden. Die Kirchen teilten dieses Schicksal mit der ganzen Innenstadt, deren allmählich beginnender, dann sich immer mehr beschleunigender Wiederaufbau und Umbau einem Zeitzeugen der Zerstörung vor dem Hintergrund unauslöschlicher Erinnerungsbilder manchmal noch wie ein Augentrug erscheinen kann. Doch während das Wiedererstehen der Innenstadt trotz Stadtplanung ein komplexer und zum Teil wildwüchsiger Prozeß war, bei dem die verschiedensten Notwendigkeiten und wirtschaftlichen Energien ineinandergriffen und einen sich selbst stimulierenden Wandel in Gang brachten, der die Stadt fortschreitend und unabsehbar veränderte, war der Wiederaufbau der romanischen Kirchen ein klar umrissenes Projekt, das mit großem Aufwand an Geld, historischem Sachverstand und künstlerischer Intuition durchgeführt wurde und manchmal, zum Beispiel bei St. Maria im Kapitol, mehr Zeit in Anspruch genommen hat als die Errichtung des ursprünglichen Baus. Eine besondere Ingenieurleistung waren die Rettung und der Neuausbau des berühmten Dekagons von St. Gereon, Arbeiten, die einschließlich der Ausmalung des neuen Gewölbes und der Einsetzung neugeschaffener Glasfenster mehrere Jahrzehnte gedauert haben. Sieht man davon ab, daß die zerstörten alten Glasfenster nicht kopiert werden konnten und daß in einigen Kirchen, wie in St. Maria im Kapitol und in St. Pantaleon, die eingestürzten Gewölbe durch einfachere Kassettendecken ersetzt wurden, sind die alten Bauten in ihrer Ursprungsgestalt wiederhergestellt worden. So erscheinen sie uns nun in einem diskreten Widerspruch: als machtvolle Repräsentation eines alten Baustils, doch ohne Zeit- und Verwitterungsspuren in einem makellosen, neuen Material.

Ich finde nicht, daß das den Eindruck der Bauten mindert. Es macht sie für mein Gefühl noch mehr zu abgehobenen, imaginären Erscheinungen, deren ideale Schönheit und Ausdrucksmacht ganz für sich steht an einem historisch und soziologisch ungenauen Ort. Dieser Eindruck wird vertieft durch den Umstand, daß viele Kirchen einen großen Teil ihrer alten Ausstattung verloren haben und damit auch ihre volkstümliche Narrativität. Sie sind nicht mehr gesprächig, als hätten sich ihre Bedeutungen in den stummen Stein zurückgezogen.

Trotzdem wirken sie bedeutend in einem umfassenden, fast abstrakten Sinn. Das hat nichts oder allenfalls schattenhaft mit einem kunsthistorischen Bildungswissen von der symbolischen Bedeutung mittelalterlicher Sakralbauten zu tun, die von ihren Erbauern als Sinnbild des himmlischen Jerusalem verstanden wurden. Denn das ist heute eine verblaßte Vorstellung. Zumindest die vielen, dieser Gesamtvision zugehörigen Einzelbedeutungen – der kreuzförmige Grundriß als Passionszeichen und der Schlußstein im Vierungsgewölbe als Symbol des himmlisch erhöhten Christus, die Chorumgangspfeiler als Repräsentanz der zwölf Jünger oder der Propheten, die Dreikonchenanlage des Chors als Sinnbild der Dreifaltigkeit – sind aus der Glaubenserfahrung in die kunsthistorische Ikonographie abgewandert.

Aber dabei haben die Bauten ihre numinose Mächtigkeit keineswegs verloren. Sie ist nur bildloser geworden. Heute entsteht sie aus der ungeheuren Differenz der Sakralbauten zu ihrer profanen städtischen Umwelt, in der sie fremdkörperhaft und von Grund auf andersartig wirken. Eine Aura von Einsamkeit umgibt sie, eine abweisende Feierlichkeit und Stille umfängt einen, wenn man sie außerhalb der Gottesdienstzeiten betritt. Unter einem Andachtsbild brennen einige Opferlichter, und in den Bänken sitzen reglos ein oder zwei Beter. Vielleicht sind es auch nur Menschen, die vorübergehend Zuflucht in der Stille suchen. Man bewegt sich langsam durch ein Seitenschiff zum Altarraum, der laut Warntafel durch eine Alarmanlage gegen das unerlaubte Betreten geschützt ist. Aber man hätte es wohl ohnehin nicht gewagt.

Wie völlig anders das alltägliche Leben in den mittelalterlichen Kirchen war, entnehme ich einer Beschreibung aus dem Buch »Die Gegenwart des Mittelalters« von Hartmut Boockmann. Dort heißt es:

»Die das tägliche Leben fernhaltende Feierlichkeit, welche den einen wie den anderen modernen Kirchenraum kennzeichnet, ist das Gegenteil dessen, was seine mittelalterliche Wirklichkeit war. In ihm wurde auch Gottesdienst gehalten, gewiß, doch war der Gottesdienst nur eine seiner Bestimmungen. Er war viel mehr als nur ein Gottesdienst-Raum. Er war zugleich ein öffentlicher Ort, ja der öffentliche Ort schlechthin, und er war überdies der Platz von vielerlei außerhalb des Gottesdienstes liegenden Angelegenheiten. Die Kirchen waren Gerichtsstätten, sie waren der Ort von Handelsgeschäften – daher leitet sich die neuere Bedeutung des Wortes Messe ab –, und sie waren Versammlungsplätze noch von anderer Art. Vielleicht hat der Straßburger Prediger Johann Geiler von Kaysersberg ja übertrieben, wenn er beklagte, daß sich im dortigen Münster die Prostituierten ihren Kunden anzubieten pflegten: daß seine Klagen nicht abwegig gewesen sein können, wissen wir aus vielen Quellen.

Doch unterschied die mittelalterlichen von den heutigen Kirchenräumen nicht nur, was dort außerhalb des Gottesdienstes stattfand. Auch die Gottesdienste gaben den mittelalterlichen Kirchen eine andere Gestalt. In den großen Stadtkirchen gab es mehrere Altäre, in den größten konnten es über fünfzig sein, und an jedem dieser Altäre las wenigstens ein Geistlicher die Messe zum Gedächtnis an diejenigen, die diesen Altar gestiftet hatten: an vermögende Stadtbürger, an Adlige des Umlandes, an die Angehörigen der städtischen Korporationen. So waren die Gottesdienste etwas anderes als heute.«

»Vieles von dem, was heute in einem Kirchenraum oder auf einem Begräbnisplatz blasphemisch oder pietätlos erscheinen würde, verstand sich im Mittelalter von selbst. Heutige, vermeintlich mittelalterliche Kirchen sind mittelalterlich nicht selten nur dergestalt, daß sie mittelalterliche Architekturgeschichte dokumentieren. In ihrer Abwendung von der Welt sind sie so unmittelalterlich, wie man nur denken kann.«

Ja, so ist es. Daß es wunderbare Kirchenkonzerte gibt, zu denen viele Menschen kommen, die sonst nicht in die Kirche gehen, ändert nichts an diesem Sachverhalt. Draußen in den Einkaufsstraßen der Innenstadt mit ihren Musikanten, Pantomimen und fliegenden Händlern ist mehr alltägliches Mittelalter zu finden als in den schweigenden Kirchen.

Ich erinnere mich an ein mit Einkaufstüten beladenes Paar, das vor mir an einem Tag des Sommerschlußverkaufs offenbar auf weiterer Schnäppchenjagd an St. Aposteln vorbeieilte. Sie bewegten sich in ihrer Wirklichkeit, die aus Schaufensterauslagen und preiswerten Angeboten bestand. Plötzlich wandte der Mann den Kopf zur Seite und blickte flüchtig auf den Chor von St. Aposteln, einen absoluten Höhepunkt des romanischen Kirchenhaus. »Was ist denn das Schönes?« sagte der Mann, ohne daß die Frau eine Antwort gab. So gingen sie gemeinsam weiter, benommen von den Erregungen ihrer eigenen Welt.

Die beiden kamen wahrscheinlich von auswärts. Doch glaube ich, daß für die Masse der Einheimischen, die ihre Einkäufe machen oder in einem der meist überfüllten Cafés Kaffee trinken, die am Weg liegenden Sakralbauten auch zum Seitenblick geworden sind. Nur eine Minderheit scheint noch hineinzugehen, und die Mehrheit dieser Minderheit tut es aus kunsthistorischem Interesse. Und die Gruppen, die ich dabei beobachten konnte, machten den Eindruck, als absolvierten sie geduldig ein verordnetes Bildungsprogramm. Jedesmal war ich froh, wenn sie gegangen waren und der Raum wieder in seiner wortlosen Erhabenheit zu sprechen begann von der Angst der Menschen vor dem Tod, ihrem Leiden an Ungerechtigkeit und Unglück und ihrem Wunsch, ihre Sterblichkeit zu überwinden und himmlisch verklärt zu werden, der sich in diesen mächtigen Kirchenbauten Schutzräume und sinnbildliche Bekräftigungen geschaffen hatte. Draußen im Gewühl des städtischen Alltags herrscht inzwischen seit langem die entgegengesetzte Moral: »Nimm dir, was du kriegen kannst, und genieße dein Leben, denn irgendwann, vielleicht bald, ist die Party für immer zu Ende.« Dazwischen kann es im Grunde keine Vermittlung geben. Es sind einander ausschließende Konzeptionen.

Das Festhalten am Bild des »hilligen Köln«, das auf alten Stichen als ein Wald von Kirchtürmen erscheint, hat nach dem kulturellen Riß der Nazidiktatur und des Krieges eine tief begründete Legitimität gehabt. Doch das konnte nicht verhindern, daß die wiederaufgebauten Kirchen heute zwar als Sehenswürdigkeiten größtes Ansehen genießen, aber als Kirchen mehr und mehr ein inselhaftes Dasein führen. Das hängt unter anderem auch damit zusammen, daß die Innenstadt, in der man auch heute noch zu Fuß alle fünf bis sieben Minuten eine andere Kirche erreichen kann, sich im Vergleich zu früher radikal entvölkert hat. Einige Kirchen haben keine Pfarrgemeinde mehr, und in anderen sind die Kirchenbänke allenfalls an hohen Fest- und Feiertagen oder bei Konzertveranstaltungen gefüllt. Aber die Bauten stehen da, als das grundsätzlich und beharrlich andere, und ihr Schweigen, das nicht stumm ist, nur wortlos, ist für jeden, der eintritt, um langsam vom Westwerk durch die via sacra der Säulenstellungen des Langhauses zum Chorumgang zu gehen oder sich für einige Zeit in eine Bank zu setzen, ein offener Raum der persönlichen Meditation. Ist nicht auch diese Andacht eine Form von Frömmigkeit, auch oder sogar weil sie sich nicht theologisch buchstabieren läßt?

Mir scheint, daß der von vielen Reizen und wechselnden Leistungsforderungen umstellte, in einer hochtourigen Gegenwart lebende Mensch unserer Zeit solche Rückzüge in Selbstvergessenheit und Stille braucht. Und dabei will er nicht gleich wieder seelsorgerisch an die Hand genommen werden. Es genügt ihm, eine Weile in der steinernen Stille einer Krypta oder eines leeren Kirchenschiffs mit sich allein zu sein, um zu erleben, wie er sich allmählich innerlich ordnet und beruhigt und wieder zu sich selbst findet.

Dieses Bedürfnis nach Abstand, das viele heutige Menschen kennen und das manche von ihnen gelegentlich veranlaßt, in eine Kirche zu treten, bleibt in der Regel inhaltlich leer. Sie kommen als einzelne außerhalb der

Gottesdienstzeiten und öffnen sich der Mächtigkeit des Raumes gewissermaßen im Vertrauen auf sein ruhiges Für-sich-Sein. Es ist ein Durchgangsort für sie, der gerade durch seine Fremdheit an verborgene Erfahrungen rühren mag. Könnte es also nicht sein, daß im Einklang mit diesen Bedürfnissen der Pendelschlag der Geschichte, gleichzeitig mit dem stetigen Anwachsen des Weltlärms, die Stille der Kirchen vertieft hat?

# Köln – die wieder erstandene Stadt

## Gespräch mit Olaf Petersenn

*Anlaß für unser Gespräch ist ein Bildband von Walter Dick, der als Fotograf Bilder dieser Stadt aus mehreren Jahrzehnten aufgenommen hat, und diese Bilder werden uns in einem weiteren Teil des Gesprächs dann auch noch beschäftigen. Doch zunächst mal möchte ich mit Ihnen ins Gespräch kommen über die Stadt Köln und Ihr Verhältnis zu dieser Stadt. Vielleicht könnten Sie mir am Anfang davon erzählen, wie Sie aufgewachsen sind und welche Rolle Köln dabei für Sie spielte.*

Ich bin 1925 in Neuss am Rhein geboren. 1930 sind meine Eltern nach Grevenbroich gezogen, eine kleine Kreisstadt von ca. 8000 Einwohnern, 33 km nördlich von Köln. Dort bin ich zur Schule gegangen. Meine Eltern, die beide aus dem Bergischen Land stammten, fuhren nach Düsseldorf zum Einkaufen und besuchten alte Freunde in Neuss. Köln durchquerten wir nur, wenn wir mit dem Auto zu den Verwandten nach Honnef fuhren. Für mich war es immer faszinierend, in die Stadt hineinzufahren, die mich durch ihre Ausdehnung, die vielstöckigen Häuser, sehr beeindruckte. Hier mußte ein völlig anderes Leben stattfinden als zu Hause, eine Art Leben, das geheimnisvoll erschien und ein wenig unheimlich war. Wenn wir am späten Abend nach Grevenbroich zurückfuhren, schlief ich meistens auf dem Rücksitz ein, bat aber, mich zu wecken, wenn wir durch Köln fuhren, denn ich wollte die beleuchteten Straßenbahnen sehen, damals für einen Jungen aus einer ländlichen Kleinstadt etwas Phantastisches. Mein

Vater fuhr deshalb extra die Ringstraßen entlang und nicht über den Militärring, wo es dunkel war.

Aus meiner Jugendzeit habe ich sonst keine Erinnerungen an Köln, außer daß mein Vater mit mir den Dom besichtigt hat. Er war Architekt und Kreisbaumeister und hat mich oft im Auto mitgenommen, wenn er im Landkreis Baustellen besichtigte. Einmal fuhren wir dann auch nach Köln, weil er mir den Dom zeigen wollte. Er dachte wohl, daß ich inzwischen alt genug sei, um mir von ihm zeigen zu lassen, was der gotische Baustil sei. Wie er es von seinen profanen Baustellenbesuchen gewohnt war, hatte er den Hut aufbehalten. Wir standen im Mittelgang und blickten zu den Gewölberippen hoch, als einer der feierlichen Domschweizer in dunkelrotem Talar auf uns zutrat und mit würdevoller Strenge zu meinem Vater sagte: »Im Heiligtum nimmt man den Hut ab.« Ich erschrak noch mehr als mein Vater, der sichtbar verlegen war. Als er, ermahnt durch den Schweizer, eilig seinen Hut abnahm, wurde mir die sakrale Autorität des Bauwerks bewußt.

Wir waren Protestanten, aber keineswegs kirchenfromm. Der Begriff »Gott« wurde oft durch den Begriff »Die Natur« ersetzt. So bin ich in Distanz zu einer katholischen Umgebung aufgewachsen. Die katholischen Rituale wie die Aschenkreuze, die meine Klassenkameraden am Aschermittwoch auf der Stirn trugen, oder die Fronleichnamsprozession, in der ich sie mit gesenkten Köpfen, Gebete murmelnd, mitgehen sah, erschienen mir als fremde Sitten von Eingeborenen, von denen ich mich bewußt unterschied. Als einziger blieb ich am Straßenrand stehen, wenn bei der Prozession unter einem Baldachin die Monstranz vorbeigetragen wurde und alle Leute ringsum niederknieten und sich bekreuzigten. Stehenzubleiben war eine Mutübung zur Selbstbehauptung.

Vielleicht hing es auch mit dieser Abgrenzung zusammen, daß Köln für uns ein fremdes Gelände blieb. Das wurde allerdings ganz anders im Krieg, als wir in Grevenbroich von den alliierten Geschwadern überflogen wurden, die Köln in vielen Nächten anflogen und einmal beim sogenannten »Tausend-Bomber-Angriff« die Innenstadt zum großen Teil in Schutt und Asche legten. Nun empfand ich für die Stadt eine schmerzliche Solidarität.

Ich sah sie wieder, als ich nach dem Krieg, den ich noch zwei Jahre als Soldat erlebt hatte, in Bonn zu studieren begann. Wenn ich, nach Besuchen im Grevenbroicher Elternhaus, über Köln nach Bonn zurückfuhr, war im Kölner Hauptbahnhof die Fahrt erst einmal zu Ende, und ich mußte meinen Koffer am Rhein entlang bis in die Nähe des heutigen Schokoladenmuseums tragen, wo die Rheinuferbahn nach Bonn abfuhr. Kölns Innenstadt war ein riesiges Trümmerfeld mit schmalen Pfaden zwischen hohen, von Trümmerblumen bewachsenen Schutthalden, in denen einige verlorene Fassadenreste standen. Alle Brükken waren zerstört und lagen im Rhein, eine militärische Notbrücke stellte die einzige Verbindung zu den rechtsrheinischen Stadtteilen dar. Man konnte sich nicht vorstellen, daß aus dieser Zerstörung noch einmal eine Stadt wachsen würde. Allmählich wurden dann die Schutthalden abgefahren und zu Trümmerbergen in den Parkanlagen aufgehäuft. So zum Beispiel im Beethovenpark und in dem Park am Aachener Weiher, wo sich die Trümmer allmählich in grüne bewaldete Hügel verwandelt haben. Am Tag meiner Promotion im Februar 1952 fuhr ich mit meiner späteren Frau nach Grevenbroich. In Köln bestiegen wir den Dom und blickten über die Innenstadt, in der es inzwischen breitere Wege und eine provisorische budenartige Bebauung gab, auch das ein schockierendes, heute unvorstellbar gewordenes Bild. Köln war innerhalb der Ringe zu 93 Prozent zerstört, außerhalb der Ringe, also in der sogenannten Neustadt, wo wir jetzt wohnen, zu 40 Prozent. Der Wiederaufbau der Stadt ist trotz aller seiner Unzulänglichkeiten und städtebaulichen Fehler ein großes Wunder.

*Wenn Sie so plastisch schildern, wie diese Stadt durch den Krieg zerstört wurde und wie wenig davon übrigblieb, stellt sich die Frage, was diese Stadt eigentlich ausmacht. Wenn man hört, 93 Prozent des Stadtkerns sind zerstört worden, dann ist von der Bausubstanz so gut wie nichts mehr da. Trotzdem ist Köln wieder aufgebaut worden und hat sich weiter behauptet, auch mit einem ganz starken Selbstbewußtsein als Stadt. Wie kann man das erklären? Ist das Köln als Stadt mit der langen Vergangenheit, die bis in die Antike hineinreicht, oder wie würden Sie das sehen?*

Ja, aus der Kölner Redensart »et hät noch immer jod jejange« kann man das Geschichtsbewußtsein und den Überlebenswillen der Kölner Bevölkerung heraushören. Köln mit seiner römischen Vergangenheit, eine der ältesten deutschen Städte, war im Hohen Mittelalter auch die bedeutendste deutsche Stadt. Die mittelalterliche Stadtmauer, von der es leider nur noch wenige Reste gibt, war größer, umfangreicher als die Stadtmauer von Paris. Auf dem alten Merianstich erscheint die Stadt mit ihren vielen Kirchtürmen wie eine vielzackige Krone, ein phantastisches Gesamtkunstwerk. Köln war aber auch eine Handelsstadt und lange Zeit der Hauptsitz der Hanse. Davon war vor den Bombenangriffen noch viel zu sehen. Es gab noch viele gotische Häuser. Die heutige Altstadt mit ihren spitzwinkligen Dächern ist nur ein andeutendes Imitat oder Zitat der alten Stadtgestalt. Leider ging nach dem Krieg im Zuge des Neuaufbaus die Stadtzerstörung weiter, zum Beispiel, indem man das alte Opernhaus abriß oder den Putz von den noch erhaltenen wilhelminischen Fassaden schlug, um sich durch diesen Akt moralisierender Barbarei von der Vergangenheit, jeder Art von Vergangenheit zu lösen. Heute sehen wir die Inhumanität dagegen im Sichtbeton oder in der Ausdruckslosigkeit der leeren, schnell hochgezogenen Fassaden der ersten Nachkriegsbauten.

Das alles sind auch schon wieder Geschichtsspuren. Die Stadt verändert sich ständig. Verständlicherweise wurden beim raschen Wiederaufbau Fehler gemacht. Aber konnte man sie vermeiden? Hatte man das Geld und die technischen Mittel dazu? Natürlich hätte man die Nord-Süd-Fahrt in einen Tunnel legen müssen, um die Innenstadt nicht auseinanderzureißen. Und auch die Cäcilienstraße ist eine solche von ständigen Autoströmen befahrene Schneise, über die die Fußgängerrudel in kurzen Ampelphasen hinweghetzen müssen. Und natürlich ist der U-Bahn-Bau für heutige Bedürfnisse unzureichend geplant worden. Wenn man aber zum Ausgangsstadium des Wiederaufbaus der Stadt zurückblickt, muß man vor allem die Selbstbehauptung, den Überlebenswillen bewundern. Die Stadt war durch das katastrophale Ausmaß ihrer Zerstörung gegenüber vielen anderen Städten benachteiligt. Vieles wurde erst einmal provisorisch gebaut, und es geschah oft auch mit Verzögerung.

Eine phantastische Leistung ist der Aufbau der romanischen Kirchen, die ebenfalls schwer zerstört waren. Neben dem Dom, der erstaunlicherweise, vielleicht auch mit Bedacht, weniger schwer getroffen wurde, sind sie das bedeutendste Kulturerbe der Stadt. Es ist ein Gebäudekranz, der einmalig in der Welt ist. Jedes Bauwerk ist eine Individualität: Maria im Kapitol mit seiner harmonischen Dreikonchenanlage, St. Pantaleon mit seinem steilen Westwerk, St. Gereon mit dem architektonisch kühnen

Kuppelbau seines Oktogons, St. Kunibert in seiner kompakten Gedrungenheit, St. Aposteln in der wunderbaren Vielstufigkeit seines Baukörpers – es sind höchst eindrucksvolle, variantenreiche Ausprägungen eines großen architektonischen Stils. Selbst eingefleischte Modernisten hätten sich nicht ernsthaft dem Wiederaufbau widersetzen können. Und man muß ja auch sagen, daß die Originalität und Authentizität der Bauten nicht im ursprünglichen Material, sondern im architektonischen Entwurf stecken und im Material nur insofern, als man selbstverständlich gleichartige Steine verwendet hat, wenn die ursprünglichen Steine für den Wiederaufbau nicht in ausreichender Menge zur Verfügung standen.

Trotzdem hat sich Wesentliches verändert. Da sich die Innenstadt in eine von Geschäfts- und Bürobauten dominierte City verwandelt hat, in der viel weniger Menschen wohnen als vor dem Krieg, haben viele Kirchen, die oft nur fünf oder zehn Minuten voneinander entfernt sind, ihre Gemeinde verloren und sind zu kunsthistorischen Denkmälern regrediert oder zu feierlichen Konzerträumen geworden. Vielleicht auch zu profanen Meditationsräumen für Besucher, die sich für eine Weile aus dem unruhigen Menschengewühl der City zurückziehen wollen. Dem kommt die heutige Gestalt der Kircheninnenräume entgegen. Da der über Jahrhunderte angesammelte reiche Bilderschmuck der Kirchen im Krieg zu einem großen Teil verbrannt ist, hat sich der Eindruck der Innenräume stark verändert. Im Gegensatz zu der Buntheit und Gesprächigkeit mittelalterlicher Kirchenräume, die mit Bildergeschichten überfüllt waren, tritt jetzt die strenge Schönheit der Architektur hervor und erzeugt eine Atmosphäre der Ruhe und Sammlung, zumal oft nur wenige Besucher in den Bänken sitzen, jeder für sich. Zwar hat man hier und da den Versuch gemacht, die alte bunte Bemalung der

Wände und Decken durch Malereien bekannter heutiger Künstler zu ersetzen, aber es zeigte sich bald, daß die moderne Malerei für diese Aufgabe über keine adäquaten Stilformen verfügt. Vor allem aber hat sich wohl die Erkenntnis durchgesetzt, daß im Zeitalter des Fernsehens und der ständigen optischen Überflutung der Kircheninnenraum eine neue Bedeutung als ein ruhiger Andachtsraum bekommen hat, als ein Schutzraum gegen die Bild- und Reizüberflutung der Menschen durch die moderne Umwelt.

*Trotz aller Zerstörung und aller neuen Bedürfnisse, die dann den Neuaufbau geleitet haben, kann man, wenn man auf einen Stadtplan sieht, in Köln noch immer das Grundmuster der antiken Stadt ablesen. Es gibt die Ringstruktur, es gibt die Ausfallstraßen, die alle auf einen zentralen Punkt hinsteuern.*

Ja, Köln, in dessen Einbahnstraßensystem sich auswärtige Besucher oft verirren, hat einen starken, klaren, historisch gewachsenen Grundriß. Die Römerstadt, in der neben den Römern die aus dem Lahngebiet umgesiedelten Ubier als römische Vasallen wohnten, war ein im Süden etwas ausgebeultes Karree, also eine Gestalt, die erkennbar aus dem Militärlager entstanden ist. Der Dom, das Rathaus, Maria im Kapitol stehen auf römischen Fundamenten. Die mittelalterliche Stadt hat sich außerhalb der Römerstadt und ihrer Mauern rund um verschiedene Klöster und Kirchensprengel ausgeweitet und wurde im Hohen Mittelalter von der großen Stadtmauer eingeschlossen, die durch einige erhaltene Stadttore, wie das Severinstor, das Hahnentor am Rudolfplatz und das Tor am Eigelstein, und durch Bauten wie die Ulrepforte und die Bottmühle und einige erhaltene, aber isolierte Mauerreste noch andeutungsweise in ihrer mittelalterlichen Mächtigkeit zu erkennen ist. Lange Zeit war auch innerhalb der Stadtmauer durch die verschiedenen Klostergüter noch viel Landwirtschaft vorhanden. Und wenn früher der Pfarrer von Maria im Kapitol seinen Kollegen von St. Severin besuchte, dann kam er durch viel unbebautes Gelände, wo es nachts einsam und stockfinster war und man eine Fackel brauchte. Es bestand die große Gefahr, überfallen zu werden. Es war besser, bei dem Kollegen zu übernachten und erst am nächsten Tag zur eigenen Pfarrei zurückzugehen.

Die Stadt wuchs dann allmählich in die Freiflächen innerhalb der Ringmauer hinein. Aber nach der Blütezeit im Hochmittelalter folgten Jahrhunderte der Stagnation. Mit dem wirtschaftlichen Aufschwung der Industrialisierung begann unter der Regie der preußischen Verwaltung ein neuer Wachstumsschub, der die bisherigen Grenzen sprengte. Die Stadtmauer wurde als Fortschrittshindernis empfunden und ab 1881 bis auf Reste abgerissen. Entlang dem alten Mauerverlauf entstanden die großen repräsentativen Wohnbauten der Ringstraße. Sie wurde von großen Ausfallstraßen gequert, die die Stadt nach außen öffneten. Zwischen ihnen entstanden die verschiedenen bürgerlichen Wohnviertel der Neustadt, zum Beispiel die Südstadt südlich des Ubierrings, das Belgische Viertel um den Brüsseler Platz, das Zooviertel und das Agnesviertel rings um die große namengebende Kirche, die eine Stiftung einer alteingesessenen Kölner Familie ist. Die Viertel (mundartlich »Veedel« genannt) ähneln einander wegen der gleichen Bauzeit kurz nach der Jahrhundertwende. Die historistische wilhelminische Architektur ging dann über in den Jugendstil. Funktional und sozial haben die verschiedenen Viertel aber durchaus einen eigenen Charakter. Das städtebauliche Konzept der Neustadt folgt dem Vorbild von Paris, mit sternförmig auf zentrale Plätze zulaufenden Straßen, wie man es zum Beispiel am Chlodwigplatz, heute einem problematischen Verkehrsknotenpunkt, sehen kann.

*Das ist ja noch eine markante Stadtgestalt. Wie ging die Entwicklung weiter?*
Solange die Stadt noch von der Mauer umgeben war, hatte sie die Gestalt eines geschlossenen Behältnisses der menschlichen Kultur. Sie wurde durch die Mauer gegen die Außenwelt geschützt, gegen die ungestaltete, auch unheimliche Außenwelt der Wälder und unsicheren Straßen, der Räuberbanden und der Feinde. Dann aber kann man beobachten, daß die expandierende Stadt wie ein überkochender Topf mit Hirsebrei die selbst gesetzten Grenzen und Strukturen überschwemmt, die innerhalb der Ringe noch vorhanden waren, und immer weiter, durch nichts gehalten, in das Land hineinfließt. Dieses formlose Zerfließen kann man noch drastischer bei den großen weltstädtischen Metropolen beobachten, zum Beispiel in der Banlieu von Paris. Das ist also die moderne Stadt: ein wachsendes Konglomerat, vernetzt vor allem durch den innerstädtischen Verkehr und die täglichen Pendlerströme. Allerdings hat es in Köln auch noch starke vorgegebene Strukturen gegeben. Die Ausdehnung der Neustadt wurde begrenzt durch den inneren 1820 erbauten Festungsgürtel, von dem heute noch fünfzehn alte Forts erhalten geblieben sind, die inzwischen verschiedenen zivilen Zwecken dienen. Manche dienen als Lagerräume, andere als Clubräume oder Übungsräume für Musikgruppen. Viele sind geschlossen, weil man noch nach einer neuen Verwendung für sie sucht. Die Forts sind nach dem Schock der napoleonischen Kriege erbaut worden. Als dann später das als Schußfeld freigelassene Gelände von der wachsenden Stadt erreicht wurde und sich im Zuge der Industrialisierung neu eingemeindete Orte wie Bayenthal, Zollstock, Klettenberg, Lindenthal, Ehrenfeld, Nippes und Riehl zu neuen Stadtvierteln entwickelten, hat man einen neuen, viel weiter außerhalb gelegenen Festungsgürtel

entlang der heutigen Militärringstraße angelegt. Beide Befestigungsanlagen sind heute längst in die Stadt integriert und in den inneren und äußeren Grüngürtel umgewandelt worden. Noch weiter außerhalb verläuft heute der Autobahnring, das große Verkehrsverteilungssystem, das aber auch längst nicht mehr die Stadt in sich einschließt.

*Sie haben die beiden Grüngürtel erwähnt. Das sind für Köln ganz wesentliche Anlagen.*

Ja, Köln ist berühmt für seine Grünanlagen. Der äußere Grüngürtel verdankt sich einer Bestimmung des Versailler Vertrages, daß die Befestigungsanlagen zu beseitigen seien. So entstand ab 1920 eine die Stadt umschließende Grünanlage, die allmählich zu einem weitgehend zusammenhängenden Landschaftspark heranwuchs. Der damalige Kölner Oberbürgermeister Konrad Adenauer beauftragte den Hamburger Städtebauer Fritz Schumacher mit dem Konzept. Schumacher entwickelte die Idee von zwei begrünten Halbkreisen: Ein Grüngürtel verbindet eine äußere Waldzone mit offenen Wiesenräumen, von der sich, wie beispielsweise beim Beethovenpark und beim Stadtwald, Parklandschaften stadteinwärts ausdehnen. Der innere Grüngürtel besteht aus einer Folge von Parkanlagen und Landschaftsparks, wie zum Beispiel die Sequenz von Vorgebirgspark, Volksgarten, dem Grünzug hinter der Universität und dem Park am Aachener Weiher. Schumachers Stadtentwicklungsplan wurde nach dem 2. Weltkrieg von dem Architekten Rudolf Schwarz weiterentwickelt, vor allem beim Inneren Grüngürtel mit seinen begrünten Trümmerbergen.

Außerdem gibt es viele kleinere gründerzeitliche Parks in Köln. Einer der ältesten ist die von Lenné entworfene Flora, ein botanischer Garten klassischen Stils. Eine der jüngsten Anlagen ist der Forstbotanische Garten in Rodenkirchen. Die großen und die vielen kleinen Grünflächen der Stadt tragen wesentlich zur Lebensqualität bei. Das gilt auch für die ringsum bewaldeten Badeseen im Westen der Stadt, die aus rekultivierten Braunkohlengruben entstanden sind, oder den Fühlinger See im Norden der Stadt, wo Ruderregatten und sommerliche Volksfeste stattfinden und vor kurzem eine bissige Riesengeierschildkröte gefangen wurde, die jemand dort ausgesetzt hatte, sozusagen die Kölner Variante des Ungeheuers von Loch Ness. Nun kann dort wieder unbesorgt gebadet werden.

Wer das drückend schwüle Sommerklima Kölns kennt, kann verstehen, daß die Seen an schönen Wochenenden überlaufen sind. Auf und am Rhein ist natürlich bei gutem Wetter immer viel los: Ruderer auf dem Wasser, Ausflugstouristen auf den Schiffen der Weißen Flotte, Skater und Radfahrer auf den Uferwegen, grillende Familien auf den Poller Wiesen, Reiter im Auwaldgebiet des Weißer Bogens. Eine rechtsrheinische Attraktion für Wanderer und Naturliebhaber ist das Naturschutzgebiet der Wahner Heide, das in seiner Zeit als Truppenübungsplatz für das anscheinend nicht besonders aktive belgische Militär sich ungestört entwickeln konnte.

*Wenn wir von der Stadtstruktur sprechen, müssen wir vor allem auch vom Rhein reden.*

Der Rhein, der die Stadt in weiträumigen Schwingungen durchfließt, ist natürlich das mächtigste strukturbildende Element der städtischen Geographie. Er ist die verkehrsreichste Wasserstraße Europas und wird im Stadtgebiet von acht ganz unterschiedlichen Brücken überspannt. Von der Südbrücke, über die die Güterzüge fahren, kann man bei schönem Wetter im Süden die Silhouette des Siebengebirges sehen. Und natürlich sehr viel Himmel. Der Strom öffnet die Stadt. Er ist, obwohl technisch eingefaßt und kontrolliert, immer noch ein mächtiger Naturraum mitten in der Stadt, deren angrenzende Viertel, Rodenkirchen und die Altstadt, er mitsamt der Rheinuferstraße ab und zu überschwemmt. In der Römerzeit war er 400 Jahre lang die Grenze zwischen dem Imperium Romanum und dem freien Germanien. Nur in Deutz gab es als Brückenkopf nach Osten noch ein römisches Kastell. Später gab es auch religiös bedingte Trennungen: Die besseren Wohnviertel, wie Marienburg, Lindenthal oder Junkersdorf, liegen im Westen der Stadt. Rechtsrheinisch entstanden seit Mitte des 19. Jahrhunderts Großbetriebe wie die inzwischen abgerissene Chemiefabrik Kalk, das Nutzfahrzeugwerk Klöckner-Humboldt-Deutz und die Kabelwerke Felten & Guilleaume. Die Industriegründer im rechtsrheinischen Köln waren meistens Protestanten, zum Teil Emigranten aus den Niederlanden und aus Frankreich, die im katholisch dominierten linksrheinischen Köln nicht erwünscht waren, aber der gesamten Stadt nach Jahrhunderten der Stagnation einen erneuten Aufschwung bescherten. Heute ist das rechtsrheinische Köln der Standort des mehrfach erweiterten Messegeländes, der großen Köln-Arena, des neuen Stadthauses und natürlich des expandierenden Flughafens. Hier verläuft auch die Hochgeschwindigkeitstrasse des neuen ICE von Köln nach Frankfurt.

*Es gibt von Ihnen eine ganze Reihe von Texten über die Stadt. Sie haben unter dem Titel »Pan und die Engel« mehrere Essays veröffentlicht, die beschreiben, wie Sie sich innerhalb der Stadt bewegen, und man hat den Eindruck, daß Sie sich in der Südstadt zu Hause fühlen. Wie ist das Verhältnis des Viertels zur gesamten Stadt, die ja mit einer Million Einwohnern – das Umland, also die Landregionen nicht dazugerechnet –* die *westdeutsche Metropole ist?*

*Typisch für Köln ist besonders die starke Untergliederung der Stadt in einzelne Viertel.*

Es ist das Verhältnis zwischen dem vertrauten Nahraum und einem nicht mehr so detailliert vertrauten Raum. Wir leben ja immer in solchen Staffelungen nach dem Modell der russischen Puppe. Aber es stellt sich hinsichtlich der Vertrautheit in umgekehrter Reihenfolge dar: Der innere Kern ist die eigene Wohnung. Für einen Autor, der zu Hause arbeitet, der wichtigste Raum der Welt. Das Viertel ist seine Ausweitung, die Stadt die nächstgrößere Dimension und so fort bis zum Planeten oder zum Planetensystem. Da beginnt das absolut Fremde. Ich glaube, das Raumerlebnis hängt mit unserem körperlichen Bewegungsspielraum zusammen. Das Viertel durchmesse ich diagonal etwa in einer Viertelstunde. Ich treffe viel Vertrautes und immer auch Bekannte darin an. Nachbarn, mehr oder minder, die ich seit langem kenne, alles ebenfalls mehr oder minder. Das ist ein angenehmes Gefühl, vor allem weil die Leute, die gewohnt sind, dauernd Bekannten zu begegnen, fast so wie in einem Dorf, alle ein genaues Gefühl für Nähe und notwendige Distanz haben. Man nimmt sich wahr, und gelegentlich nimmt man sich auch Zeit füreinander. In der Regel grüßt man sich und bestätigt sich kurz die Nachbarschaftlichkeit. Das wird sicher auch dadurch verstärkt, daß im Viertel eine zwar bunte, aber sozial relativ homogene Gesellschaft wohnt. Es sind Lehrer, Journalisten, Angestellte der Rundfunkanstalten, Künstler, Galeristen und einige Schriftsteller. Daneben dann noch eine Reihe von Gewerbetreibenden, die aber auch ganz selbstverständlich dazugehören. Das wird deutlich, wenn einmal im Jahr ein Straßenfest stattfindet. Dann kommen alle zusammen. Jeder bringt etwas zu essen und zu trinken mit, und man feiert bei schönem Sommerwetter bis in die Nacht hinein. Auch das erinnert an eine Dorfgemeinschaft. Aber viele

Dorfgemeinschaften sind heute tot, weil die Jugend fortgegangen ist. Im Viertel haben wir viel Jugend durch die Fachhochschule und die Medienschule.

In der Stadt bin ich auch zu Hause. Aber nicht in allen Winkeln, wie das im Viertel ist. Ich möchte auch nicht in jedem Viertel leben. Das ist der Unterschied. Ein Vorzug des Viertels ist seine vergleichsweise Autonomie, weil man alles, was man zum täglichen Leben braucht, vom Arzt bis zum Friseur, vom Supermarkt bis zum Uhrmacher, vom kölschen Brauhaus bis zum türkischen Schnellimbiß, hier bekommen kann. Sogar eine Schule für Dominas gab es hier. Das wird ergänzt durch die enge Anbindung an die Innenstadt. Eine Philharmonie oder große Kaufhäuser, den Zoo, die Flora und den Bahnhof gibt es im Viertel nicht. Und viele Freunde leben in anderen Teilen der Stadt, viele auch außerhalb. Das Netz, das alles zusammenhält, wird gesponnen durch das Telefon und den Verkehr. Schlimm ist nur, daß unsere Freunde kaum einen Parkplatz finden, wenn sie uns abends besuchen. Abends sehen die Straßen aus wie eine riesige Autoausstellung.

*Ich würde jetzt gerne noch einmal den Bogen schlagen zurück zur Zerstörung Kölns im 2. Weltkrieg und zu den Bildern von Walter Dick, und zwar nur in bezug darauf, daß ja diese Zerstörung Kölns sehr, oft und eindringlich dokumentiert worden ist. Wenn man diese Stadt in Trümmern liegen sieht, dann hat man den Eindruck einer wirklich infernalischen Verheerung, die auch dazu hätte führen können, daß die Bevölkerung sagt, hier ist im Grunde nichts mehr zu machen, diese Stadt ist verloren, und wir gehen fort oder errichten die Stadt irgendwo anders. Ich finde nur, der Eindruck beim Betrachten der Fotos von Walter Dick ist der, daß eigentlich immer, bei aller dokumentarischen Genauigkeit, ein gewisses Moment der Hoffnung mitschwingt. Also, es gibt sehr, sehr wenige Bilder, die ganz hart Zerstörung dokumentieren. Vielleicht liegt es auch an dem Kontext, in dem im nachhinein diese Bilder erscheinen, aber ich habe jedenfalls den Eindruck, gerade diese Bilder des zerstörten Kölns haben mit dazu geführt, daß ein neuer Gründungsmythos der Stadt entstanden ist. Gerade diese Aufbruchsstimmung nach dem Krieg hat dazu geführt, daß diese Stadt wieder lebendig geworden ist und ein eigenes Selbstbewußtsein bekommen hat.*

Ja, es gibt eine Dialektik zwischen der katastrophalen Zerstörung und den dadurch freigesetzten Kräften. Dadurch daß der Krieg so total zu Ende gegangen war, hatte man einen unteren Boden erreicht, auf dem man wieder beginnen konnte, zunächst, indem man sich an das Dringendste und Nächstliegende machte. Man konnte Trümmer beiseite schaffen, Wege freilegen, ein Notdach bauen, eine kleine Verkaufsbude errichten und so sich allmählich selbst anschaulich davon überzeugen, daß das Leben weiterging. Es war ja für jeden ein unschätzbarer Gewinn, daß keine Bomben mehr fielen, keine Todesnachrichten von der Front kamen, obwohl es natürlich viele Verschollene und Vermißte gab.

Allmählich kamen dann immer mehr Menschen in die Stadt zurück. Sie war ja in den letzten Kriegsjahren nicht nur schwer zerstört worden, sondern auch eine fast entvölkerte Stadt gewesen. Nach Kriegsende lebte nur noch ein Viertel der Bevölkerung aus der Vorkriegszeit in Köln. Nun kamen die Menschen in die Stadt zurück, nicht nur aus der näheren Umgebung, sondern auch aus Mittel- und Ostdeutschland, wohin sie evakuiert worden waren. Immerhin stand mitten in der Trümmerwüste, beschädigt, aber nicht zerstört, der Dom, Symbol der städtischen Identität und des Überlebens. Aber noch lange war alles ein Provisorium. Die Fotos von Walter Dick sind anrührende

Zeugnisse dieser Ausnahmesituation, die für die Menschen aber damals der Alltag war. Da gibt es dieses Bild einer Schulklasse: ein enger kahler Raum, vollgestellt mit den massiven, am Boden festgeschraubten Bänken, die ich auch noch aus meiner Schulzeit in den dreißiger Jahren kenne. Man wird in diesen Bänken gewissermaßen festgesetzt als Bestandteil einer starren Unterrichtsordnung. Einige Kinder zeigen auf. Erst im zweiten Moment sieht man, daß sie alle barfuß sind. Immerhin: Schule findet wieder statt. In der Schule »Machabäerstraße« bringt jedes Kind einen Ziegelstein aus den Trümmerbergen in die Schule mit. In der anderen Hand tragen sie Blechgefäße, auch alte Soldatenkochgeschirre, in denen sie, im Austausch gegen den Stein, ihr Schulfrühstück, einen Schlag warme Suppe, bekommen. Auf anderen Bildern zerlumpte, auch eingeschüchterte, verstörte Kinder. Andere wiederum, die in den Trümmern spielen und einen verbogenen Stahlträger als Rutschbahn benutzen oder am Fuß eines Trümmerberges an einem Feuer sitzen, das sie aus Holzresten entzündet haben. Manche Bilder sind fast menschenleer, so ein Bild von den Restfassaden der Hohen Straße, über die ein Transparent mit der Aufschrift »Weihnachts-Verkauf« gespannt ist. Es sieht absolut unwirklich aus, denn es ist weder zu erkennen, wo hier etwas verkauft wird, noch wer hier etwas kaufen soll. Nur in der Ferne sind eine oder zwei kleine Silhouetten zu sehen wie geisterhafte Bewohner einer Schattenwelt. Hier und da drängen sich Menschen. Sie stehen auf einem hohen Trümmerberg, an dem unten, wie ein Phantasma, die Fronleichnamsprozession vorbeizieht, oder sie stehen in langer Schlange vor der Tür eines kleinen Ladens, in dem es irgendeine Sonderzuteilung gibt. Immerhin gibt es in der Gürzenichstraße einen Verkaufsstand mit Keramiktöpfen, dahinter stehen zwei Arbeiter auf einer halb zerstörten Mauer, aus der die Armierungseisen herausschauen. Überall sieht man zerstörte Häuser, zum Beispiel die Breite Straße ohne Menschen, das Bild einer sich selbst überlassenen Trümmerlandschaft, die vollkommen irreparabel erscheint. Und überall Menschen, meistens Frauen, die Schutt aus einem Gebäuderest entfernen, um ihn wieder notdürftig begehbar zu machen. Frauen mit Handwagen, die in die Stadt zurückkehren mit den Resten ihrer Habe. Und Frauen, die mit Rucksäcken von einer Hamsterfahrt in die Stadt zurückkehren, bei der sie vermutlich bei den Bauern des Umlandes Reste ihres einstigen Besitzes gegen Lebensmittel eingetauscht haben. Ja, und dann ein Bild, das mich an mich selbst erinnert: Aus der Kriegsgefangenschaft heimgekehrte Soldaten sitzen im Gymnasium am Thürmchenswall um einen Tisch herum, um sich auf das Abitur vorzubereiten. Der Raum ist durch einen Bretterverschlag von einem Raumteil mit eingestürzter Decke abgetrennt. Auf der Tafel sieht man die Kreidezeichnung einer geometrischen Figur.

Alle diese Bilder sind Dokumente eines Überlebenswillens in einer historischen Situation, die auch für mich, den Zeitzeugen, zunehmend unwahrscheinlicher geworden sind. Obwohl es manchmal einen Umkehreffekt gibt und dann, für kurze Momente, die Gegenwart zu etwas Unwahrscheinlichem wird.

*Das Bild, wie ein kleines Kind auf einem verbogenen Stahlträger einen Trümmerhügel hinunterrutscht, ist im Grunde ein Hoffnungsbild. Es zeigt den Sieg der Phantasie über das materielle Desaster.*

Ja, diese Kinder haben ihre von Katastrophen geprägte Umgebung nicht sentimental wahrgenommen, sondern haben sie als interessanten Spielplatz entdeckt. Trümmerhügel können Spaß machen, wenn einem ein Spiel dazu einfällt. Heutzutage stehen perfekte Rutschbahnen,

Klettergerüste und andere Spaßinstallationen in allen Kindergärten und auf allen öffentlichen Spielplätzen, aber die Kinder machen nur mäßigen Gebrauch davon, weil es sie schnell langweilt. Oder vielleicht sogar, weil sie sich durch diese Einrichtungen, die einander so ähnlich sind, gegängelt fühlen. Man kann keine neuen Erfahrungen damit machen.

*Anarchische Zustände setzen eben auch Phantasien frei. Auch Not macht erfinderisch.*
Dafür gibt es ein sprichwörtlich gewordenes Beispiel. Damals, als das Schienennetz der Bahn noch so defekt war, daß es zahlreiche Langsamfahrstrecken gab oder Haltepunkte, wo die Züge warten mußten, bis der Gegenzug vorbei war, versammelten sich dort immer Leute mit Säcken und kleinen Handwagen und rissen Briketts von den Waggons herunter, um in ihren Notwohnungen nicht frieren zu müssen. Das war natürlich Diebstahl öffentlichen Eigentums. Und Diebstahl war es auch, wenn man aufs Land fuhr, um Obst zu stehlen, oder im Dunkeln auf fremden Feldern Kartoffeln ausgrub. Der Kölner Erzbischof Kardinal Frings, der zu diesem verbreiteten Verhalten befragt wurde, sagte, daß diese Notdiebstähle läßliche Sünden seien. Darauf entstand im Volksmund das Wort »fringsen«. Wir gehen »fringsen«, hieß es, wenn man mit erzbischöflicher Absolution zu kleinen Beutezügen aufbrach, um sich das Lebensnotwendige zu beschaffen.

Damals wurde aus Not gestohlen. Heute geschehen die meisten Ladendiebstähle nicht aus Not, sondern werden von den glitzernden Verlockungen der Konsumwelt ausgelöst. Damals wurde Not auch besser ertragen, weil fast alle arm waren und Mangel litten. Heute stigmatisiert Armut. Man gehört damit zu den gesellschaftlichen Verlierern und wird nicht selten als Versager angesehen. Damals waren alle auf einem Tiefstand angekommen. Heute hat man Angst davor, auf irgend etwas, an das man sich gewöhnt hat, verzichten zu müssen. Kleine Abstriche am gewohnten Anspruchsniveau werden als unerträgliche Zumutungen erlebt. So weit haben sich die Menschen in illusorischer Vernebelung durch Reklame und Fortschrittsglauben von der Erfahrung katastrophaler Situationen und echter Not entfernt. Vielleicht ist das auch deshalb so, weil die katastrophalen Erfahrungen nur verdrängt und nicht verarbeitet wurden. Deshalb diese manische Besitzstandswahrung, diese allgemeine Beraubungsangst, die jetzt dazu führt, daß die Gesellschaft reformunfähig wird, weil keine Gruppe notwendige Änderungen und Abstriche hinnehmen will. Dagegen waren die Jahre nach dem Krieg eine Zeit vielfältiger Initiative. Man suchte das Mögliche in jeder Gestalt.

*Auch in der Schattenwirtschaft, dem Schwarzmarkt?*
Natürlich. Alles wurde gegen alles tauschbar. Wer zum Beispiel noch ein Exemplar von Hitlers »Mein Kampf« im Bücherschrank hatte – Ehepaare bekamen es zur Hochzeit geschenkt –, konnte dafür bei den britischen oder amerikanischen Soldaten Zigaretten eintauschen. Wenn man Nichtraucher war, konnte man mit den Zigaretten weiter handeln. Für eine Zigarette bekam man 5 Mark oder umgekehrt.

In diesem Zusammenhang kann ich eine charakteristische Anekdote erzählen. In unserer Familie mütterlicherseits gab es einen italienischen Onkel, der Restaurator für Kirchenkunst war, aber unmittelbar nach dem Krieg nicht genug Aufträge hatte, weil die gröberen Reparaturen Vorrang hatten. Er war auf die Idee gekommen, britische Soldaten vor dem Hintergrund des Drachenfels zu porträtieren, den er auf Vorrat gemalt hatte mit einem freien Umriß in der Mitte, in den er dann die verschiedenen Porträts hineinmalte. Als Lohn verlangte er Zigaretten. Mein Bruder, damals 15 Jahre alt, ging damit in Wirtshäusern von Tisch zu Tisch und verkaufte sie. Der Onkel wohnte in Honnef. Dort mußte mein Bruder die Zigaretten abholen. Und einmal wurde es später, und im Kölner Hauptbahnhof war sein letzter Zug an den Niederrhein abgefahren. Er wußte nicht, wo er mit seiner gefährlichen Ware die Nacht verbringen sollte, und fand in der kaputten Altstadt noch ein halbwegs intaktes Haus, in dem Licht war. Es war eine Spelunke mit auffälligen Frauen und einigen männlichen Gästen. Er, ein 15jähriger Junge, war hier offenbar fehl am Platz. Aber mit einer spontanen Hilfsbereitschaft, die es in diesen Notzeiten immer wieder gab, nahm sich eine der Frauen mütterlich seiner an und richtete ihm in einem kleinen Verschlag ein provisorisches Nachtlager her. An den seltsamen Geräuschen hinter den Wänden erkannte er, wo er sich befand: Er war in einem Bordell gelandet. Nur gut, daß niemand wußte, wie viele Zigaretten er in seinem Gepäck hatte. Das wäre gefährlich geworden. Aber alles ging gut. Er wurde am Morgen von seiner mütterlichen Beschützerin geweckt, bekam ein Frühstück und konnte mit seiner Ware unbeschadet nach Hause fahren. Daran erinnere ich mich immer wieder, wenn ich die Altstadt sehe, die man als ungefähres Zitat ihrer Vergangenheit wieder aufgebaut und für den Tourismus hergerichtet hat. Ich glaube nicht, daß sich hier noch solche erzählenswerten Geschichten abspielen. Die Episode, die ich erzählt habe, hat für mich eine nostalgische Aura spontaner, selbstverständlicher Menschlichkeit, eine Wärme, die aus vielen Erfahrungen von Not entstanden war und mit zu den Geheimnissen des seelischen Überlebens in den Zeiten der Zerstörung gehört. Und sie ist so einfach, so komisch, daß man auch darüber lachen kann.

# Nichts ist sicher, alles kann geschehen

## Gespräch mit Heinz-Norbert Jocks anläßlich des Krieges im Irak

*»Innenansichten eines Krieges« hieß Ihr letztes Buch. Wie erleben Sie den aktuellen Krieg am Golf?*
Ich hatte vor dem Zweiten Weltkrieg, als er ausbrach und als ich Soldat wurde, stets gedacht, Krieg sei ein normaler Ausnahmezustand im Leben aller Völker. Mit diesem Gedanken lag ich wohl nicht ganz falsch. Bis heute gibt es immer wieder Kriege, wenn auch glücklicherweise noch keinen großen Weltkrieg. Der nächste Großkrieg könnte ein Krieg der Kulturen werden, dem wir durch den Irakkrieg näher gerückt sind. Denn er hat die islamische Welt emotional geeinigt. Ich hatte gehofft, der Krieg ließe sich vermeiden. Aber die Amerikaner wollten ihn um jeden Preis.

*Sie beschreiben in Ihrem Buch »Der Ernstfall« Ihre Erfahrungen als junger Soldat. Sehen Sie das, was uns von irakischer wie amerikanischer Seite weisgemacht wird, aufgrund Ihrer Erlebnisse anders?*
Das erste, was im Krieg stirbt, ist die Wahrheit. Aber es gibt eine unmittelbare Wahrheit: Das ist der Anblick der Verwundeten. Die ratlosen Gesichter von Frauen mit ihren verletzten, verstümmelten Kindern. Verletzte Männer, Amputierte, Verbrannte, Menschen, die einen würdevollen Eindruck machen in der Stummheit, mit der sie ihr Leiden ertragen. Auf der anderen Seite gibt es Bilder von Kriegsmaschinen, Panzerfahrzeugen, Flugzeugträgern.

*Ich kenne den Zweiten Weltkrieg nur aus Erzählungen der Vätergeneration. Ein Unterschied zu früher scheint die Art der medialen Darbietung des Krieges zu sein.*
Diesmal findet ein Duell zweier Sender statt, das es beim Golfkrieg 1991 noch nicht gab. Hier die Amerikaner mit CNN, der sehr kontrollierte, selektive Berichte liefert und nur wenig über die eigenen Verluste durchsickern läßt, und dort der arabische Sender El Dschasira, der ein eindrucksvolles Gegenbild entwirft. Dadurch wird es für die Amerikaner schwieriger. Ihr Konzept sieht vor, den Irakern ihre Sicht der Dinge aufzunötigen, um sie zur Aufgabe zu bewegen. Jetzt ist da aber ein ganz anderes Selbstbewußtsein entstanden. Selbst Saddams Gegner, die es unter den Schiiten sicher gibt, haben das Gefühl, in ihrer Identität als Araber und Muslime angegriffen zu werden. Alles geschieht vor den Augen einer den Krieg mißbilligenden Weltöffentlichkeit. Das stärkt den Widerstandswillen der Iraker.

Das Problem der Amerikaner und Engländer ist es, daß sie diesen Krieg, im Unterschied zum Golfkrieg 1991, vor den Augen einer sehr kritischen Weltöffentlichkeit führen und deshalb ihre technologische Überlegenheit nicht so rücksichtslos ausspielen können. Sie wollen einen Krieg führen, der noch als Befreiungskrieg und nicht als brutaler Vernichtungskrieg erscheint. Andererseits wollen sie aber auch schwere Verluste im Bodenkampf vermeiden, um nicht die Proteste im eigenen Land zu vermehren. Inzwischen aber haben sie, nach anfänglicher Schwierigkeit, die Oberhand gewonnen.

*Überlappt sich das, was Sie jetzt sehen und hören, mit der Erinnerung an Ihre Erlebnisse als Soldat?*
Das muß wohl so sein. Ich kann mich sehr gut sowohl in die amerikanischen und britischen Soldaten hineinverset-

zen, die diesen Krieg mit dem inneren Vorbehalt führen, nicht sterben zu wollen, als auch in den Fanatismus des Gegners. Ich sehe die Bilder von irakischen Männern aus Jordanien, die per Bus in den Irak zurückkehren, um ihr Land zu verteidigen, obwohl sie es gar nicht nötig hätten. Sie könnten dort bleiben, wo sie in Sicherheit sind. Auch die ängstlichen Gesichter und Demutshaltungen von Gefangenen kann ich spontan verstehen.

*Nun hat das Erleben des Krieges Ihre Gesamtwahrnehmung, vor allem natürlich Ihre Literatur beeinflußt.*
Es hat eine vitalere Zustimmung zum Leben in mir begründet und das Menschenrecht auf Unverletzlichkeit. Dieses Du-bist-am-Leben ist sozusagen mein letztes Argument, das Allerhöchste in Krisensituationen. Es ist schrecklich, ganz jung zu sterben, und es ist schrecklich, schwer verletzt zu werden. Ich erinnere mich an zerfetzte Bäuche, Kopfschüsse. Da mir alles vor Augen steht, empfinde ich für die einzelnen Soldaten, die in kriegerische Handlungen hineingeraten, eine fast parteilose Parteinahme.

*Verstehen Sie sich als Pazifist oder können Sie sich Situationen vorstellen, die Krieg rechtfertigen?*
Ja, das kann ich. Zum Beispiel der Krieg gegen Hitler-Deutschland, das einen europaweiten Angriffskrieg geführt und in seinem Machtbereich den Holocaust inszeniert hat. Der Krieg war nicht nur berechtigt, er war in höchstem Maße notwendig. Ich glaube, daß die deutsche Bevölkerung trotz aller eigenen Leiden durch Luftkrieg und Vertreibung das auch verstanden hat. Nun droht neue Gefahr, weit über den Irakkrieg hinaus. Viele Regierungen muslimischer Länder wie Ägypten und Saudi-Arabien haben angesichts der zunehmenden Empörung in ihrem eigenen Land keinen sicheren Stand mehr. Das Ganze ist

und bleibt ein Pulverfaß. Ich befürchte einen Kampf der Kulturen. Der Kampf des Islam gegen den Rest der Welt wäre das Schlimmste, was eintreten könnte. Es würde ein Krieg mit asymmetrischen Mitteln: ein Krieg des Terrors gegen eine Militärmacht. Eine fürchterliche Perspektive. Mir scheint die umgekehrte Vorstellung der Amerikaner illusionär zu sein, sie könnten die schwierigen Probleme im Nahen Osten, den Konflikt zwischen Palästinensern und Israelis, lösen und die Kontrolle über sogenannte Schurkenländer wie Iran und Irak gewinnen. Gravierende Geschehnisse wie die jetzigen bleiben im Gedächtnis der Völker haften.

*Haben Sie eine Vision?*

Nein, man kann keine realitätshaltige Vision haben. Klar wünsche ich mir, in einer Welt zu leben, in der weniger destruktive Prozesse ablaufen. Und natürlich wäre es besser, die Gegensätze auf dem Weg der Wirtschaftshilfe und Information, des Einsickerns von Lebensstilen westlicher Prägung auch in arabische Länder zu entspannen.

*Wie erklären Sie sich, daß trotz der weltweiten Aufklärung die Kulturen so feindlich aufeinanderprallen?*

Die Welt ist zu eng, und die Lebensstile sind zu verschieden. Am deutlichsten wird das in Israel. Dieses enge Aufeinanderhocken von Israelis und Palästinensern führt zwangsläufig zu Konflikten. Man kann es auch gar nicht befrieden. Die Unterschiedlichkeit der wechselseitigen Aggression – Terror gegen militärische Macht – verschärft die Fremdheit und den Haß. Und es ist eben ein Konflikt von nachbarschaftlicher Direktheit. Aber auch ein Konflikt der sozialen, ökonomischen Unterschiede. Für die westliche Welt, für die Amerikaner, stellen die islamischen Länder etwas ganz und gar Unheimliches dar. Man denkt, man könne mit den Menschen dort gar nicht reden. Und in islamischer Perspektive ist die westliche Welt das Reich der Gottlosigkeit und des Sittenverfalls.

*Wie definieren Sie Krieg?*
Krieg ist eine Auseinandersetzung von Staaten und Kulturen mit archaischen Instinkten und allermodernsten Waffen. Die im Menschen steckende Aggression, seine Selbstbehauptung durch Aggression, ist ein angeborenes Potential. Eine Welt ohne Aggression ist wohl ein pazifistischer Wunschtraum und unerfüllbar.

*Wie gehen Sie mit Ihrer eigenen Aggression um?*
Ich setze sie in meiner Arbeit um, einerseits als energetisches Potential, andererseits auch als Thema, als Motiv. Aggressivität ist eigentlich gestaute Energie, die destruktiv wird. Man kann sie umleiten, umwandeln. Auch ersatzweise ausleben in allen Formen kulturell geformter Wettkämpfe, an denen man teilnimmt oder bei denen man zuschaut. Aggressivität lässt sich zähmen. In der Weltpolitik war man nach dem Zweiten Weltkrieg auf dem Weg zur Befriedung und brachte diesen Willen durch die Gründung der UNO zum Ausdruck. Miteinander reden war das Konzept. Jürgen Habermas hat die Theorie des idealen Diskurses als Mittel zur Regelung der menschlichen Probleme entwickelt. Das heißt, unter gewaltfreien Bedingungen sprechen und jedes Argument kritisch überprüfen, was konsensfähig ist, um das zur Regel des allgemeinen Lebens zu machen. Natürlich haben wir es hier mit einem idealen Modell zu tun. Die Realität erlebt man, wenn man sich Talkshows, vor allem die politischen, im Fernsehen anschaut. Was für Kämpfe werden da ausgetragen! Selbstbehauptung ist Trumpf. Alle fallen sich gegenseitig ins Wort.

*Wir leben in Zeiten der Simulation. Könnte es sein, daß sich Menschen aufgrund eines Mangels an Unmittelbarkeit in so abenteuerliche Situationen stürzen, um mehr direkte Erfahrungen herauszufordern?*
Ja, das ist so. Es gibt alle Formen von künstlichen Risiken und Abenteuern, angefangen beim schnellen Autofahren. Andererseits verschärft die Indirektheit die Gewalt. Die schrecklichsten Waffen sind die Fernwaffen. Das habe ich erlebt, als unsere Kompanie durch ein Artilleriefeuer laufen mußte und dabei zusammengeschossen wurde. Das war wie Insektenvertilgung. Die Soldaten an den Kanonen und Raketenwerfern sind weit weg, wenn sie ihre Arbeit tun, und bekommen das Leiden der Getroffenen nicht zu sehen. Übrigens ist es ja offenbar ein immer wieder beliebter Fernsehgenuß, wenn geschossen und getötet wird. Auch Kinder, die am Computer Krieg und Häuserkampf spielen, leben ihre Allmachtsgefühle aus. Bezeichnend ist, daß die in zivilisierten, friedlichen Gesellschaften wuchernden Neurosen im Krieg nachlassen. Das liegt daran, daß die Situation zwar furchtbar, aber relativ einfach ist. In einer zivilisierten Gesellschaft muß man sich selbst behaupten, muß Probleme lösen. Man vergleicht sich mit anderen und will Erfolg haben, fühlt sich persönlich vom Scheitern bedroht. Das ist schwieriger.

*Nun ist das Töten eine Pflicht des Soldaten.*
Sie müssen den Gegner bekämpfen, wobei die Zerstörungsmacht der Soldaten, die in den Kampfflugzeugen sitzen, bombardieren, Raketen abschießen und Streubomben abwerfen, viel größer ist als die des Infanteristen. Man kann sich leicht darauf verständigen, daß das alles schrecklich ist. Man muß aber davon ausgehen, daß während der Aktion der Schrecken vermindert ist. Wer da im Flugzeug

sitzt oder im Panzer fährt, für den ist das Treffen eines Ziels ein Erfolgserlebnis.

*Haben Sie sich mit dem Islam befaßt?*
Ja, sicher. Vor allem mit der mehr und mehr dominierenden fundamentalistischen Variante. Die Fundamentalisten bekämpfen unseren Individualismus, die Gleichstellung der Frau, den Konsum, das freie sexuelle Vergnügen und vor allem das Leben ohne Gott. Unsere Vorstellung, daß man nur dieses eine Leben hat und alles daraus machen und gewinnen muss, ist für sie zutiefst unmoralisch und unverständlich. Uns dagegen erscheint ein religiöser Glaube erschreckend, der den Menschen einredet, sie kämen in den Himmel, wenn sie sich selbst in die Luft sprengen, um möglichst viele Feinde in den Tod zu reißen. »Gott mit uns« stand auch auf unseren Koppelschlössern. Aber das war nur eine Formel, keine Motivationsreserve. Mein ganzer Wille war darauf gerichtet zu überleben. Ich hätte freiwillig nichts unternommen, was mir den schnellen Tod eingebracht hätte. Natürlich tat ich in Notsituationen das, was notwendig war, etwa wenn man angegriffen wurde oder wenn man angreifen mußte. Aber ich wollte überleben. So erging es den meisten. Daß Menschen dazu gebracht werden, sich selbst zu töten, um andere zu töten, so wie es auch die Japaner, die Kamikazeflieger im Zweiten Weltkrieg, getan haben, das ist für uns kulturell fremd. Genauso aber auch der neue amerikanische Fundamentalismus, repräsentiert durch den amerikanischen Präsidenten, der selbstverständlich anzunehmen scheint, daß Gott auf der Seite der Amerikaner ist.

*Spiegelt sich in diesem Krieg die amerikanische Mentalität wider?*
Ja. Sie haben ein ausgeprägtes Selbstgerechtigkeitsgefühl und das Bewußtsein, auf allen Gebieten als Nation die

Nummer eins zu sein. Sie handeln in dem Bewußtsein, Hitler besiegt zu haben. Das ist die Urbegründung für alle Kriege, die sie danach geführt haben. Sie sind auch die erste Kolonie, die sich selbst vom Mutterland befreit hat. Das prägt ganz stark das amerikanische Nationalgefühl.

*Das sich durch das Attentat auf das World Trade Center gekränkt fühlt.*
Ja, das war ein erschreckender Schlag ins Unterbewußtsein. Das kann man verstehen. Doch darauf mit Krieg zu antworten, ist dumm, weil die Wahrscheinlichkeit neuer Terroranschläge dadurch nur noch größer wird. Was jetzt droht, ist der asymmetrische Krieg der terroristischen Nadelstiche mit unvorhersehbaren Aktionen aus dem Dunkeln heraus, gegen eine Militärmacht, die ganze Erdteile kontrollieren möchte, um terroristische Aktionen auszuschließen – ein Konzept der Überspannung und Überforderung auch für die USA.

*Was sind die Gründe für den Krieg?*
Da ist der 11. September, also eine verwundete Großmacht, die zurückschlagen möchte. Dann die Tatsache, daß sie bei dem ersten Golfkrieg den Fehler gemacht haben, Saddam nicht zu entmachten, obwohl sie da die internationale Legitimation auch seitens der arabischen Länder hatten. Der Irak war ja ein Aggressor, der Kuwait überfallen hatte. Selbst die arabischen Länder waren gegen Hussein, weil sie sich gegen seine Bestrebungen, der Herrscher der arabischen Welt zu werden, wehren wollten und sich deshalb auf die Seite der Amerikaner stellten. Doch die hatten es sich anders überlegt und glaubten, sie brauchten den Irak als Gegenmacht zum Gottesstaat Iran. Sie glaubten, Hussein kontrollieren zu können, weshalb sie Wirtschaftssanktionen verhängten. Diese sind aber von vielen internationalen Firmen unter-

laufen worden. Außer der Absicht, den Fehler von damals zu korrigieren, sind da auch das Interesse der Ölmafia und deren weltpolitische Perspektiven. In Zukunft ist die Kontrolle der Ölfelder der Machtfaktor Nummer eins. Die großen Ölvorkommen will man keinem Despoten überlassen, der das vielleicht auch noch in Rüstung umsetzt oder zu einem Machtinstrument macht, indem er die Förderungsquoten bestimmt und durch Verteuerung des Ölpreises die Wirtschaft anderer Länder unter Druck setzt.

*In Ihrer Literatur sprechen Sie über die Kriege als großen Ausnahmezustand und Schock.*
Krisenzustände interessieren mich, weil sich in ihnen auffälliger zeigt, was in den Menschen steckt. Meiner Meinung nach ist der Mensch zu allem fähig, wenn er die Legitimation einer Ideologie, besonders einer Religion, einer Autorität oder seiner Bezugsgruppe erhält. Manchmal sehe ich das Ganze wie Shakespeare. Nichts ist sicher, alles kann geschehen: Gewalt, Lüge, Selbstbetrug.

*Keine schöne Alterserkenntnis!*
Es gibt natürlich auch das Gegenteil, zum Beispiel die Ärzte, die Menschen in den Hilfsorganisationen, Menschen, die anderen helfen. Ich betrachte die Bilder, als hätte ich sie immer schon gesehen, aber nicht aus der Perspektive des Nach-mir-die-Sintflut. Vielmehr bin ich daran interessiert, daß es mit der menschlichen Kultur weitergeht und daß die jetzt unlösbar erscheinenden Probleme irgendwann gelöst werden.

*Droht nach dem Krieg das Vergessen?*
Innerhalb der Katastrophengeschichte der Menschheit, die ja mit ihrer Geschichte identisch ist, spielt das Vergessen eine große Rolle. Es ermöglicht das vitale Überleben

und Weitermachen. Deshalb kann man davon ausgehen, daß auch dieser Krieg irgendwann vergessen sein wird und sich die Konflikte zwischen Europa und Amerika vielleicht aufgrund von aktuellen Interessen wieder auflösen. Aber auch die Erinnerung spielt eine große Rolle bei politischen Entscheidungen. Der Sieger hat andere Erinnerungen als der Verlierer, und die Sieger des Zweiten Weltkrieges, nämlich vor allem Amerika und England, sehen die Dinge vollkommen anders als die Deutschen, die eine totale Niederlage erlitten haben und für die der Krieg deshalb tabuisiert ist. Für die Amerikaner ist Krieg keineswegs tabuisiert, sondern, wie Clausewitz sagt, die Fortsetzung der Politik mit anderen Mitteln. Das sind zwar erschütterbare Gewißheiten, aber sie werden nach dem Sieg im Irak noch eine Weile Bestand haben und vielleicht zu neuen Kurzschlüssen führen. Befürchten muß man es.

# Bodenlosigkeit
oder
# Der Betrogene ruft an

## Versuch, einen Dialog zu lesen

Die überlegene Eleganz, die Erfahrung einem Menschen verleiht, zeigt sich in seinem ruhigem Verfügen über die verschiedensten Situationen. Neue und unbekannte Situationen sind für ihn immer schon vorgeprägt durch seinen erfolgreichen Umgang mit früheren Herausforderungen, und die daraus gewonnene Selbstsicherheit ist Teil des erneuten Gelingens. Man fühlt sich im Einklang mit der Welt und ergreift sich bietende Gelegenheiten mit dem Gewohnheitsrecht des Gewinners. So mag man allmählich an die sich vernebelnde Grenze gelangen, wo Erfahrung in Blindheit übergeht. Neue Erfahrung kann dann nur im unerwarteten Scheitern der Routine entstehen.

Der Text, von dem unter dieser Perspektive die Rede sein soll, ist eine Geschichte von Jerome D. Salinger mit dem Titel »Hübscher Mund, grün meine Augen«, der wie zur Entlastung des Erzählungstextes vorweg den verführerischen Reiz einer koketten Frau andeutet, der zu den Voraussetzungen der in der Geschichte dargestellten Verwirrung gehört. Das Motiv wird in der Geschichte kaum weiter ausgeführt. Man erfährt nur, daß es sich um eine noch mädchenhafte, lebenshungrige und flatterhafte Frau handelt. Das ist allerdings eine einseitige, persongebundene Interpretation.

Die Handlung beginnt damit, daß ein Telefon läutet und ein grauhaariger, im Lampenschein schon weißhaariger, sehr seriös und gepflegt wirkender Mann eine neben ihm im Bett liegende junge Frau fragt, ob es ihr lieber sei, wenn er den Hörer nicht abnähme. Die beiden befinden sich offenbar in einer intimen Situation – ein Liebespaar, das sich durch den unerwarteten Anruf aufgeschreckt fühlt. Jemand drängt sich da in ihre vermutlich kurz bemessene Zweisamkeit, die sie mit niemandem teilen möchten und in der sie die Außenwelt vorübergehend vergessen hatten, die sich mit diesem hartnäckigen Läuten plötzlich wieder meldet. Wahrscheinlich handelt es sich ja um irgendeine Belanglosigkeit oder einen Irrtum, was sich rasch aufklären ließe, wenn man den Anruf annähme. Es entspräche sicher der Gewohnheit des Mannes, so zu reagieren. Doch er ist sich wohl bewußt, daß dies von der jungen Frau neben ihm, die noch benommen ist von der eben erlebten leidenschaftlichen Umarmung, als Abwendung empfunden werden könnte. Deshalb fragt er sie vorsorglich nach ihrer Meinung. Als sie unentschieden bleibt, setzt er sich kurz entschlossen im Bett auf, um den Anruf anzunehmen. Doch bevor er den Hörer abhebt, umfaßt er mit der linken Hand wie zur gegenseitigen Vergewisserung ihrer Zusammengehörigkeit den Oberarm der Frau, um dann fragend, mit klangvoller Stimme »Hallo?« in den Hörer zu rufen. Es ist eine Stimme, die gekonnt verleugnet, wie anders sie gerade noch geklungen hat.

Auf der Gegenseite ist das anders: »Eine Männerstimme, die wie tot war und sich nun doch unmanierlich, ja fast widerlich belebte, fragte am anderen Ende der Leitung: ›Lee, habe ich Sie geweckt?‹

Der grauhaarige Mann blickte flüchtig nach links auf die junge Frau.

›Wer ist dort?‹ fragte er. ›Arthur?‹

›Ja. Habe ich Sie geweckt?‹

›Nein, nein! Ich bin im Bett. Ich lese. Ist was los?‹

›Habe ich Sie bestimmt nicht geweckt? Im Ernst nicht?‹

›Nein, nein. Bestimmt nicht!‹ entgegnete der grauhaarige Mann. ›Offen gesagt, habe ich durchschnittlich etwa vier Stunden Nachtruhe ...‹

›Ich wollte nämlich nur fragen, Lee, ob Sie zufällig bemerkt haben, wann Joanie ging. Haben Sie vielleicht zufällig bemerkt, ob sie mit den Ellenbogens fortging?‹«

Das ist eine kritische Situation. Denn Joanie, die Verschwundene, ist die junge Frau, die neben dem grauhaarigen Mann im Bett liegt, und der Anrufer ist ihr Mann. Wie jetzt reagieren? Man muß den Schein der Normalität wahren und freundschaftlich und geduldig antworten, um keinen Argwohn zu erwecken, falls der Anrufer nicht längst argwöhnisch ist. Denn auch das ist keineswegs sicher. Lee, der grauhaarige Mann, wie ihn Salinger immer nennt, starrt in eine Zimmerecke, als suche er dort eine Lösung seines Problems. Schließlich antwortet er mit einer Gegenfrage: »Nein, Arthur, ist sie denn nicht mit Ihnen zusammen fortgegangen?«

Das ist nicht ungeschickt. Der Anrufer soll erst einmal genauer zu erkennen geben, was er weiß oder was er vermutet. Glücklicherweise kann er ja nicht sehen, was auf der anderen Seite der Fall ist: Seine vermißte, verzweifelt gesuchte Frau liegt im Bett des anderen, der während des Gesprächs beschützend und besitzergreifend den Oberarm der Frau umfaßt, als gehöre sie zu ihm. Und indem sie es zuläßt, bestätigt sie das auch. Sie und Lee sind zusammengeschweißt durch die gemeinsame intime Erfahrung und nun möglicherweise auch durch schlimme Konsequenzen.

Es ist nicht klar, wie die Dinge stehen. Man erfährt nicht, ob die beiden schon längere Zeit ein Verhältnis miteinander haben und dabei immer leichtsinniger geworden sind oder ob sie erst an diesem Tag einer allmählich wachsenden Faszination nachgegeben haben. Vielleicht ist dies die realere Version. Man kann sich das ausmalen: eine Party, die viele Menschen zusammenführt. Gedränge in allen Räumen, lange Menschenschlangen an verschiedenen Büfetts, Tische, an denen man sitzt, Bars, an denen man zufällig nebeneinandersteht. Vielleicht auch ein Saal, in dem getanzt wird. Eine große erleuchtete Terrasse, ein Park, in dem man sich von dem allgemeinen Schaulaufen entfernen kann. Irgendwo dort geschieht es wie etwas längst Fälliges. Überstürzt, die Gefahr der Entdeckung unterschätzend oder mißachtend, verlassen sie die Party. Man kann sich die Begegnung als einen Flirt vorstellen, bei dem beide plötzlich entdecken, daß sie mehr füreinander empfinden, als sie sich bisher eingestanden haben. Es ist der berühmte coup de foudre, ein gebieterischer Überfall des sexuellen Begehrens, verschärft durch den Umstand, daß die Wohnung des Mannes in der Nähe ist. Beide ergreifen sie diese Gelegenheit in der alle Bedenken beiseite schiebenden Vorstellung, daß es ein einmaliger Seitensprung ist.

Salinger sagt nichts darüber. Er zeigt das Paar erst, als es in der Klemme ist, aufgestöbert in seinem Liebesnest durch die Stimme des verzweifelten Ehemanns, der nach seiner verschwundenen Frau sucht, anscheinend ohne zu begreifen, daß er ihre Spur gefunden hat. Schon wieder stöhnt er: »Nein, o Gott, nein! Sie haben sie also überhaupt nicht fortgehn sehen?«

Das klänge wie eine Fangfrage, wäre da nicht der Ton einer wachsenden Panik zu hören. Nein, der Mann ist orientierungslos und sucht Hilfe. Man muß ihm etwas erzählen, das ihn ablenkt und beruhigt.

»›Nein, wirklich nicht, Arthur‹, erwiderte der grauhaarige Mann. ›Eigentlich habe ich, offen gesagt, den ganzen langen Abend überhaupt keinen Menschen gesehen. Kaum stand ich auf der Schwelle, da war ich schon in ein endloses, blödes Gespräch mit diesem Einfaltspinsel aus Frankreich oder Wien oder weiß der Teufel, wo er sonst her war, verstrickt. All diese verfluchten ausländischen Halunken sind versessen auf ein bißchen gratis Rechtsberatung. Aber weshalb? Was ist los? Ist Joanie verschwunden?‹

›Ach, mein Gott, wer weiß das schon? Ich doch nicht! Sie wissen ja, wie sie ist, wenn sie zuviel getankt hat und scharf darauf ist loszuziehen. Was weiß ich schon? Vielleicht ist sie ...‹

›Haben Sie die Ellenbogens angerufen?‹ fragte der grauhaarige Mann.

›Ja. Die sind noch nicht zu Hause. Ich weiß auch nicht ... Mein Gott, ich bin noch nicht mal sicher, ob sie mit ihnen fortgegangen ist. Ich weiß bloß eins. Eins weiß ich verdammt genau! Ich hab's satt, mir noch länger den Kopf zu zermartern. Ehrenwort. Diesmal ist's mir ernst. Ich hab's satt. Fünf Jahre! Mein Gott.‹

›Schon gut, Arthur! Nehmen Sie's nicht zu schwer!‹ sagte der grauhaarige Mann. ›Denn wie ich die Ellenbogens kenne, sind die wahrscheinlich in ein Taxi gestiegen und noch für ein paar Stunden ins Village gefahren. Alle drei werden sie wahrscheinlich ...‹«

Der Anrufer unterbricht ihn mit der Hartnäckigkeit eines Besessenen, der nur über eines reden will: seine Angst, betrogen zu werden. Und sofort bricht er wieder in Verzweiflung aus: »Ich hab's satt! Ich schwör's bei Gott, diesmal ist's mein Ernst! Fünf verfluchte ...«

Er kann nicht weitersprechen. Das ist für Lee, den Grauhaarigen, der Arthurs Frau dicht neben sich hat, eine Gelegenheit, schnell eine Frage zu stellen, mit der er sich mehr Übersicht über die Situation verschaffen will, denn er muß Arthur, der in seiner Erregung unberechenbar erscheint, besser kontrollieren können.

»Wo sind Sie jetzt, Arthur? Daheim?«

Arthur jault auf. Daheim! So kann man es nicht nennen. »Mein Gott noch mal!«

Lee versucht ihn zu beruhigen, indem er die harmlose Erklärung, Joanie sei vermutlich mit dem Ehepaar Ellenbogen, guten Bekannten von ihnen beiden, noch für einen Abstecher ins Village gefahren, weiter ausschmückt. Es ist eine locker improvisierte Geschichte, die nicht besonders überzeugend wirkt. Doch er greift danach. Denn helfen kann im Augenblick nur das Weitersprechen.

»›Beruhigen Sie sich doch endlich und regen Sie sich ab, ja?‹ sagte der grauhaarige Mann. ›Wahrscheinlich kommen sie alle drei jeden Augenblick bei Ihnen hereingewalzt! Glauben Sie's nur. Sie kennen doch Leona. Weiß der Teufel, was es eigentlich ist: Alle sind sie so verdammt lustig, die aus Connecticut, wenn sie mal nach New York kommen! Das müssen Sie doch wissen!‹«

Einen Moment lang scheint das zu helfen, als habe man sich geeinigt, auf ein Nebenthema auszuweichen. Aber Arthur will sich nicht abwimmeln lassen. Als Lee, der weiter nichts zu sagen weiß, seine Version wiederholt, die Ellenbogens hätten Joanie vermutlich noch einfach irgendwohin mitgeschleift, reagiert er plötzlich aggressiv:

»Heh! Kein Mensch braucht Joanie irgendwohin mitzuschleifen! Erzählen Sie mir nur nichts von Mitschleifen.«

Ruhig antwortet Lee: »So war es ja auch nicht gemeint, Arthur.«

Geistesabwesend zieht er seine Hand vom Arm der Frau fort und umklammert die Telefonschnur. Er hat begriffen, daß das Gespräch länger dauern wird und er sich ganz auf den anderen einstellen muß.

»Hören Sie mal, Arthur. Soll ich Ihnen einen Rat geben? Möchten Sie einen Rat?«

Nein, der andere will keinen Rat. Wahrscheinlich hat er die Frage auch einfach überhört. Er will weiter agieren und der Überlegenheit seines älteren Kollegen seine Verzweiflung entgegenrufen.

»Weshalb schneide ich mir nicht einfach die Kehle ...«

Wieder bricht der Satz ab, und man glaubt, ein ersticktes Schluchzen zu hören – Grund für Lee, energischer zu werden und diese hemmungslose Selbstdarstellung zu beenden.

»Hören Sie mir jetzt mal eine Minute zu!« sagt er. »Zuerst, aber im Ernst: Gehen Sie ins Bett und regen Sie sich ab! Machen Sie sich einen tüchtigen, starken Nachttrunk und kriechen Sie unter die ...«

Der Anrufer unterbricht ihn: »›N' Nachttrunk? Sie wollen mich wohl aufziehen? Mein Gott, in den letzten zwei verdammten Stunden hab' ich fast 'ne Flasche erledigt! Ich bin so blau, daß ich kaum noch ...‹

›Gut, gut, dann gehen Sie also zu Bett‹, sagte der grauhaarige Mann. ›Und regen Sie sich ab, ja? Ehrlich gesagt, hat das denn einen Zweck, so rumzusitzen und sich aufzuregen?‹«

»›Ja, ich weiß schon‹«, antwortet Arthur. »›Ich würde mir auch keine Sorgen machen, wahrhaftig nicht, aber man kann ihr ja nicht über den Weg trauen! Man kann ihr nicht so weit trauen von hier bis ... ach, ich weiß auch nicht, wie weit. Ach, mein Gott, was nützt das schon? Ich verlier' noch mein letztes bißchen Verstand.‹

›Ja, ja. Nun vergessen Sie das mal! Denken Sie nicht mehr dran! Wollen Sir mir einen Gefallen tun und sich das ganze Zeug aus dem Kopf schlagen?‹ fragte der grauhaarige Mann. ›Was wissen Sie denn, ob Sie nicht aus einer Mücke 'nen Elefanten machen?‹

›Wissen Sie, was ich tu? Wissen Sie, was ich tu? Muß mich ja schämen, Ihnen das zu erzählen, aber wissen Sie, was ich fast jeden verdammten Abend tu? Wenn ich nach Hause komme? Wollen Sie's wissen?‹

›Arthur, hören Sie doch bloß ...‹«

Aber der Anrufer will nicht aufhören, sondern in wilder Selbstdemütigung schwelgen, nicht anders als ein schreiendes Kind, das jeden Versuch, es zu beruhigen, mit noch lauterem Geschrei beantwortet. Er stellt sich als einen eifersüchtigen Narren dar, der mit einer nymphomanischen Frau verheiratet ist, die ihn hemmungslos betrügt und ihn schon so verrückt gemacht hat, daß er überall Spuren neuen Betrugs sieht. Jeden Abend, wenn er von der Arbeit nach Hause kommt, muß er gegen die Zwangsidee ankämpfen, sie habe ihn wieder mit einem anderen Mann betrogen.

»Ich sag's Ihnen verdammt noch eins. Ich muß mich wahrhaftig schwer beherrschen, daß ich nicht jede verfluchte Schranktür in der Wohnung aufmache. Ich schwör's Ihnen! Jeden Abend, den ich nach Hause komme, glaub' ich, überall könnt' sie ihre verfluchten Kerls versteckt haben. Liftboys, Botenjungen, Polizisten ...«

Das ist eine groteske Überspitzung des Galgenhumors und trotzdem noch eine ahnungslose Verharmlosung des wirklichen Sachverhaltes. Ja, Arthur ist wirklich betrogen worden, aber viel demütigender, als er es sich vorzustellen vermag. Denn seine Frau liegt nicht mit irgendeinem Gelegenheitsliebhaber im Bett, sondern ausgerechnet mit seinem älteren Kollegen, an den er sich hilfesuchend gewandt hat, haltlos sich anklammernd in seiner ganzen Kläglichkeit und Hysterie.

Das stellt an das Geschick des älteren Mannes kaum erfüllbare Anforderungen, weil allem, was er sagt, der Makel der Verlogenheit anhaftet. Wie kann er das länger aushalten, wie vor dem anderen verbergen? Es sieht nicht so aus, als habe er ein dauerhaftes Interesse an der Frau. Obwohl die beiden sich stumm zu verstehen scheinen. Zum Beispiel, wenn sie Zigaretten für ihn anzündet und ihm reicht, damit er beim Telefonieren rauchen kann. Sie scheint in seiner Nähe völlig anders zu sein, als sie in den Phantasien ihres eifersüchtigen Mannes erscheint. Lee ist vermutlich der richtigere Partner für sie. Doch das löst keineswegs ihre Probleme, denn die haben weitreichendere gesellschaftliche Dimensionen. Die beiden Männer sind Kollegen. Sie arbeiten als Rechtsanwälte in derselben Anwaltskanzlei, die von einem Chef geleitet wird, der großen Wert auf ein seriöses Bild der Firma legt. Lee und Arthur können es sich nicht leisten, in eine Ehebruchsgeschichte verwickelt zu werden. Lee, der im Unterschied zu Arthur die Explosivität der Situation kennt, hat ein starkes Interesse daran, Arthur zu beschwichtigen und an der Wahrnehmung der Wirklichkeit vorbeizudirigieren.

Er sagt: »Jaja, Arthur! Woll'n doch mal versuchen, es ein bißchen leichter zu nehmen.«

»Soll ich Ihnen mal sagen, was Ihr größter Fehler ist? Sie geben sich die größte Mühe … wirklich im Ernst … Sie geben sich die allergrößte Mühe, um sich selbst zu quälen.« Als der andere sich noch mehr in seine Erregung hineinsteigert und immer groteskere Dinge sagt, unterbricht er ihn: »Lassen Sie's, Arthur! Damit kommen wir nicht weiter. Damit kommen wir einfach nicht weiter.« Und um ihn abzulenken, fragt er ihn, wie denn der Prozeß ausgegangen sei, bei dem Arthur heute die Firma vertreten hat. Verpackt in viele entschuldigende Erklärungen erhält er die Auskunft, daß der Prozeß verlorenging. Arthur ist nicht nur ein betrogener Ehemann, sondern scheint auch beruflich nicht besonders erfolgreich zu sein. Vielleicht lehnt er sich auch deshalb an den erfahrenen älteren Kollegen an.

Die Art, wie er sich am Telefon gehenläßt und von dem anderen zurechtgewiesen wird, könnte auf ein eingespieltes Verhaltensmuster hindeuten. Ist Arthur ein underdog, ein Pechvogel, um nicht zu sagen ein larmoyanter Versager in der Ehe und im Beruf? Nicht ohne Grund hat seine Frau die Nähe des älteren, dominanten Mannes gesucht. Sie brauchte vielleicht diese Erfahrung wie ein Eichmaß, um sich ihrer selbst, ihrer Gefühle und ihrer Attraktivität, zu vergewissern und ihren Ehealltag wieder besser ertragen zu können. Das kurze Abenteuer hat ihr jedenfalls gutgetan. Als der Anruf kommt, wirkt sie noch erfüllt und gelöst von der eben gemachten Erfahrung – in sich ruhend, wie ihr Mann sie anscheinend überhaupt nicht kennt. Soweit sie das Telefongespräch mitbekommt, kann sie sich als zwei verschiedene Personen erleben. Arthur steigert sich in wilde Übertreibungen hinein, und Lee versucht, ihn zu korrigieren. Als Lee, wohl an beide gerichtet, sagt, Arthur könne froh sein, daß Joanie eine Frau mit Geschmack und Verstand sei, heult der andere vor Hohn auf:

»›Verstand! Lieber Gott, wenn Sie ahnten, wie komisch das ist! Sie bildet sich ein, sie sei so verdammt gebildet! Das ist ja das Komische, das ist ja das verrückt Lustige! Sie liest die Theaternachrichten, und sie hockt vorm Fernsehapparat, bis ihr die Augen tränen, und deshalb ist sie gebildet. Wissen Sie, mit wem ich verheiratet bin? Wollen Sie wissen, mit wem ich verheiratet bin? Mit der größten lebenden, unentdeckten Schauspielerin, Schriftstellerin, Psycho-Analytikerin und verkannten Universal-Genie-Berühmtheit von New York. Hab'n Sie auch nicht gewußt, was? Herrjemine, es ist so komisch, daß ich mir die Kehle durchschneiden könnte! Madame Bovary von der Volkshochschule, Madame …‹

›Wer?‹ fragte der grauhaarige Mann, und es klang ärgerlich.

›Madame Bovary nimmt einen Fortbildungskurs im Fernsehen! Gott, wenn Sie wüßten …‹

›Ja, ja. Sie müssen doch begreifen, daß wir so nicht weiterkommen!‹ sagte der grauhaarige Mann.«

Aber der Anrufer läßt sich nicht davon abhalten, weitere Belege für die Dummheit und Naivität seiner Frau aufzufahren. Sein Wortschwall ist eine Mischung aus Bitterkeit und Witz, die einen ahnen läßt, daß er in einer entspannten geselligen Situation ein amüsanter, lustiger Mensch sein kann. »Madame Bovary nimmt einen Fortbildungskurs« – das fällt nicht jedem ein, um die Verbindung von romantischem Ehebruch und Bildungsbeflissenheit auf den Begriff zu bringen. Lee, der Ältere, versteht es auch nicht, sei es aus Mangel an literarischer Bildung oder weil er gegenwärtig keine Geduld für solche Sottisen aufbringen kann. Er sucht nach einem Ausweg aus der vertrackten Situation, in der sie festsitzen, und vermutlich preßt er den Hörer fest an sein Ohr, damit die Frau neben ihm nicht mitbekommt, was ihr Ehemann über sie zum besten gibt. Seine Antworten an Arthur sind auch für sie bestimmt. Aber er bekommt den Dialog nicht unter Kontrolle. »Eine erwachsene Frau?« schreit der Anrufer, »Sie sind wohl verrückt? Ein erwachsenes Kind ist sie. Mein Gott!« Und er führt ein weiteres Beispiel ihrer kindischen Mentalität an. Das allerdings ist zwiespältig. Denn er bekennt gleich danach, daß er sie rührend findet und sie gerne beobachtet, wenn sie schläft.

»Na ja, das ist etwas, das sie besser wissen als ich«, sagt Lee, um dem Verdacht vorzubeugen, es könne zwischen ihm und Joanie einen engeren intimen Kontakt gegeben haben. Gleich danach nimmt er die Position eines objektiven Analytikers und Beraters ein, der dem anderen etwas Grundsätzliches mitzuteilen hat: »Sie sind überhaupt nicht positiv zu ihr eingestellt.« Arthur überbietet ihn durch ein radikales Statement, das abgeklärt wie ein Resümee klingt: »Wir passen nicht zusammen, das ist alles! Das ist die ganze Geschichte. Wir passen ganz verteufelt schlecht zusammen. Wissen Sie, was sie braucht? Sie braucht einfach einen großen schweigsamen Kerl, der sie hin und wieder mal hernimmt und verprügelt und dann wieder an seine Zeitung geht. Das braucht sie. Ich bin zu verdammt schwach zu ihr. Ich wußt's schon, als wir heirateten. Ich schwör's Ihnen, daß ich's damals schon wußte.«

Irritierend an dieser Äußerung ist, daß sie einen Kern von Wahrheit enthält. Joanie und Arthur sind Menschen, die wenig Halt aneinander finden. Lee, in dessen Bett Joanie liegt, wäre vermutlich in mancher Hinsicht der bessere Partner für sie. Wahrscheinlich wissen sie das beide und haben es sich im Liebesrausch gegenseitig gesagt. Lee überschätzt das nicht und ist vielleicht schon davon abgerückt. Denn nun ist er unversehens in die Situation geraten, den betrogenen Ehemann im eigenen Interesse beruhigen und stützen zu müssen. Gegen seine Überzeugung widerspricht er ihm, allerdings nur matt und formelhaft: »Sie sind nicht schwach. Sie gebrauchen nur Ihren Verstand nicht genügend.«

Völlig überzeugend antwortet der andere: »Wenn ich nicht schwach wäre, glauben Sie, dann hätte ich alles so schlittern lassen?«

Auf einmal scheint Arthur am Ende seiner Kräfte zu sein. Er wird sentimental und zitiert Augenblicke aus seiner Ehe, die, so trivial sie auch sind, für ihn im Augenblick kostbare Erinnerungen darstellen. Zum Beispiel, wie Joanie in kalter Nacht ihm bei einem Reifenwechsel mit der Taschenlampe geleuchtet hat. Gleich danach fegt er diese Rührstücke wieder beiseite. »Was hat's für'n Sinn, darüber zu reden? Ich verlier noch den Verstand. Hängen Sie doch auf, weshalb tun Sie's denn nicht? Wirklich!«

Am Ende seiner Geduld und Zuversicht angelangt, kann Lee gerade noch versichern, er werde nicht aufhängen. Schließlich weiß er ja nicht, was dann passiert. Solange sie telefonieren, hat er den Anrufer unter Kontrolle und kann hoffen, noch einen rettenden Einfall zu haben. Also muß er reden und sich weitere Eheanekdoten anhören, während das Gespräch sich dem Punkt seiner nicht mehr zu leugnenden Aussichtslosigkeit nähert.

Der Redestrom stockt. Das Gespräch reißt ab. Und als Arthur nach einem kurzen Schweigen weiterspricht, zeigt er unverhüllt seine Verlorenheit:

»Hören Sie mal … ich hab' Sie ohnehin die ganze Nacht wach gehalten – könnt' ich vielleicht zu Ihnen rüberkommen und einen Schluck trinken? Würde es Ihnen was ausmachen?«

Das bedeutet Alarm. Der betrogene Ehemann wohnt anscheinend in der Nähe. Seine Frage »Könnt ich vielleicht zu Ihnen rüberkommen?« hört sich an, als wohne er auf der anderen Straßenseite oder allenfalls einige Straßen weiter – eine prekäre Situation, auf die Lee sofort eine Antwort finden muß. Aber er ist laut Salingers knapper Beschreibung sichtlich verblüfft: »Der grauhaarige Mann straffte seinen Rücken, legte sich die freie Hand auf den Kopf und fragte: ›Meinen Sie jetzt?‹

›Ja. Ich meine, wenn's Ihnen nichts ausmacht. Ich bleibe nur eine Sekunde. Ich wollte mich nur ein bißchen zu Ihnen setzen und – na ja. Wäre es Ihnen recht?‹«

Das klingt, als suche Arthur bei ihm Schutz, Anlehnung, Trost. Aber könnte es nicht auch sein, daß er einen Verdacht überprüfen möchte? Vielleicht hat er doch einige Anhaltspunkte für die Vermutung, daß die schrecklichste aller Möglichkeiten zutrifft und seine Frau ihn mit seinem Kollegen betrügt. Wenn dieser Verdacht auch nur andeutungsweise im Spiel sein sollte, darf sich Lee dem demütig vorgetragenen Wunsch des Anrufers auf keinen Fall schroff widersetzen. Er muß einfühlendes Verständnis und freundschaftliche Bereitschaft zeigen und den Besuch trotzdem verhindern. Zeit zu überlegen bleibt ihm nicht. Instinktiv muß er die richtige Antwort finden, eine, die zustimmend beginnt und sich dann umkehrt, ein »Ja – aber«. Vielleicht entstehen in solchen Augenblicken die Gedanken tatsächlich aus den Sprachformeln.

»Ja, aber ich finde, Arthur, Sie sollten es lieber nicht tun.«

Er macht eine Pause, kaum länger als einen Atemzug, bevor er fortfährt, noch immer in der Zweideutigkeit des »Ja, aber«, mit dem er begonnen hat. Und während er spricht, man könnte sogar meinen, weil er sich aufs Sprechen einläßt, fällt ihm eine gute Begründung ein, um den anderen von seinem Vorhaben abzubringen: »Natürlich sind Sie herzlich willkommen, aber ich finde wirklich, Sie sollten sich einfach aufraffen und sich beruhigen, bevor Joanie angetanzt kommt. Ganz offen gesagt, was Sie tun sollten, das ist eben, dort zur Stelle zu sein, wenn sie angetanzt kommt. Hab ich recht oder nicht?«

Arthur ist unsicher. Die Vorstellung, seine Frau käme gleich zurück, läßt ihn schwanken. Mag sein, daß er auch einfach nur erschöpft ist. Er ergibt sich dem sanften Druck Lees, der ihm noch eine Weile weiter zuredet, er solle sich beruhigen, und ihn dabei warm einhüllt in den Gedanken, daß das ganze Problem sich vermutlich bald als harmlos herausstellen werde. Wie in einem völligen Spannungsverlust legen sie auf. Betroffen, schuldbewußt und vor allem ratlos bleiben Lee und Joanie zurück.

»Du warst großartig, einfach wunderbar«, sagt die Frau. Über sich selbst sagt sie: »Ich komme mir wie ein Biest vor.«

»Es ist eben eine komplizierte Lage«, antwortet Lee.

Es ist eine trockene, um kühle Sachlichkeit bemühte Äußerung. Aber die Ungelöstheit des Problems und die verlogene Rolle, die er spielen mußte, machen ihm offensichtlich zu schaffen, denn er fügt hinzu: »Ich weiß nicht, ob ich so wunderbar war.«

»O doch! Du warst wunderbar«, sagt die junge Frau. Sie kann sich nicht genugtun in ihrer Bewunderung für Lees Umsicht und Geschick. Vermutlich sucht sie darin Halt und Sicherheit. Ihr Lob ist durchaus berechtigt, denn durch sein Taktieren hat Lee sie zunächst einmal alle drei vor einer Katastrophe bewahrt. Und vor allem hat er viel Einfühlung in Arthurs Situation bewiesen, für den der Anblick der Wahrheit unerträglich gewesen wäre. Doch das ist nur ein momentaner Aufschub, der ihnen eine letzte, kurze Frist für das Finden einer Lösung gibt. Das bringt die beiden keineswegs einander näher, sondern macht nur noch schärfer deutlich, daß sie keine Lösung haben, schon gar keine gemeinsame. Sie sind wie blind in einen Seitensprung hineingestolpert, ohne weiterreichende gemeinsame Phantasien zu entwickeln, auf die sie jetzt zurückkommen könnten. Vielleicht wäre Joanie bereit, das Scheitern ihrer Ehe in Kauf zu nehmen, wenn sich ihr eine andere Perspektive böte. Aber Lees angestrengte Bemühungen, die Situation vor Arthur zu verschleiern, sind ja ein beredter Ausdruck dafür, daß er nur daran denkt, die alten Verhältnisse wiederherzustellen. Allerdings ohne zu wissen, wie das geschehen könnte. Joanies Verschwinden dauert schon viel zu lange, als daß es noch auf harmlose Weise erklärbar wäre. Vielleicht hätte sie gleich bei Beginn des Telefongespräches nach Hause laufen müssen. Aber dann hätte sie nicht gewußt, was sie dort erwartete, und schon genausowenig wie jetzt, was sie ihrem Mann sagen sollte. Nun scheint der letzte mögliche Zeitpunkt für ihre Heimkehr verpaßt zu sein. Ein sich verdichtendes Gefühl von Ausweglosigkeit lähmt sie beide, führt sie aber nicht zusammen. Aus einem Liebespaar sind zwei aneinandergefesselte Menschen geworden, deren letzte Gemeinsamkeit sich in Klagen über ihre schwierige, unmögliche Lage erschöpft. Da sie nicht handeln können, müssen sie eben reden, auch wenn es nur noch Floskeln sind.

Dann läutet wieder das Telefon, und Arthur meldet sich:

»›Lee? Haben Sie schon geschlafen?‹

›Nein, o nein.‹

›Ich dachte nur, es würde Sie interessieren. Joanie kam gerade angetanzt.‹

›Wie bitte?‹ rief der grauhaarige Mann und hielt die Hand über die Augen, obwohl das Licht hinter ihm war.

›Ja. Eben kam sie angetanzt. Keine zehn Sekunden, nachdem ich den Hörer aufgelegt hatte. Und ich dachte, ich ruf Sie schnell mal an und sag Ihnen Bescheid, solange sie auf dem Klo ist. Ja, also tausend Dank, Lee! Wirklich, von Herzen! Sie haben doch noch nicht geschlafen, wie?‹

›Nein, o nein. Ich wollte gerade … nein, nein!‹« sagt Lee, der wie vor den Kopf geschlagen ist. Er kann nicht mehr weitersprechen und räuspert sich gründlich, um seine Stimme wiederzufinden. Aber schon redet Arthur weiter, der betrogene Ehemann, dessen Frau neben Lee im Bett liegt, aber in Arthurs Erzählung ein zweites Mal zu existieren scheint, denn er spricht lebhaft von ihrer plötzlichen Heimkehr, bemüht, eine harmlose Erklärung für ihr Verschwinden zu erfinden, die einzige, die Joanie vielleicht hätte vorbringen können, wenn sie inzwischen tatsächlich nach Hause gekommen wäre. Es ist allerdings eine fadenscheinige Erklärung, die schon durch eine einzige kritische Nachfrage bei den zitierten Personen zu widerlegen wäre. Joanie hätte nicht erwarten können, mit dieser locker zusammengelogenen Geschichte bei Arthur

Glauben zu finden. Aber in seinem Munde hört es sich an, als sei es die gerade eben erst zutage getretene befreiende Wahrheit.

»Ja. Es kam nämlich so: Anschließend war Leona schließlich sternhagelvoll und bekam das heulende Elend, und Bob bat Joanie, mit ihnen fortzugehen, um irgendwo noch was zu trinken und alles wieder ins reine zu bringen. Du weißt ja Bescheid. Mein Gott, ja. Sehr kompliziert. Jedenfalls ist sie wieder zu Hause.«

Manisch redet Arthurs erregte Stimme im Telefonhörer weiter. Es hört sich an wie das schwadronierende Gerede eines Phantasten, der seinem Zuhörer eine Fiktion einzureden versucht, an die er selber glauben möchte. Natürlich weiß er, daß er lügt. Aber er hat den festen Kontakt zur Realität verloren und schwebt im Bodenlosen seiner Verlassenheit. Während er redet, setzt er darauf, daß Joanie heimkehren wird und bereit ist, weiter mit ihm zu leben. Für diesen Fall braucht er jetzt schon eine harmlose, gesellschaftsfähige Version des Geschehens. Vor allem muß er das unerträgliche Bild des Hahnreis auslöschen, mit dem er nicht leben kann in dieser Gesellschaft rivalisierender Kollegen, in der allein der Erfolg zählt und man niemals eine Schwäche, eine Niederlage zugeben darf. Auch darauf kommt er zu sprechen. New York ist schuld. Die Kälte der Gesellschaft, in der sie leben. Aber das könnte er ja ändern, indem er außerhalb von New York, in Connecticut, ein Haus mit Garten sucht, weil Joanie ja so gerne Blumen mag und »all solche Sachen«, wie er sagt. Das würde ihr doch vielleicht gefallen?

Wem sagt er das? Ist es vielleicht eine Botschaft an Joanie? Ahnt er, daß sie bei Lee ist? Hat er das aus irgendeiner Reaktion Lees erschließen können? Oder ist das reine Phantasie, eine Ausgeburt seiner Angst?

Lee antwortet nicht mehr. Er scheint plötzlich am Ende

seiner Kräfte zu sein, erschöpft durch die hochgradige Unwirklichkeit der Situation. Arthur jedoch redet weiter über seine guten Vorsätze, beruflich und privat alles besser zu machen. Lee kann den Redeschwall nicht mehr ertragen und nur mit Mühe unterbrechen, indem er rasende Kopfschmerzen vorschützt.

»Ich spreche morgen weiter mit Ihnen darüber«, sagt er und legt auf.

Gleich danach will Joanie, die alles mehr oder minder mitbekommen hat, mit ihm sprechen. Aber er antwortet nur, sie solle um Gottes willen still sein. Und sie, die ihm gerade helfen wollte, einen brennenden Zigarettenstummel, der ihm heruntergefallen ist, wiederzufinden, zieht erschrocken ihre Hand zurück. Mit diesem Zurückzucken endet die Erzählung auf dem Höhepunkt der Verwirrung. Die drei Akteure sind auseinandergesprengt. Eine Lösung ihrer Widersprüche ist nicht in Sicht.

Angesichts dieses Desasters kann einem eine lebenskundige Formulierung Gottfried Benns als bedenkenswerte Anmerkung erscheinen: »Gute Regie ist besser als Treue.« Das mag frivol klingen, ist aber kein destruktives Lebensmotto, sondern im Gegenteil Ausdruck einer auf Erfahrung gestützten pragmatischen Denkungsart, die auf die Bewahrung bestehender Lebensordnungen aus ist, indem sie sie durchlässiger für Spontaneität macht. Sie unterstellt, daß gelegentliche Untreue unter Umständen der Erhaltung von Lebenskontinuität besser dienen kann als ein rigoroses Treuegebot, das zwar absolute Sicherheit verspricht, aber immer in Gefahr ist, als erdrückender Zwang erlebt und gewaltsam durchbrochen zu werden, nicht selten in Form einer plötzlichen, schonungslosen Konfrontation des ahnungslosen Partners mit vollendeten Tatsachen. Die von Benn empfohlene ›Gute Regie‹ will solche tragischen Konfrontationen vermeiden. Statt dem Leben durch die Unterdrückung und Disziplinierung abweichender Impulse eine starre Ordnung aufzuzwingen, versucht sie durch klugen Umgang mit den realen Widersprüchen Spielräume für Mannigfaltigkeit und Veränderung offen zu halten, freilich in der domestizierten Form von Kompromissen.

Lee und Joanie ist das nicht geglückt, weil sie sich leichtsinnig in ein Abenteuer gestürzt haben, das eigentlich nicht unentdeckt bleiben konnte. Es war das Gegenteil von Guter Regie, gemeinsam bei einer Party zu verschwinden, wo man sie beide bald schon vermissen mußte, und sich dann noch im gemeinsamen Liebesnest so viel Zeit zu gönnen, daß der Ehemann in Panik geraten mußte. Aber schon die Tatsache, daß Joanie die Frau von Lees jungem Kollegen ist, belastete das Abenteuer von vorneherein mit der Wahrscheinlichkeit skandalöser Konsequenzen. Lee hätte das im eigenen Interesse bedenken müssen. Aber es muß wohl so gewesen sein, daß das Risiko den Reiz gesteigert hat. Jetzt allerdings, da der Skandal unvermeidbar erscheint, versteht er seinen Leichtsinn selbst nicht mehr und möchte am liebsten alles ungeschehen machen, und Joanie, die kurz zuvor noch heißbegehrte junge Frau, die sich hilfesuchend an ihn klammert, verwandelt sich für ihn in eine bedrohliche Fatalität. Ohne sie wäre sein Leben noch in Ordnung, und vielleicht denkt er, es wäre besser, es gäbe sie nicht. Als er sie anfährt, sie solle um Gottes willen still sein, klingt das für sie wie eine Verwünschung. Ihr erschrockenes Zurückzucken und Verstummen zeigt, daß sie die Heftigkeit seiner Ablehnung verstanden hat. Beide erstarren sie in sprachloser einsamer Isolation.

Es ist natürlich nicht Lees verantwortliche, erwachsene Person, die sich so egozentrisch äußert, sondern das ihn im Augenblick überschwemmende Gefühl, in einer Falle zu sitzen, aus der es keinen Ausweg gibt. So wie man ihn kennengelernt hat, kann man als sicher unterstellen, daß er sich gleich wieder vernünftig und verantwortlich zeigen wird. Er ist jemand, der die Dinge in die Hand bekommen möchte.

Doch im Beziehungsgefüge der drei Akteure hat sich etwas verschoben. Am Nachmittag, während der Party, war Arthur, Joanies Ehemann und Lees Kollege, für die beiden voneinander faszinierten Menschen eine störende Figur am Rande, über die sie sich keine nachhaltigen Gedanken machten. Lee, der die Schwächen des jüngeren Kollegen seit längerer Zeit kannte, wird sich schon immer gefragt haben, wieso eine so reizende Frau wie Joanie mit einem Mann wie Arthur verheiratet war. Und es wird ihn kaum überrascht haben, daß das Interesse, mit dem er sie bei den sich gelegentlich ergebenden gesellschaftlichen Anlässen beobachtete, von ihr bald unübersehbar beantwortet wurde. Ja, diese Ehe war wahrscheinlich längst brüchig, ein jugendlicher Irrtum, der nicht mehr lange halten würde, das war es doch, was sie ihm signalisierte. Und was dann plötzlich aus ihr hervorgebrochen war, als er sich ihr im Trubel der großen Party entschlossen genähert hatte, war für ihn eine überwältigende Bestätigung, daß er im Recht war und sie ihn erwartet hatte. Arthur hatte da nicht mehr gezählt. Er war irgendwo im Menschengewühl der Party verschwunden und in ihrem Bewußtsein verblaßt. Bis er sich plötzlich in ihrem Liebesnest am Telefon meldete und es für eine konfliktvermeidende Gute Regie schon zu spät war.

»Lee, habe ich Sie geweckt?«

Schon diese Gesprächseröffnung ist bedrohlich, denn sie kündigt an, daß der Anrufer etwas Schwerwiegendes zu sagen hat. Die Bereitwilligkeit, mit der Lee das Gespräch annimmt, und die Beflissenheit, mit der er es führt, wirken da fast schon wie ein Eingeständnis seiner Schuld. Obwohl die Rang- oder Dominanzordnung der beiden Personen ganz anders aussieht. Denn am Telefon meldet sich ein verwirrter, verängstigter, gedemütigter Ehemann, der den Beistand seines älteren Kollegen sucht. Und der ihm antwortet, ist ein lebenserfahrener, verhandlungskundiger, selbstbewußter Mann, der in der verschwiegenen und mehr oder minder verborgen abgelaufenen sexuellen Konkurrenz der beiden Männer soeben erst einen triumphalen Sieg errungen hat. Im Gespräch scheint sich dieses Verhältnis widerzuspiegeln: auf der einen Seite Konfusion, Hilflosigkeit, Jammern, Selbstentblößung und Sentimentalität, auf der anderen Seite geistesgegenwärtiges, sensibles, rhetorisch geschicktes Reagieren in dem geduldigen Versuch, durch Gute Regie im letzten Augenblick eine Katastrophe zu verhindern. Auch wenn das nicht gelingt, ist klar, wer in dieser Konfrontation der erwachsene, kompetente, überlegene Gesprächspartner ist.

Psychodynamisch aber sieht das anders aus. Lee kann nur reagieren und nur uneigentlich und taktisch sprechen, nie sich offen zur Wahrheit bekennend und zu dem, was er wirklich empfindet und denkt. Arthur dagegen offenbart sich ihm in seinem ganzen Elend, seiner Lebensangst und seiner Trauer, und so ist er es, der das Gespräch immer stärker bestimmt und Lees Selbstsicherheit und Überlegenheit immer mehr erschüttert. Dies ist das eigentliche Drama, das sich abspielt: Lee, der Meister der Distanz, der auch Arthur zur gegebenen Zeit aus seinem Bewußtsein verdrängt hatte, wird genötigt, eine ihn zunehmend belastende Erfahrung mit menschlicher Nähe zu machen und das Unglück des anderen wahrzunehmen. Er sieht ein fortschreitend sich verzerrendes, zerfallendes Gesicht, das sich zum Schluß unter einer Maske von vorgetäuschtem Glück verbirgt. Und dieser verzweifelte Versuch, die eigene Verlassenheit zu leugnen, wird im unausweichlichen Einandergegenüberstehen der beiden Männer zum Augenblick der radikalsten Selbstoffenbarung und des tiefsten komplementären Verstehens. Dieses Verstehen ist wehrlos. Es bedeutet den völligen Verlust der Kontrolle über die Situation. Und endet im Schweigen.

Es bleibt noch hinzuzufügen, daß Salingers Erzählung fast ausschließlich aus dem Dialog und einigen sparsamen szenischen Anmerkungen, hauptsächlich Personenbenennungen, besteht. Das dahinter oder darunter sich abspielende Geschehen aus Gedanken, Gefühlen, wechselseitigen Wahrnehmungen, Antrieben und Motivationen, das ich in einer hypothetischen Version hinzugeschrieben habe, ist der Subtext des geschriebenen Textes.

Einen Text verstehen heißt, seinen verborgenen Subtext in Gedanken mitzulesen. Jeder tut das auf seine Weise aus dem Fonds seiner Vorstellungen und seiner Lebenserfahrung. Geführt vom geschriebenen Text und herausgefordert durch seine Lücken und Dunkelheiten, wird der Leser zum Mitautor. Dabei kann er in vielfältiger Verwandlung und in wechselnden Mischungsverhältnissen von Identifikation und Unterscheidung gelebte oder ungelebte eigene Möglichkeiten entdecken. Er spürt es jedenfalls am Interesse.

# Die Literatur und die Erfahrbarkeit des Lebens

## Zur Verleihung des Ernst-Robert-Curtius-Preises für Essayistik

Meine Damen und Herren,

die Verleihung des Ernst-Robert-Curtius-Preises für Essayistik gilt einer literarischen Gattung, die ich neben den Romanen, Novellen und Erzählungen als den zweiten Hauptstrang meiner literarischen Arbeit betrachte. Nicht daß dieses Neben- und Miteinander geplant gewesen wäre. Planmäßig entstehen keine literarischen Werke. Sie entstehen aus Faszinationen und Gelegenheiten, Herausforderungen und Erprobungen als ein wachsender Zusammenhang, in dem eins das andere hervorbringt. Man schreibt etwas mit begrenzter Perspektive und knüpft später wieder daran an, weil man dazu herausgefordert und befragt wird. Vor allem aber weil sich Ergänzungen und Veränderungen dazu aufdrängen, neue Bezüge, neue Konsequenzen. Und allmählich begreift man, daß man dabei ist, ein eigenes Feld zu bestellen, das zwar an andere Felder angrenzt, aber von ihnen abgegrenzt und gelegentlich auch gegen fremde Gesichtspunkte und Eingriffe verteidigt werden muß, weil es das sichtbar werdende eigene Grundinteresse am Leben und der Literatur ist.

In meinem Verständnis ist ein Schriftsteller nicht jemand, der über Beliebigkeiten schreibt und sich umschaut, was zur Zeit aktuell ist, wenn er ein Thema für sein nächstes Buch sucht. Orientieren wird er sich vielleicht. Aber ich kann von mir sagen, daß es mir schwerfällt, aus bloßem

Informationsinteresse, zum Beipiel, weil allgemein davon die Rede ist, ein Buch zu lesen, das mich nicht wirklich interessiert. Es ist wie schlechte Nahrung, die einem ein Gefühl von Überfüllung gibt, wie verbrauchte, stickige Luft, die man nicht atmen möchte, oder wie abstumpfender, nichtssagender Lärm. Natürlich muß ich manchmal solche Bücher lesen. Aber während ich einen eigenen Text schreibe, lasse ich nichts an mich heran, was mich stören und meine Phantasien verschütten könnte. Die beim Frühstück überflogene Tageszeitung muß in dieser Zeit genügen, um die Außenwelt zu repräsentieren. Ich will ja nicht aus der Welt fliehen. Aber ich will mir einen Raum der Konzentration schaffen, in dem nicht der ständige Wechsel zerstreuter, momentaner Reize dominiert, sondern ein noch undeutlicher, fragmentarischer Erfahrungsprozeß, der Schritt für Schritt sich vertiefend und differenzierend, als entstehender Text seine Gestalt findet und Kenntlichkeit gewinnt, etwa so, wie es John Dewey in seinem für mich wegweisenden Werk »Kunst und Erfahrung« beschrieben hat: Wir machen »eine Erfahrung«, so schreibt er, »wenn das Material, das erfahren worden ist, eine Entwicklung bis hin zu Vollendung durchläuft. Dann, und nur dann, ist es in den Gesamtstrom der Erfahrung eingebettet und darin gleichzeitig von anderen Erfahrungen abgegrenzt. Eine Arbeit wird zufriedenstellend abgeschlossen; ein Problem findet seine Lösung; ein Spiel wird bis zu seinem Ende durchgespielt; eine Situation ist derart abgerundet, daß ihr Abschluß Vollendung und nicht Abbruch bedeutet ... Eine solche Erfahrung bedeutet ein Ganzes, sie besitzt ihre besonderen kennzeichnenden Eigenschaften und eine innere Eigenständigkeit. Sie ist *eine* Erfahrung.«

Das Buch von Dewey erschien 1934. Und die starke Betonung, die er auf die Geschlossenheit und Vollendung eines gestalteten Erfahrungsprozesses legt, wirkt für das gegenwärtige Lebensgefühl schon ein wenig historisch. Man glaubt nicht mehr ohne weiteres an die endgültige und optimale Abschließbarkeit von Erfahrungsprozessen. Die Probleme mögen sich verschieben und verwandeln. Doch die Widersprüche bestehen in anderer Form weiter und setzen sich in neuen Konstellationen fort. Deshalb ist im Unterschied zu einem Abschluß in Vollendung der offene Schluß oder der unabschließbare Fall zur vorherrschenden literarischen Dramaturgie des Endes geworden. Der Abbruch eines Geschehensablaufes durch den Tod einer literarischen Figur steht dazu nicht im Gegensatz, sofern er nicht mit einem Amen endet, sondern gewaltsam und blind als eine offene, nicht heilbare Wunde, eingeprägt ins Bild des Lebens.

Als mir 1960 hier in Bonn im alten Bundeshaus für mein Hörspiel »Der Minotaurus« der Hörspielpreis der Kriegsblinden verliehen wurde, habe ich mich in meiner Dankesrede zum ersten Mal mit diesem Thema befaßt. Das Stück ist ein Zweipersonenstück, in dem sich ein Student und seine schwangere Freundin in zwei nebeneinanderher laufenden Monologen gegen oder für die Geburt des Kindes äußern. Die beiden Gedankengänge führen nicht zu einer Einigung, sondern enden ungelöst im Patt. Damals wurde ich von dem Hörspieldramaturgen des Norddeutschen Rundfunks massiv bedrängt, dem Stück einen eindeutigen und beispielhaften Abschluß zu geben. Das Paar sollte sich einigen, daß das Kind geboren wird. Ich habe mich hartnäckig geweigert, das Stück entsprechend umzuschreiben, auch auf die Gefahr hin, daß es nicht gesendet würde. Denn ich sah mich nicht dazu berechtigt, das Problem normativ und beispielhaft für alle Hörer zu entscheiden. Jeder Hörer, jede Hörerin sollte eine eigene Entscheidung treffen. So wurde das Stück schließlich unkorrigiert gesendet und wurde ein großer Erfolg, weil es ein damals hochaktuelles Problem entfaltete, statt es mit einer einseitigen, autoritären Lösung zum Verschwinden zu bringen.

John Deweys Konzept des vollendeten, abgeschlossenen Erfahrungsprozesses steht übrigens nach meinem Verständnis nicht in einem prinzipiellen Gegensatz zur Dramaturgie des offenen Schlusses. Wenn eine Erzählung oder ein Essay mit einem unauflöslichen Widerspruch enden, kann das im Sinne Deweys durchaus eine auf ihren äußersten Punkt gebrachte, abgeschlossene Erfahrung sein. Die Vollendung, von der er spricht, manifestiert sich in der konsequenten Erschließung und Verdichtung des Themas, durch die sich der Text als etwas Geformtes und Exklusives von der alltäglichen Zerstreutheit unserer Wahrnehmung und dem diffusen allgemeinen Gerede, das uns überall umgibt, wesentlich unterscheidet.

In seinem Essaybuch »Der Gesang der Sirenen« hat Maurice Blanchot die Frage gestellt, was eintreten würde, wenn eines Tages mit dem Tod des letzten Schriftstellers die Literatur aus der Welt verschwände. Allem Anschein nach ein tiefes Schweigen, sagt Blanchot. Um dann dem Gedanken eine überraschende Wendung zu geben. Wenn niemand mehr auf wesentliche Art zu sprechen verstehe, würde ein Mangel an Schweigen herrschen. Schutzlos wären wir dem Geräusch der Welt und der Nichtigkeit eines allgegenwärtigen Geredes ausgeliefert, das mit Werbesprüchen, verstreuten Nachrichten, Internetangeboten, Unterhaltungssendungen, Lebensrezepten, moralischen und hygienischen Botschaften in Talkshows und alltäglichem Small talk überall und jederzeit betäubend über uns hinweggeht wie das leere Rauschen der Meeresbrandung. »Ein Schriftsteller«, sagt Blanchot, »ist ein Mensch, der dieser Rede Schweigen gebietet, und ein literarisches Werk ist für jeden, der einzudringen versteht, ein ergiebiges Weilen in der Stille, eine feste Schutzwehr und eine hohe Mauer gegen diese redende Unermesslichkeit, die auf uns einredet und uns dabei uns selber abwendig macht.«

Das ist eine pathetische Version von John Deweys Beschreibung der in der Abgeschlossenheit eines literarischen Textes verwirklichten und vollendeten Erfahrung. Man muß diesem Idealbild relativierend entgegenhalten, daß auch die Literatur, vor allem in der Geschäftigkeit des Literaturbetriebes, ständig in Gefahr ist, selbst zu einem Teil des leeren Rauschens zu werden. Richtig allerdings ist, daß jemand, der sich mit einem Buch für Stunden oder Tage zurückzieht, um im imaginären Raum eine zusammenhängende und vertiefte Erfahrung zu machen, gegenüber den ständigen Anforderungen und Reizen einer kurzatmigen Gegenwart seine Autonomie beweist. Doch schon die Vorstellung einer solchen Distanzierung scheint vor allem jüngeren Menschen Angst zu machen. Wo auch immer sie sind, bedienen sie sich ihrer Handys, um sich gegenseitig anzurufen, nicht weil sie etwas Wichtiges zu sagen hätten, sondern um durch Zurufe und den Austausch von Floskeln das Gefühl wachzuhalten, sich im Sicherheitsnetz einer Gruppe zu befinden. Ständig mit vielen Leuten in Kontakt zu sein, gilt als pulsierendes Leben. Der Individuationsprozeß einsamen Lesens erscheint als bedrohliche Absonderung und Kontaktverlust und nicht als persönliche Weiterentwicklung in der Wahrnehmung des Lebens.

Ich will mich aber nicht beklagen und nicht in einen wohlfeilen Kulturpessimismus verfallen. Dazu habe ich keinen Anlaß. Es wäre eine große Ungerechtigkeit gegenüber meiner Leserschaft, die von Jahr zu Jahr gewachsen ist und von der ich aus Gesprächen und Briefen weiß, daß viele seit Jahren oder Jahrzehnten beständige Leser meiner Bücher sind. Ich sehe durch sie meine Überzeugung bestätigt, daß ein Autor nicht irgendwelche vermuteten Lesererwartungen bedienen muß, sondern allein seinen Faszinationen folgen soll, im Vertrauen darauf, daß das, was ihn interessiert, auch andere Menschen interessieren wird. Seine Hauptlizenz und sein kreatives Vermögen sind sein eigener Blick. Heute habe ich nun Anlaß, mich bei einer kleinen Gruppe besonderer Leser zu bedanken, nämlich der Jury, die mir den Ernst-Robert-Curtius-Preis zuerkannt hat. Ich habe die Begründung in der Presse gelesen und mich sehr darüber gefreut.

Wenn ich mein Buch über Gottfried Benn dazurechne, habe ich fast fünf Jahrzehnte lang neben meinen anderen literarischen Texten immer wieder Essays oder essayistische Bücher geschrieben. Deshalb erlebe ich die Verleihung des Preises nicht nur als eine literarische Bilanz, sondern auch als eine lebensgeschichtliche. Sie weckt Erinnerungen an innere und äußere Auseinandersetzungen und Arbeitsprozesse, in denen ich mich als Autor finden und behaupten mußte. Und vor allem läßt sie mich auf meine Bonner Studienjahre zurückblicken, die, nach dem Krieg, der Anfang und die Grundlegung eines zweiten, völlig neuen Lebens waren. Als Sie mich anriefen, lieber Thomas Grundmann, und mir mitteilten, daß mir die Jury den Essayistikpreis zugesprochen hatte, habe ich Ihnen, zur Erklärung meiner doppelten Freude, schon von diesen lebensgeschichtlichen Resonanzen erzählt.

Damals, als ich, nach einem halben Jahr Trümmerarbeit auf dem Venusberg, im Sommersemester 1947 mein Studium beginnen konnte, war alles neu für mich, nicht nur das Studium, auch alles, was sonst in überwältigender Gleichzeitigkeit auf mich zukam: die Hauptwerke der literarischen Moderne, die zeitgenössische amerikanische, englische und französische Literatur, die Formenvielfalt der modernen Kunst, der internationale Film, der Jazz und, Augen öffnend für mich, die Philosophie des Existentialismus, vor allem ihr zentraler Gedanke, daß der Mensch seine radikale Freiheit – nicht die Freiheit, die er hat, sondern die er ist – als die Notwendigkeit erfährt, sich immer wieder selbst zu bestimmen und zu entwerfen. Nach dem totalen Zusammenbruch der Nazidiktatur und ihrer bedingungslose Einordnung und Unterordnung fordernden Ideologie war das für mich ein belebender Gedanke. Als ich später, nach dem Zusammenbruch der DDR, einige Autoren klagen hörte, sie hätten ihre Lebensorientierung verloren, habe ich ihnen geantwortet, das sei die beste Voraussetzung für die Menschwerdung.

Das Gewohnte in Frage zu stellen, einen Weg ins Ungebahnte zu wagen, Widersprüche nicht zu vertuschen, Mehrdeutigkeiten interessant zu finden und Ungewißheit auszuhalten, alles das, was zu einer freien und erwachsenen Geisteshaltung gehört, kann man auch als Eigenschaften des essayistischen Denkens bezeichnen. Es ist eng verwandt mit der Fähigkeit, zu improvisieren und sich in schwierigen Situationen zurechtzufinden. Die noch vom Krieg geprägten Studenten der ersten Nachkriegsjahre hatten dafür ein drastisches Training hinter sich.

Bonn war damals im Unterschied zu anderen deutschen Städten, zum Beispiel der Trümmerwüste der Kölner Innenstadt, vergleichsweise heil geblieben. Das hatte für mich etwas Traumhaftes, obwohl oder weil ich als Student längere Zeit in einer Art Besenkammer unter einer Dachschräge lebte. Ich wurde aber in bezug auf Unbehaustheit noch von einem Studenten überboten, der ein ganzes Sommersemester in einer offenen Loggia gewohnt hat. Er ist übrigens ein bekannter Medizinhistoriker geworden. Der reiche Zustrom an neuen geistigen Erfahrungen ließ in mir kein Gefühl des Mangels aufkommen. Im Studium folgte ich allein meinen Interessen, ohne Sorge um die Zukunft. Ich konnte oder mochte mir nicht vorstellen, daß sich das neue freie Leben wieder in Form von Berufslaufbahnen verfestigen würde. Für mich gab es nur die Gegenwart. Ein wesentliches Zukunftselement gab es dann allerdings doch. Ich lernte meine spätere Frau kennen.

Die zeitlich so weit entrückte Bonner Studienzeit erlebe ich inzwischen in wechselseitigen Überblendungen von Ferne und Nähe. Beim Betreten des Hauptgebäudes stellte ich mir heute vor, es ginge als eine schattenhafte Gestalt der Student, der ich damals gewesen bin, vor mir die Treppe hoch, um eine Vorlesung oder ein Seminar vielleicht von Günther Müller, Erich Rothacker, Theodor Litt oder Herbert von Einem zu besuchen. Einmal war es auch eine Vorlesung von Ernst Robert Curtius, bei dem ich allerdings nicht studiert habe. Curtius würzte seinen improvisierten Vortrag mit vielen gelehrten und polemischen Nebenbemerkungen. Es war eine unterhaltsame und imponierende Darbietung von Autorität. Nach meiner Promotion hatte ich einmal Gelegenheit zu einer kurzen Unterhaltung mit ihm und erlebte ihn in einer unerwarteten, doch keineswegs ungefährlich wirkenden Sanftheit. Bildung, dachte ich, ist sein Gehäuse. Da muß man sich ausweisen, wenn man ihn besuchen will. Genaueres weiß ich nicht mehr darüber. Die schattenhafte Gestalt, die vor mir herging, konnte ich nicht fragen, denn sie drehte sich nicht nach mir um. Sie wußte ja nicht, konnte nicht wissen, daß ich ihr folgen würde, schon gar nicht heute, bei diesem festlichen Anlaß.

Wäre sie auskunftsfähig gewesen, hätte ich sie gerne vieles gefragt. Zum Beispiel, was sie, also mich, im vierten oder fünften Semester auf die Idee gebracht hat, ein Referat über Thomas Mann im Stil von Thomas Mann zu schreiben, was einiges Befremden erregte, aber mir auch die Aufmerksamkeit meines künftigen Doktorvaters Wilhelm Schneider einbrachte. War das naive Nachahmungslust oder sollte es eine ironische Ebene der Interpretation darstellen? Die Kurzgeschichten, die ich in den ersten Semestern schrieb – eine Zeitlang jedes Wochenende eine neue –, waren ebenfalls angeregt durch aktuelle Lektüre, zum Beispiel durch Geschichten von Wolfgang Borchert oder von Hemingway. Diesen Vorbildern verdankten sie es wohl, daß einer der vielen kleinen Verlage, die damals entstanden, sich entschloß, daraus ein Buch zu machen. Glücklicherweise ging der Verlag vorher bankrott. So bekam ich Gelegenheit zu der Erkenntnis, daß dies noch nicht mein Anfang war, und verbrannte alles bis dahin Geschriebene. Der eigene, eigentliche, legitime Anfang blieb erst einmal eine Leerstelle meiner Phantasie.

Die Annäherung an das Schreiben essayistischer Texte begann nach dem Abschluß des Studiums. Ich schrieb damals in den fünfziger Jahren, als der Rundfunk mehr als heute für viele Menschen eine bedeutende Bildungseinrichtung war, Features und Nachtprogramme über literarische, philosophische, soziologische Themen, was für mich eine Art zweites Studium war. Ich fand Redakteure, die das als ein produktives Motiv erkannten und mir großzügig Platz in ihren Programmen einräumten. Natürlich waren das meist unter Zeitdruck geschriebene Gebrauchstexte, von denen ich mit meiner Familie leben musste. Das wollte ich nicht unbegrenzte Zeit so weitermachen. Also lieh ich mir Geld und schrieb ein Buch über Gottfried Benn, während das geliehene Geld wie Schnee in der Sonne dahinschmolz. Das Buch, das einen vom Verlag nicht erwarteten kleinen Erfolg hatte, fußte auf meiner Doktorarbeit, war aber sprachlich und durch seinen kritischen Blick auf die Vorlage ein entscheidender Schritt in Richtung Essay.

Die eigene Spur fand ich, als ich wieder mit dem Prosaschreiben begonnen hatte und meiner Art des Schreibens zwischen den damals herrschenden Auffassungen von Literatur einen eigenen Platz verschaffen wollte. Ich hatte nun etwas durchzufechten. Literatur war für mich weder ein Transportmittel für moralische Erziehungsziele oder politische Ideen noch das dazugehörige Gegenteil eines exklusiven, von der Realität abgekoppelten Sprach- und Formenspiels. Beides waren die in den sechziger und siebziger Jahren herrschenden Literaturkonzepte, neben denen nur noch Platz für die triviale Unterhaltungsliteratur blieb. In meinem Verständnis aber war Literatur ein Medium zur Erweiterung und Vertiefung unserer Wahrnehmung des Lebens.

Formelhaft verkürzt ist das der Grundgedanke, aus dem sich parallel zur erzählerischen Prosa und den autobiographischen Büchern mein essayistisches Werk entwickelt hat. Inzwischen glaube ich auch sagen zu können, daß meine Bücher, ob erzählend oder reflektierend, Auseinandersetzungen mit einer historischen Gesamtsituation sind, die das Lebensgefühl vieler heutiger Menschen bestimmt. Es ist das Bewußtsein, in einer komplexen, undurchschaubaren, von Zufällen durchwirkten und von niemandem beherrschbaren, prozeßhaften Welt zu leben. Es gibt in ihr keine für alle verbindliche Zentralperspektive mehr und keine daraus abgeleiteten normativen Verhaltensmuster, sondern nur, in vielerlei Gestalt, das suggestive Gebot, zu versuchen, seine Fähigkeiten zu entfalten und – natürlich im Zusammenhang mit anderen Menschen – sein persönliches Glück zu finden. Da sich in diesem Lebensspiel die verschiedensten Menschen begegnen, ist das eine krisenhafte, illusionsanfällige Situation. Gegenüber ihren intimen Komplikationen haben die großräumigen traditionellen Sinndeutungssysteme der Religion und der Geschichtsphilosophie erheblich an Kompetenz eingebüßt. Die Sprache und die Dramaturgien der Literatur sind ihnen viel besser angemessen.

Darin scheint mir auch der Grund zu liegen für das sich regende neue Interesse an der Literatur. Die Mitglieder der sich überall bildenden Lesekreise, die sich mit spürbarem existentiellen Interesse über Bücher austauschen, sind wache, aufmerksame Menschen, die in den fremden Geschichten die eigene zu erkennen vermögen. Das ist wichtig zur Orientierung in unserer Welt, in der jeder in einem bisher ungekannten Maß darauf angewiesen ist, sich ein immer wieder erneuertes Bild von seiner Umgebung und von sich selbst zu machen. Wir werden nicht mehr an der Leine einer fremden, ordnungsstiftenden Vernunft geführt. Ob es durch mehr oder minder vertrautes oder schwieriges, unübersichtliches Gelände geht: Man muß seinen eigenen Weg suchen. Jeder schreibt, indem er lebt, seine eigene Erzählung und seinen persönlichen Essay.

## Small talk und Konspiration

### Begegnungen in der Zeit der Trennung

Es gibt einen unbedingten Vorrang der Gegenwart, auch im Alter. In mancher Hinsicht sogar gerade dann. Doch es bedarf nur eines kleinen Anstoßes, um wieder zurückzublicken. Plötzlich ist die gelebte Vergangenheit wieder da, oft in unsicherer Bildeinstellung, gleichzeitig als etwas weit Entferntes und in manchen Einzelheiten erstaunlich nah. So erging es mir, als ich in diesen Tagen einen Brief von der Humboldt-Universität aus Berlin erhielt, der mich bat, für ein laufendes Forschungsvorhaben über Begegnungen zwischen Schriftstellern aus der alten Bonner Bundesrepublik und der DDR einen persönlichen Bericht zu schreiben. Daß neben dem soeben geöffneten Brief die aufgeschlagene Tageszeitung mit ihren ganz anderen, aufdringlichen Aktualitäten lag, ließ mich den Abstand zu der völlig anderen Weltsituation von damals ermessen, bestärkte mich aber in der Bereitschaft, die vergangenen Erfahrungen zu rekonstruieren, für dieses Forschungsvorhaben und für mich selbst. Leider habe ich kein Tagebuch geführt, muß mich also ganz auf meine Erinnerung verlassen. Sie ist, was Daten und Namen angeht, lückenhaft. Ich werde mich also auf persönlich wesentliche Eindrücke und Szenen konzentrieren. Nach ihnen ist ja auch gefragt.

Vorausschicken muß ich, daß die DDR-Literatur für mein eigenes Schreiben so gut wie keine Bedeutung gehabt hat. Das gilt mit Einschränkungen aber auch für die gleichzeitige westdeutsche Literatur. Die stärksten Anregungen bekam ich in den 50er und 60er Jahren durch amerikanische und französische Autoren, zum Beispiel durch Faulkner, Camus und die Autoren des Nouveau roman und einige Klassiker der literarischen Moderne. Die beiden letzten Kriegsjahre, die ich noch als Soldat erlebt hatte, waren mir als ein kollektiver Wahnsinn erschienen. So wurde der Existenzialismus als Philosophie der radikalen Selbstbestimmung für mich zu einer spontanen Faszination. Danach entdeckte ich dann die Psychoanalyse und den Marxismus, die in meinem Bewußtsein zum Instrumentarium einer universellen Ideologiekritik zusammenwuchsen. Die individuellen Lebenslügen und die gesellschaftlichen Ideologien waren Verblendungszusammenhänge, die es auf ihre verborgenen Hintergründe aus Ängsten und Machtstreben zu durchschauen galt. Dies schien mir die selbstverständliche Voraussetzung für ein konkretes Leben zu sein.

Befremdet habe ich dann später gesehen, daß sich in der DDR wieder viele Menschen unter Spruchbandparolen und hinter Fahnen in Marschkolonnen einordneten, ohne an dem offen totalitären Charakter solcher Massendemonstrationen Anstoß zu nehmen. Dahinter verbargen sich staatlicher Zwang und gesellschaftlicher Konformitätsdruck, aber wohl auch ein starkes Bedürfnis nach Zugehörigkeit und Perspektive, das die Menschen, darunter auch viele Intellektuelle, dazu verführte, erneut an ein Ziel der Geschichte zu glauben, zu dem man gemeinsam unterwegs war. In einer Greifswalder Dissertation über mein literarisches Werk konnte ich lesen, daß ich zwar ein kritischer, aber zukunftsblinder Autor sei, da ich die im Marxismus analysierten Bewegungsgesetze der Geschichte nicht kannte. Die Doktorandin konnte mit dieser These gerade noch promovieren, bevor mit dem sowjetischen Imperium die längst obsolet gewordene Geschichtstheorie zusammenbrach. Als sie uns zum ersten Mal in Köln besuchte, stand sie spürbar unter einem Kulturschock. Alles war ihr fremd, die Konsumwelt des Westens ebenso wie die Hintergründe und Zusammenhänge meiner Bücher, in die sie sich einzuarbeiten versuchte. Doch es war eine nachhaltige Begegnung, aus der eine dauerhafte Freundschaft entstand. Die Wende hat dieser Beziehung noch mehr Raum gegeben. Karin ist nun stellvertretende Direktorin einer großen Stadtbibliothek.

Für mich war die Wende ein weltgeschichtlich genauso bedeutendes Ereignis wie der Zusammenbruch des Nazireiches, und ich hatte das Glück, es hautnah mitzuerleben. Im Rahmen eines Kulturaustausches zwischen Nordrhein-Westfalen und Sachsen, der von Honecker zunächst genehmigt, dann verboten und von seinem Nachfolger Krenz kurzfristig wieder genehmigt worden war, kam ich gleich nach der Maueröffnung, auf dem Höhepunkt des Umsturzes, nach Leipzig. Die Stadt brodelte vor Erregung. Überall kam ich sofort mit den Menschen ins Gespräch. Die Lesung, zu der ich eingeladen war, verkürzte ich, um mit dem Publikum über das aktuelle Geschehen zu sprechen. Am folgenden Tag nahm ich an einem der revolutionären Gottesdienste in der Nikolaikirche teil, bei dem lauter Bittgebete für eine neue, bessere Zukunft gesprochen wurden. Anschließend zog ich in einer der täglichen Massendemonstrationen um die Innenstadt. Entlang des Zugweges standen in den Fenstern aller Häuser brennende Kerzen. Nur das Haus der Stasizentrale war dunkel. Dort wußte man wohl, daß alles verloren war.

Als einige Zeit danach, bei einer Schriftstellertagung im Literarischen Colloquium Berlin, von einigen DDR-Autoren (zum Beispiel Helga Königsdorf) und westdeutschen Linken (zum Beispiel Hermann Piwitt) der weltanschauliche Orientierungsverlust beklagt wurde, habe ich geantwortet, der Zusammenbruch eines machtgestützten Weltbildes sei die beste Voraussetzung für die eigene Menschwerdung. Das war provozierend formuliert, aber Mut machend gemeint. Es entsprach auch meiner Auffassung von Literatur, die in meinem Verständnis die Wahrnehmung des Lebens erneuern soll. Das setzt Irritationen und in historischen Wendezeiten auch tiefe Krisen der gewohnten Denkschemata voraus. Geschichte – das war auch immer wieder das Zerbröckeln alten Sinns.

Darüber wurde nun viel gesprochen. Ich traf bei Rundfunkgesprächen und verschiedenen literarischen Veranstaltungen, zum Beispiel im Literarischen Colloquium in Berlin, mit Monika Maron, Uwe Kolbe, Heinz Czechowski, Angela Krauß, Volker Braun, Karl Mickel, Thomas Rosenlöcher, Richard Pietraß und Adolf Endler zusammen. Es waren Begegnungen von unterschiedlicher Intensität. Bei einigen kam es zu einem geistigen Austausch über die neue Situation. Andere Gelegenheiten reichten nur zu einem ersten oberflächlichen Kennenlernen. Mit Wolfgang Hilbig hatte ich zwei gemeinsame Leseabende, bei denen ich ihn dem westdeutschen Publikum vorstellte. Später leitete ich zusammen mit Wulf Kirsten im Auftrag des Deutschen Literaturfonds in Darmstadt einen Wochenend-Workshop mit jungen Autoren aus beiden Teilen des wiedervereinigten Landes. Doch, das war inzwischen problemlose Normalität.

Noch mitten in der Wendezeit besuchte ich die Redaktion der im Aufbau-Verlag erscheinenden »Neuen Deutschen Literatur«, der Zeitschrift des Schriftstellerverbandes der DDR. Dabei kam es mit den Redakteuren zu einem Gespräch über den Aufruf »Für unser Land«, mit dem Christa Wolf, Stefan Heym und andere DDR-Autoren für die Erhaltung der deutschen Zweistaatlichkeit geworben hatten. Ich sagte, die Verfasser des Aufrufs hätten einen falschen Titel gewählt. Denn selbstverständlich sei das Gebiet der DDR immer auch mein Land gewesen, und die Mauer, die das Land geteilt habe, sei nicht weniger widersinnig und gewalttätig gewesen als eine Mauer, die Deutschland auf der Höhe der Mainlinie in Nord- und Süddeutschland zerschnitten hätte. Vor allem aber, sagte ich, habe die Mauer zwei Seiten gehabt: »Ihr wart eingesperrt, und wir waren ausgesperrt.«

Diese einfache Feststellung löste Erstaunen aus: »Ach so sehen Sie das!« Mich wiederum wunderte es, daß man es anscheinend anders gesehen hatte. Wie war das möglich? Aus 40 Jahren aufgezwungener Teilung des Landes ließ sich doch keine Legimitation zur Fortsetzung der Teilung ableiten. Ich wiederholte meine These später bei einer PEN-Tagung, diesmal im Widerspruch zu der Auffassung von Günter Grass, der eine Zeitlang in modifizierter Form auch an der Vorstellung einer fortgesetzten Zweistaatlichkeit festgehalten hatte. Damals erhielt ich mehrfach Zustimmung von einigen ehemaligen DDR-Autoren, die zu mir kamen und mir für mein Statement dankten.

Die normative Kraft des Faktischen hatte in den Jahrzehnten vor der Wende schon vor dem Mauerbau eine Mauer in den Köpfen entstehen lassen. Seit der Volksaufstand vom 17. Juni 1953 durch das Eingreifen sowjetischer Panzer niedergeschlagen worden war, schien die Teilung Deutschlands auf unabsehbare Zeit besiegelt. Das war ein Hoffnungsverlust, der eine nie abreißende Flucht durch das noch offengebliebene Nadelöhr Berlin in den Westen auslöste. In den verschiedensten Lebensbereichen lernte ich DDR-Flüchtlinge kennen, unter ihnen auch Autoren wie Uwe Johnson, Fritz J. Raddatz, Helga M. Novak, Erich

Loest, Gerhard Zwerenz, Walter Kempowski, Reiner Kunze, Günter Kunert, Hartmut Lange und Hans Joachim Schädlich. Auch Ernst Bloch und Hans Mayer, die ich bei Tagungen der Gruppe 47 kennenlernte, waren in den Westen gekommen. Über Ernst Bloch und ebenso über Georg Lukács hatte ich nach dem Studium Aufsätze und Rundfunkarbeiten geschrieben, bevor ich ein Buch über Gottfried Benn schrieb, das Joseph Caspar Witsch, den Verleger und Eigentümer von »Kiepenheuer & Witsch«, veranlaßte, mich als Lektor für die deutsche Literatur in seinen Verlag zu holen. Witsch war Bibliotheksdirekter in Jena gewesen und hatte unter dem Druck der sowjetischen Kulturpolitik mit Gustav Kiepenheuer verabredet, in Köln einen westlichen Ableger des in Weimar ansässigen Gustav Kiepenheuer Verlages zu gründen. Zwei Drittel der leitenden Angestellten des Kölner Verlages stammten aus dem damals noch in hartnäckiger Sprachregelung als Sowjetische Besatzungszone bezeichneten Deutschland östlich der Elbe, als ich 1959 das Deutsche Lektorat übernahm. Carola Stern, die kurz nach mir in den Verlag kam, leitete das politische Lektorat, Jürgen Rühle, ein ehemaliger Mitarbeiter des Ostberliner »Sonntag«, wurde mir als Assistent zugeteilt. Es gab auch einen »Verlag für Politik und Zeitgeschichte«, der dem Verlag »Kiepenheuer & Witsch« assoziiert und längere Zeit im selben Haus untergebracht war. Dort erschien das sogenannte »SBZ-Archiv«, ein monatliches Periodikum mit Berichten und Analysen über die Vorgänge und Zustände in der DDR, die im Titel immer noch als Sowjetische Besatzungszone bezeichnet wurde. Was niemand wußte: Wir hatten auch einen unerkannten Stasispitzel im Haus, der das Archiv betreute. Als er Jahre später plötzlich verschwand, ging uns ein Licht auf. Vieles hatte sich im Verlag verändert, und vielleicht hatte man ihn deshalb abberufen. Er hat sich, glaube ich, bei uns wohl gefühlt und, vermutlich aus innerem Zwiespalt, auch einmal einen Selbstmordversuch gemacht. Wir haben nach seinem Verschwinden nie wieder etwas von ihm gehört.

Verglichen mit den ereignisreichen Wendezeiten Ende der achtziger, Anfang der neunziger Jahre, blieben in den Jahrzehnten des kalten Krieges, aber auch während der durch den Mauerbau stabilisierten Koexistenz meine Begegnungen mit Autoren aus der DDR bis auf zwei bedeutende Ausnahmen selten und verliefen in der Regel enttäuschend. Ich habe zum Beispiel Mitte der sechziger Jahre an einem Autorentreffen in Weimar teilgenommen, an das ich mich nur lückenhaft erinnere. Die Namen der meisten Teilnehmer habe ich vergessen. Zur bundesdeutschen Delegation zählten Günter Grass, Hans Magnus Enzensberger und Gabriele Wohmann, auf seiten der DDR nahmen meiner Erinnerung nach Hermann Kant und Erik Neutsch an der Tagung teil, außerdem Klaus Gysi, der damalige Kulturminister der DDR. Die Diskussion war unfruchtbar: ein gegenseitiges Abgrenzen.

Anläßlich des internationalen PEN-Kongresses von 1986 in Hamburg ging ich zu einem Empfang für die Kongreßteilnehmer im Haus von Fritz J. Raddatz, damals Leiter des Literaturblattes der ZEIT. Unter den Gästen befanden sich auch Stefan Heym, Stephan Hermlin und Heiner Müller und aus den USA Susan Sontag. Ich hatte gerade eine neue Inszenierung eines Stücks von Heiner Müller gesehen und sprach ihn darauf an, merkte aber gleich, daß er nicht bereit war, über einen unverfänglichen Small talk hinauszugehen. Das verstand ich zwar, aber es begrenzte mein Interesse an dem Gespräch. Worüber, außer über Trivialitäten und Anekdotisches, konnte man sich überhaupt austauschen? Es schien nur noch zwei Kommunikationsformen zu geben: das unverbindliche Geplauder und die

Konspiration. Das war auch nicht anders, als ich im Frühjahr 1988 im Wissenschaftskolleg in Berlin-Grunewald bei einer Diskussion über die literarische Moderne, an der auch Hans Magnus Enzensberger und Adolf Muschg teilnahmen, wieder mit Heiner Müller zusammentraf. Die intellektuelle Diskussion war ausgedörrt und formalisiert und wurde von Müller zum größten Teil durch autobiographische Anekdoten ersetzt.

Das hatte gewiß persönliche Gründe. Aber es gab auch grundsätzliche Schwierigkeiten, die aus Unsicherheiten bei der gegenseitigen Einschätzung entstanden. Wer war das Gegenüber? Was waren seine Bindungen, seine Motivationen? Ich fragte mich das manchmal angesichts der schwer durchschaubaren Position einiger prominenter DDR-Autoren. Heiner Müller, Christa Wolf, Stefan Heym, Stephan Hermlin und viele andere waren Stars ihrer Gesellschaft und genossen nicht nur bedeutende Privilegien, sondern offensichtlich auch eine Art Standortvorteil. Daß sie in der DDR lebten und den Ruf autonomer Autoren hatten, machte sie für die DDR nützlich und für den Westen besonders interessant. Wie sollte man das verstehen? Wie waren da die Loyalitäten gelagert? Wie war das Verhältnis von unvermeidlicher Anpassung und Unabhängigkeit? Konnte man ihre Texte ohne diese Hintergründe richtig beurteilen, oder war das eine Naivität? Wie auch immer man das zu verstehen glaubte, es blieb ein Rest unauflösbarer Unsicherheit, den man nur pragmatisch beantworten konnte, indem man bei Begegnungen einfach darüber hinwegging und eine Kollegialität auf Kredit pflegte. Gelegenheiten zu einem offenen privaten Gespräch gab es eigentlich kaum, wenn man nicht seit langem miteinander vertraut war. Einmal hatte ich einen kurzen Briefwechsel mit Rainer und Sarah Kirsch, bei dem es um eng begrenzte praktische Themen ging.

Klarer, eindeutiger, weil offen kontrovers, so dachte ich, könne vielleicht ein Gespräch mit einem Repräsentanten der DDR sein, wenn es denn zustande käme. Aber warum sollte sich jemand, der sich seiner Sache sicher war, nicht auf ein offenes Gespräch einlassen? Es mußte doch für einen solchen Menschen interessant sein, die Argumente und Konzepte eines ideologischen Gegners kennenzulernen, um seine eigenen Argumente in einer sachlich geführten Auseinandersetzung zu schärfen. Mich jedenfalls hätte das interessiert. Ich kam auf diese Idee, als Hermann Kant, damals Präsident des Schriftstellerverbandes der DDR, Abgeordneter der Volkskammer und wohl auch schon Mitglied des Zentralkomitees der SED, eine Lesereise durch die Bundesrepublik machte und auch nach Köln kam. Ich kannte ihn nicht persönlich, doch ich kannte seine Biographie und seinen politischen Werdegang, der eine gewisse Logik hatte, sich aber von meiner Lebensgeschichte markant unterschied. Immerhin gab es da auch gemeinsame Generationserfahrungen, denn er war knapp ein Jahr jünger als ich. Und wir hatten dieselbe russische Übersetzerin: Eugenia Kazewa, die auch die Übersetzerin von Heinrich Böll und Max Frisch war. Das war vielleicht ein Anknüpfungspunkt. Daß Kant für alle DDR-Flüchtlinge eine verhaßte Person war, wußte ich natürlich. Doch das verschärfte mein Erkenntnisinteresse, denn wir lebten ja in einer gespaltenen, gegensätzlichen Welt, und davon wollte ich mir ein individuelleres und genaueres Bild machen.

Die Lesung und die anschließende Diskussion hätten mich allerdings warnen müssen. Kant las eine groteske Geschichte über Ordensproduktion und Ordensverleihungen, die den sozialistischen Alltag in eine humoristische Beleuchtung rückte. In Nahsicht schilderte er komische menschliche Abwegigkeiten, die auf schmunzelndes

Kopfschütteln zielten, und warb damit indirekt für das gesellschaftliche System, das solche verqueren kleinen Unzulänglichkeiten gewissermaßen als Nebenprodukte in sich barg, aber nicht davon betroffen war. Es war das klassische Verschleierungsmanöver des versöhnlichen Humors. Im karnevalistisch geschulten Kölner Publikum gab es einige Lacher.

Anschließend wurden auch kritische Fragen gestellt, die Kant formelhaft, mit routinierter Geläufigkeit beantwortete, um dann seinen Auftritt mit dem Signieren einiger Bücher rasch zu beenden. Als ich ihn danach begrüßte und auf ein Glas Wein in meine Wohnung einlud, geriet er offensichtlich einen Moment in Verlegenheit. Dann sagte er, es tue ihm sehr leid, das gehe nicht: »Wir gehen gleich ins Hotel.« Dieses »Wir« verstand ich erst mit Verzögerung. Er war nicht allein, sondern reiste mit einer Bodyguard, die ihn bewachte und wohl auch kontrollierte. Davon konnte er sich nicht absetzen. Sie sahen sich hier im feindlichen Ausland und befolgten strikte, ich nehme an ungeschriebene Regeln, wie man sich in dieser Situation zu verhalten habe.

Ich hatte auch zwei völlig andere Begegnungen. Beide waren über den Verlag vermittelt. In der ersten Hälfte der sechziger Jahre lernte ich Erich Arendt und seine Frau Katja Hayek-Arendt kennen. Arendt, ein Lyriker mit expressionistischen Anfängen in Waldens »Sturm« und berühmter Übersetzer der Gedichte von Neruda, Alberti und Gullien, war ein idealistischer Altkommunist. Er war 1933 in die Schweiz emigriert, hatte auf kommunistischer Seite am Spanischen Bürgerkrieg teilgenommen und war dann zusammen mit seiner Frau nach Kolumbien gegangen, wo sie schwierige Jahre durchzustehen hatten. 1950 kehrte das Ehepaar nach Deutschland in die ein Jahr zuvor gegründete DDR zurück und bezog eine Wohnung in Berlin-Treptow. Arendt wurde hochgeehrt, erhielt einen Staatspreis und genoß viele Privilegien, zum Beispiel unbeschränkte Reisefreiheit. Wir hatten durch Fritz Raddatz, der ihn aus der frühen DDR-Zeit kannte, voneinander gehört, und eines Tages besuchte mich Arendt in Köln. Ich lernte ihn als einen lebhaften, emotionalen Menschen von Anfang 60 kennen, der nichts Doktrinäres an sich hatte und von einer jugendlich wirkenden Begeisterungsfähigkeit war. Wir sprachen sozusagen über alles, faßten aber auch den Plan zur literarischen Zusammenarbeit. Arendt schlug vor, das lyrische Werk von Miguel Hernández, einem Freund von Garcia Lorca, zusammen mit seiner Frau zu übersetzen und im Verlag Kiepenheuer & Witsch herauszubringen. Als er zwei Tage später abreiste, hatte er einen Verlagsvertrag und den vereinbarten Vorschuß in der Tasche.

Es dauerte ungefähr zwei Jahre, bis wir uns zur Endredaktion des Manuskripts trafen; diesmal in seiner Wohnung in Berlin-Treptow. Meine Frau war mitgereist, weil sie Frau Arendt kennenlernen wollte, die mit ihrem Mann die schweren Emigrationsjahre so tapfer wie einfallsreich durchgestanden hatte und auch als Übersetzerin eine wichtige Mitarbeiterin für ihn war. Doch wir trafen eine verbitterte und verzweifelte Frau und einen verstört und besessen wirkenden alten Mann an, der sich kaum auf die Schlußredaktion des Buches konzentrieren konnte und danach geradezu panisch das Haus verließ. Erich Arendt war in leidenschaftlicher Liebe zu einer wesentlich jüngeren Frau entbrannt, die an diesem Tag wie jeden Tag seit Stunden auf ihn wartete. Auf seinen Wunsch begleitete ich ihn noch ein Stück; und er beklagte sich bei mir darüber, daß seine Frau nicht bereit sei, seine Leidenschaft zu akzeptieren. Meine Frau blieb indessen bei seiner verzweifelten Frau, die ihre Verbitterung und ihren Haß vor ihr ausbreitete. Es war für uns beide ein erschütterndes Erlebnis anzusehen, wie ein so vielfach begründetes und bewährtes Lebensbündnis zerbrach. Das Buch erschien und trug immer noch beide Namen auf dem Titelblatt. Es war der Epitaph der jahrzehntelangen Zusammenarbeit des Paares.

Drei oder vier Jahre später Jahre später hatte ich eine Lesung an der Universität Utrecht vor einem germanistischen Publikum. Nach dem Ende der Veranstaltung wurde ich von einer Gruppe deutscher Studenten in Beschlag genommen, die alle erklärte Kriegsdienstverweigerer waren und in einer Kommune zusammenlebten. Unter der Ankündigung, sie hätten eine Überraschung für mich, nahmen sie mich mit in ihr Haus. Die Überraschung war Erich Arendt, der mir freudestrahlend um den Hals fiel. Er war in Begleitung seiner neuen, jungen Lebensgefährtin, deren Anblick mir das Geheimnis seiner offenbar immer noch heftigen Verliebtheit nicht erschloß. Aber er war ein glücklicher alter Mann. In der Kommune wurde er verehrt. Die Studenten sahen in ihm einen Überlebenden der heroischen Epoche des Kommunismus. Er genoß das, doch es war nur noch eine angenehme Beiläufigkeit für ihn. Wichtig war für ihn vor allem das geworden, was alle Dogmatiker der gesellschaftlichen Verpflichtung des Menschen immer als das bloß Private bezeichnet haben.

Das andere west-östliche Gespräch, das eine wesentliche Erfahrung für mich wurde, fand ungefähr zehn Jahre nach meiner ersten Begegnung mit Erich Arendt in Ostberlin statt. Wolf Biermann, mein Gesprächspartner, war mehr als eine Generation jünger als Arendt, doch von seiner Herkunft her ebenfalls ein idealistischer, utopistischer Kommunist. Ein Jahr nach Arendts Heimkehr aus Kolumbien war auch Wolf Biermann von seiner Heimatstadt Hamburg nach Berlin in die immer noch junge DDR gezogen. Dort aber war er aus mangelnder Kompromiß- und Resignationsbereitschaft allmählich zu einem Außenseiter und scharfen Kritiker der Herrschaftspraxis und der alltäglichen Dumpfheit des real existierenden Sozialismus geworden. Inzwischen lebte er politisch isoliert und bespitzelt in einem ideologischen Niemandsland. Ich besuchte ihn, um ihm den Vorschlag zu machen, im Verlag Kiepenheuer & Witsch eine Ausgabe seiner durch ein Auftrittsverbot unterdrückten Liedertexte herauszubringen. Texte im Westen zu veröffentlichen, war inzwischen eine geduldete und oft geübte Praxis geworden, weil das devisenschwache DDR-Regime dabei an den Lizenzgebühren mitverdiente. Doch die kritische Sprengkraft von Biermanns Liedertexten machten das Unternehmen zu einem Sonderfall.

Ich reiste auch diesmal zusammen mit meiner Frau, weil das dem Besuch einen privateren Anstrich gab. Aber auch, weil Berlin für uns beide ein lebensgeschichtliches Gelände voller Erinnerungen war. Diesmal besuchten wir, weil wir noch Zeit hatten, den Dorotheenstädtischen Friedhof in der Chausseestraße ganz in der Nahe von Biermanns Wohnung, wo Hegel und Brecht und viele andere Berühmtheiten begraben sind. Als Wolf Biermann uns empfing und in sein Wohnzimmer führte, war noch ein anderer Besucher da, den ich flüchtig kannte: Günter Gaus, der damals die offizielle Vertretung der Bundesrepublik in Ostberlin leitete. Ich konnte schlecht einschätzen, in welcher Kommunikationssituation zwischen Small talk und Konspiration ich mich befand und ob Günter Gaus ein zufälliger Besucher war oder auf Wunsch von Wolf Biermann dazugekommen war, um unser Zusammentreffen durch seine Präsenz abzusichern. Er blieb jedenfalls. Wir unterhielten uns eine Weile, und dann holte Biermann seine Gitarre und sang mit ungeheurer Verve die »Ballade vom preußischen Ikarus« und viele andere Lieder aus den letzten und früheren Jahren, zum Beispiel die Peter Huchel gewidmete »Ermutigung«, das Zorn- und Verachtungslied mit dem Strophe für Strophe wiederkehrenden Ausruf »aah – ja!«, das die Spießer und Nutznießer, die Selbstbetrüger und angepaßten Parteigänger in Ost und West demaskierte. Und nach dem Hinweis, daß seine ganze Wohnung mit versteckten Mikrofonen verwanzt sei und er rund um die Uhr abgehört werde, sang er, extra angekündigt für die stillen Lauscher, die ironische »Stasi-Ballade«.

Aufgewühlt hat mich vor allem ein Lied, das vor dem fernen Leuchten des Prager Frühlings die Friedhofsruhe schilderte, die über der DDR lag. »Das Land ist still. Wie Grabsteine stehen die Häuser«. Das hatte man sofort vor Augen. Nach der Niederschlagung der Prager Reformbewegung durch die Armeen des Warschauer Paktes hatte sich die Friedhofsstille über alle Länder des Ostblocks gelegt. Und während Wolf Biermann sang, erschien mir dieser Gesang als die noch nicht ausgetretene, weiterschwelende Glut des Widerstandes. Das Lied baute fortschreitend eine zerreißende Spannung in sich auf, weil dem erst bedrückt, dann aber mit zunehmender Ungeduld und Empörung gesungenen Satz »Das Land ist still« ein immer wilder, immer trotziger geschrieenes »Noch« entgegengestellt wurde, das am Ende den heimlichen Lauschern in den Abhörräumen der Stasi wie die Ankündigung einer Revolte in den Ohren geklungen haben muß. Ich bewunderte die Kühnheit dieser Darbietung, die unüberhörbar die Konfrontation mit der schweigenden, schweigend anwesenden staatlichen Macht herausforderte. Was mich jedoch noch mehr faszinierte, war die Leidenschaftlichkeit des Vortrags, die die Dramaturgie einer künstlerischen Klimax weit überschritt und mir den Eindruck vermittelte, daß der Sänger mehr und mehr von dem Gefühl erfüllt wurde, er könne allein durch die Intensität seines Gesanges der revolutionären Beschwörung des Textes eine unaufhaltsame Kraft verleihen.

Das war grundsätzlich nicht falsch. Emotionen sind wirkende Kräfte, und mutig formulierte und öffentlich gemachte Perspektiven gehen auf verschlungenen Wegen als neue Denkmöglichkeiten in die Geschichte ein. Die Stasi rechnete jedenfalls damit. Deshalb horchte sie die Gesellschaft ständig nach abweichenden und bedrohlichen Gedanken ab. Ich erlebte es als eine Bestätigung der belebenden Phantasie des Liedes, daß der Funke auf mich übersprang und meine resignative Überzeugung, daß die Teilung der Welt in zwei hochgerüstete Machtblöcke auf unabsehbare Zeit zementiert sei, von dem Gedanken unterlaufen wurde, daß es in der Geschichte nichts Unveränderliches gebe und die Zukunft unvorhersehbar sei.

Als dann im Oktober 1989 die Mauer geöffnet wurde und das ehemalige stalinistische Imperium wie ein Kartenhaus zusammenfiel, vollzog sich der historische Umsturz so schnell und so tiefgreifend, wie es sich wohl niemand hatte träumen lassen, auch Wolf Biermann nicht. Aber als ich kurz nach dem 40. nur noch kulissenhaft gefeierten Jahrestag der DDR bei den Leipziger Massendemonstrationen die Spottverse auf das zusammenbrechende Regime hörte und riesige Sprechchöre »Wir sind das Volk!« und auch schon »Wir sind ein Volk!« riefen, erinnerte ich mich an Wolf Biermanns leidenschaftliche, eine Veränderung herbeibeschwörende Zeile »Das Land ist still. Noch!«, die damals utopisch geklungen hatte und nun auf einmal eingelöst und phantastisch überboten wurde.

Kurz nach dem denkwürdigen ersten Besuch in Biermanns Wohnung bin ich ein zweites Mal nach Ostberlin gefahren, um Wolf Biermann den unterschriebenen Verlagsvertrag zu bringen. Er war damals krank und lag in der Charité. Aber er hatte ein Einzelzimmer, und wir konnten unbefangen miteinander reden. Das nächste Mal sahen wir uns dann in Köln bei seinem aufsehenerregenden Konzert, auf das die Regierung der DDR mit seiner Ausbürgerung reagierte. Sie gab mit diesem scheinbaren Kraftakt zu erkennen, wie schwach sie sich fühlte. Es kam zu neuen Protesten und inneren Abspaltungen. Es war der Anfang vom Ende.

# Der riskante Beruf des Schriftstellers

Für mich ist das Schreiben von Romanen, Erzählungen, Gedichten und Essays ein lebenslanger Erkenntnisprozeß, der eine Umwandlung und Vertiefung der realen Lebenserfahrungen darstellt, sozusagen ihre zweite, reflexive Stufe. »Schreiben heißt, sein Leben vor sich hinstellen.« Ich erinnere mich im Augenblick nicht, von wem dieser Satz stammt. Aber er hat überpersönliche Gültigkeit. Deshalb mag ich jetzt nicht auf ihn verzichten. Man darf ihn nur nicht ausschließlich autobiographisch verstehen.

Dazu möchte ich eine Bemerkung Gottfried Benns aus einem Brief vom Juli 1949 zitieren: »Kein Satz, kein wirklicher Satz kommt zustande, wenn nicht hinter ihm das ganze Pathos und das ganze innere Leiden der Persönlichkeit steht.« Er fügt hinzu: »Meine ärztliche Praxis … gibt mir die äußere Möglichkeit, dem inneren Gesetz zu leben.« Radikalität der Erfahrung und soziale Unabhängigkeit bedingen sich gegenseitig. Das ist eine Maxime, die für Benns Lebenshaltung und sein Verständnis von Literatur immer schon charakteristisch war, aber sich durch seine Isolation während der Nazizeit und in den ersten Nachkriegsjahren noch schärfer ausgeprägt hat. Als ihm dann in seinen letzten Lebensjahren ein später Ruhm zuteil wurde, hat er die plötzliche Zustimmung und Bewunderung zwar genossen, aber das Postulat der Distanz als Bedingung des Schreibens nicht aufgegeben. Jüngeren Autoren hat er den lebensgeschichtlichen Rat erteilt, »spät zu den Banketten« zu gehen.

Natürlich lassen sich mühelos viele andere, bedeutend dramatischere Beispiele für den unbändigen Willen junger Schriftsteller zitieren, die bereit waren, für die Verwirklichung ihres Lebenstraums, ohne fremde Hilfe zu erwarten, alle Härten des Daseins auf sich zu nehmen, und am Ende gestärkt, mit einer unschätzbar neuen Erfahrung bereichert, daraus hervorgingen. So zum Beispiel der junge Hamsun, der versuchte, vom Verkauf kleiner Texte an Zeitungen zu leben, und dabei in ein Hungerdelirium geriet, aus dem er sich vor seinem endgültigen Zusammenbruch rettete, indem er sich nach Amerika einschiffte und einige Zeit in Chicago als Straßenbahnschaffner arbeitete. Oder der junge William Faulkner, der im Heizwerk der Universität Nachtdienst machte und in den Arbeitspausen auf einer umgedrehten Schubkarre an seinem Roman »Schall und Wahn« schrieb, der ihn berühmt machte. Mag sein – denn Faulkner neigte zu phantastischen Übertreibungen –, daß das Motiv der Schubkarre als Schreibunterlage eine Ausschmückung ist. Aber auch als Selbstmythisierung beeindruckte mich diese Szene. Denn ich war durch Krieg, Gefangenschaft und die Hungerjahre der ersten Nachkriegszeit auf Widerstände und Entbehrungen vorbereitet und hatte mich durch das zentrale Diktum der existenzialistischen Philosophie, daß der Mensch sich und seine eigene Notwendigkeit selbst erschaffen muß, auf einen langen, umwegreichen Durchsetzungskampf eingestellt.

Dessen Etappen werde ich jetzt allerdings nicht erzählen, denn ich wollte nur den lebensgeschichtlichen Hintergrund meines Befremdens, vielleicht auch meines historischen Unverständnisses, andeuten, das mich befiel, als ich Dieter M. Gräfs Klage über die mangelnde Förderung seiner literarischen Arbeit las. Jahre zuvor, auf einem vom Literaturhaus organisierten Flug nach Kopenhagen, wo wir im Goethe-Institut lesen sollten, hatten wir uns schon einmal darüber unterhalten. Wir saßen im Flugzeug nebeneinander, und auf meine Frage erzählte er mir, daß er Gedichte schreibe und seit Jahren ohne nennenswerte andere Einkünfte von Stipendien lebe. Ich fand die Selbstverständlichkeit, mit der er hinnahm und erwartete, daß die Gesellschaft ihn langfristig von der Grundvorsorge für sein Leben entlastete, damit er ungestört von allen sonstigen Herausforderungen und Sorgen Gedichte schreiben konnte, ziemlich merkwürdig. War das nicht eine völlig sterile, künstliche Situation, die irgendwann zu Inhaltsverlust, Manierismus und allmählichem Stillstand führen mußte?

Wir diskutierten das damals nicht aus, denn ich wollte ihn auf dieser gemeinsamen Leserreise nicht mit meinen Zweifeln und Einwänden bedrängen. Aber als ich jetzt seinen Beitrag in der Zeitung las, in dem er sich über mangelnde Förderung seiner Arbeit beklagte und seinen Weggang aus der Stadt ankündigte, da wurde mir schlagartig klar, daß sein schmalspuriges Lebens- und Schreibkonzept in die absehbare Krise geraten war. Ich erkundigte mich und stellte fest, daß er zwölf Jahre lang regelmäßig Literaturpreise und Stipendien erhalten hatte, darunter auch Aufenthalte in der Villa Massimo in Rom, der Villa Aurora in Pacific Palisades in Los Angeles, die ehemals Thomas Mann, dann Lion Feuchtwanger gehört hat, ferner im Hawthornden Castle in Schottland und in der Writers Residence der Deutschen Festspiele in Indien, sämtlich prominente Adressen. In diesen zwölf Jahren veröffentlichte er vier Bändchen mit Gedichten, in denen das technische Verfahren der Montage und Überblendung von Fetzen eines vorgefundenen Sprachmaterials, also das spielerisch Machbare, über den poetischen Ausdruck dominiert. Es ist ein literarisches Konzept, das man nicht beliebig oft wiederholen kann, ohne daß der Eindruck von Stagnation entsteht. Ich nehme an, es ist ein Teil der Krise des Autors, daß er ein Gefühl dafür hat. Aber darüber müßte man textbezogen mit ihm diskutieren.

Was mich jetzt interessiert, sind die exemplarischen Aspekte des Falls, sein Signalcharakter, der einen dramatischen Wandel anzeigt: die Überhitzung des literarischen Marktes. Wenn ich an meine eigenen literarischen Anfänge in den 50er und 60er Jahren denke und sie mit der heutigen Situation vergleiche, dann fällt mir vor allem auf, daß es heute viel mehr Schriftsteller gibt als damals: Ich schätze mindestens dreimal, wenn nicht fünfmal so viele. Wenn der jährliche Klagenfurter Lesewettbewerb stattfindet, tauchen regelmäßig zahlreiche neue Namen auf und finden sich bald darauf in den Verlagsprogrammen wieder, angekündigt in einer Werberhetorik, die lauter großartige Versprechungen macht. Man könnte glauben, in einer Blütezeit der Literatur zu leben. Es ist aber vor allem ein verschärfter Wettbewerb der Verlage und Medienkonzerne, die ihre Bestsellergewinne mehr oder minder auf gut Glück in neue Namen und Projekte investieren, um ihre Präsenz auf dem Markt zu sichern.

Stimmungsmäßig angeheizt und wirtschaftlich gestützt wird diese Produktivitätssteigerung durch ein ständig gewachsenes, weitverzweigtes Netz von Förderpreisen und Stipendien, Workshops und kulturellen Festivals, die den Verlagen einen beträchtlichen Teil ihrer Sorge um die Promotion der Autoren und deren finanzielle Unterstützung abnehmen, durchaus in der Absicht, ein lebendiges literarisches Leben zu fördern, aber letzten Endes auf Widerruf.

In der Regel werden Förderpreise bis zum Alter von etwa 40 oder 45 Jahren verliehen, danach folgen die Literaturpreise für anerkannte literarische Lebenswerke oder herausragende Einzelwerke. Aber diese Schwelle wird natürlich nicht von jedem bis dahin geförderten Autor überschritten. So wird es für manche, die jahrelang in der Illusion und den Gewohnheiten ihrer Etabliertheit gelebt haben, ein böses, meist lautloses Erwachen geben, vor allem dann, wenn auch ihr Verlag zu dem Schluß kommt, daß die Zukunftserwartungen, in die man investiert hat, sich ökonomisch oder literarisch oder auf allen Ebenen als Fehleinschätzungen erwiesen haben. Für den Autor kann das eine Katastrophe sein. Er wird aus seinem Lebenskonzept hinausgeworfen, ohne daß ein anderes in Sicht ist. Eine Abfindung hat er nicht zu erwarten. Denn er hat, verführt durch die utopische Aura der Literatur, einen der risikoreichsten Lebenswege gewählt.

Das einzige, was jedem einzelnen helfen kann, ist allerdings das Anspruchsvollste, nämlich Bücher zu schreiben, in denen sich die Zeit erkennt. Dabei herrschen allerdings andere Wichtigkeiten, andere Bedingungen. Vor allem eine Distanz zu allem, was die Konzentration stören könnte. Der Literaturbetrieb ist zwar eine Welt für sich, aber nicht die Welt.

# Was war, was ist

## Erinnerungen an den 2. Weltkrieg

### Vortrag bei der Jahresversammlung der Kölnischen Gesellschaft für christlich-jüdische Zusammenarbeit

Meine Damen und Herren,

das Motto der heutigen Veranstaltung »Prüfet alles, das Gute behaltet« fordert uns zu umfassender persönlicher und historischer Erinnerung auf. Es versteht diese Erinnerung als einen Akt der Revision und der Erneuerung vor dem Hintergrund eines Scheiterns. In der Aufforderung, »alles« zu prüfen, steckt ein radikaler Anspruch, der sich sowohl an einzelne als auch an »alle« wendet. Denn »Die Erinnerung« ist gespalten in unzählige persönliche Erinnerungen, und so kann sich das Ganze, das zur Überprüfung ansteht, nur aus vielen einzelnen Erzählungen zusammensetzen. Der utopische Treffpunkt aller Erzählungen wäre ihre Vereinigung in gegenseitigem Verstehen. Ich möchte dazu durch die Erzählung eigener Erfahrungen einen Beitrag leisten.

In diesem Jahr ist es 60 Jahre her, daß der 2. Weltkrieg, der größte und verheerendste Krieg der Geschichte, offiziell beendet wurde. Die Kampfhandlungen wurden eingestellt, die Folgen jedoch dauerten an. So wie die Welt jetzt aussieht – territorial, politisch, soziologisch, psychologisch und ideologisch –, ist sie entscheidend von diesem Krieg geprägt. Eigentlich sind 60 Jahre ja kein traditioneller Jubiläumsabstand wie 50 Jahre. Aber ich habe den Eindruck, daß der 2. Weltkrieg in den Medien in diesem Jahr eine noch größere Präsenz gefunden hat als zehn Jahre vorher. Dafür mag es viele verschiedene Gründe geben. Einer, der sich mir aufdrängt und den Eifer der Programmgestalter, vor allem des Fernsehens, erklärbar macht, ist die Tatsache, daß dies der letzte sich anbietende Jubiläumstermin ist, bei dem noch überlebende Zeitzeugen für Befragungen und Gespräche zur Verfügung stehen. Ich zum Beispiel, der ich beim Beginn des Krieges 13 und an seinem Ende 19 Jahre alt war, werde 80 Jahre in diesem Jahr. Der annähernd sechs Jahre dauernde Krieg, an dem ich noch etwa zwei Jahre als Soldat teilgenommen habe, war die Zeit meines allmählichen und natürlich noch höchst rudimentären Erwachsenwerdens. Es begann in der Zeit der deutschen Blitzkriege mit pubertären Phantasien der Teilnahme an nationaler Grandiosität und kristallisierte sich nach vielen konträren Erfahrungen und Distanzierungsschritten am Ende um eine Restgewißheit, nämlich das Bewußtsein, nur durch eine Reihe unwahrscheinlicher Zufälle am Leben geblieben zu sein.

Laut militärischer Statistik sind von meinem Jahrgang, den 1925 Geborenen, wie auch von den Jahrgängen 1924 und 1926 rund 40 Prozent gefallen. Von meiner Kompanie, die an den Abwehrkämpfen in Litauen und Ostpreußen teilnahm, waren es allerdings wesentlich mehr. Bei einem einzigen, von vorneherein aussichtslosen Angriffsunternehmen, dem Versuch, von Ostpreußen zu der in Kurland eingeschlossenen Heeresgruppe vorzustoßen, waren von den 180 Mann, mit denen unsere Kompanie daran beteiligt war, am Abend nur noch 30 Leute einsatzfähig. Alle anderen waren verwundet oder tot.

Ich zitiere diese Szene stellvertretend für viele andere Kriegsszenen, die ich in meinem Buch »Der Ernstfall« aus nächster Nähe geschildert habe. Jetzt möchte ich erst einmal den Blick auf das Gesamtgeschehen dieses furchtbaren Krieges richten, so wie es sich in den amtlichen Verlustzahlen objektiviert hat. Weltweit starben in diesem Krieg – Militär- und Ziviltote zusammengerechnet – mindestens 62 Millionen Menschen. Dazu kommen 35 Millionen dauerhaft Kriegsbeschädigte. Die deutschen Kriegstoten – Soldaten und Zivilisten zusammengerechnet – werden mit 5,25 Millionen angegeben. Frankreich verlor 810 000 Tote. Für Großbritannien werden mit 386 000 und für USA 318 000 Toten vergleichsweise geringe Zahlen angegeben, in denen sich die materielle Überlegenheit der westlichen Alliierten und ihre die eigenen Soldaten schonende Art der Kriegsführung ausdrückt. Ungeheuerlich erscheinen daneben die Zahlen von 27 Millionen russischen und von 4,5 bis 6 Millionen polnischen Toten. Die russischen Verlustzahlen sind zum Teil mit der gegenüber den eigenen Soldaten rücksichtslosen Art der russischen Kriegsführung zu erklären. Vor allem aber sind die russischen und die polnischen Zahlen ein Beleg für den auf deutscher Seite als Eroberungs- und Vernichtungsfeldzug geführten Krieg, besonders die extremen deutschen Vergeltungsaktionen im Kampf gegen Partisanen. Die perfektionierte Endstufe des Grauens kulminierte im Hinterland der Front als ein industriell organisierter Völkermord. Die Zahl der in den Vernichtungslagern umgebrachten Juden schwankt zwischen 5,29 Millionen und über 6 Millionen. Insgesamt befanden sich in der Zeit der Nazidiktatur 7,2 Millionen Menschen in den Konzentrationslagern. Nur etwa 500 000 überlebten.

Eine solche Aufzählung riesiger Leichenzahlen ist schon in sich barbarisch. Schließlich hat jeder Mensch nur ein Leben. Für jeden ist der gewaltsame Tod die alles auslöschende, absolute Verneinung. Wenn man sich das klarmacht, erst recht in der Überzeugung, daß der Tod nicht hintergehbar ist und die schwarze Klappe für immer fällt, dann stellt sich eine grundsätzliche Frage, die eigentlich nur die rhetorische Form eines tiefen Befremdens über eine anthropologische Konstante ist: Wie ist es möglich, millionenfach Menschen in den Tod zu schicken, Soldaten, die ihren Tod als keineswegs unwahrscheinliche Möglichkeit vorausschauend akzeptieren müssen? Ich will dazu jetzt nur eine kurze Erklärung versuchen: Es ist ein Grundbedürfnis nach Zugehörigkeit und Anerkennung und, vor allem bei jungen Menschen, der Glaube an höhere gemeinschaftliche Werte, in deren Dienst man eine das Individuelle übersteigende Bedeutung gewinnen kann. »Gott mit uns« stand auf den Koppelschlössern der deutschen Soldaten, die im Dienst einer Völkermordideologie Europa mit einem Angriffskrieg überzogen. Nicht daß ich an göttliche Unterstützung geglaubt hätte. Aber nach allem, was ich gelesen und im Geschichtsunterricht gehört hatte, war ich davon überzeugt, daß Krieg ein normaler Ausnahmezustand im Leben der Völker sei.

Wir waren für diesen Ausnahmezustand erzogen worden durch die Lektüre zahlreicher Kriegsbücher, aber auch in der feierlichen Sprache der Poesie. Ich weiß nicht mehr, wann ich Hölderlins Gedicht »Der Tod fürs Vaterland« las oder rezitiert hörte. Es muß in den ersten Kriegsjahren gewesen sein, auf dem Höhepunkt des nationalen Narzißmus. Als ich das Gedicht Jahre nach dem Krieg erneut las, trat mir wieder das flache Gelände im Memelbrückenkopf vor Augen, wo im Oktober 1944 unsere Kompanie untergegangen war. Besonders erinnerte ich mich an das kalkweiße Gesicht eines Toten, den man aus einem Wassergraben zog, um ihm die Erkennungsmarke abzunehmen. Und ich war schockiert über die Bereitschaft der deutschen Dichter-Ikone, für das Phantasma eines siegreichen nationalen Krieges jede beliebige Anzahl von Toten billigend in Kauf zu nehmen.

»Lebe droben o Vaterland und zähle nicht die Toten. Dir ist, Liebes, nicht einer zu viel gefallen.«

Ich glaube nicht, daß Hölderlin wußte, was er da geschrieben hat. Als besonders peinlich empfand ich die dritte Strophe, weil sie mich in ihrer Exaltiertheit an eine eigene Erfahrung erinnerte: Nach dem siegreichen Ende des Frankreichfeldzugs wurden mein Freund Franz Brendgen und ich als Abordnung des Gymnasiums mit einem Kranz zur Beerdigung unseres Klassenlehrers geschickt, der als Reserveoffizier in Frankreich gefallen war. Die Beerdigung fand in seinem Heimatort unter zeremonieller Beteiligung der dortigen Garnison statt. Wir waren beide 14 Jahre alt, und das militärische Ritual – der von der Fahne umhüllte Sarg, der dumpfe Trommelwirbel, die Kommandos und der über dem Grab abgefeuerte Ehrensalut – beeindruckte uns so stark, daß Franz zu mir sagte, aber ich hätte es auch zu ihm sagen können: »Hoffentlich dauert der Krieg so lang, daß wir auch noch Soldaten werden.« In Hölderlins Versen entdeckte ich unsere pubertären Empfindungen wieder: diese Schicksalsbereitschaft, diesen Wunsch, teilzuhaben am Ruhm der siegreichen eigenen Armee. »O nehmt mich, nehmt mich mit in die Reihen auf, damit ich einst nicht sterbe gemeinen Tods!

Umsonst zu sterben, lieb ich nicht; doch
lieb ich zu fallen am Opferhügel.«

Für Franz und mich ging die pubertäre Bewährungsphantasie auf eine Weise in Erfüllung, die wir beide nur zufällig überlebten. Beide waren wir in die katastrophalen Schlachten des nach dem mißglückten Attentat auf Hitler wie in einem kollektiven Krampfzustand sich hinziehenden Kriegsendes geraten, und beide waren wir verwundet worden. Ich glücklicherweise ohne bleibenden Schaden. Franz dagegen war schwerstbeschädigt. Er war von einem Gewehrgeschoß durch den Helm in den Kopf getroffen worden, hatte zahlreiche körperliche Ausfälle und bewegte sich mühselig an Krücken, konnte sich aber noch sprachlich verständlich machen. Ich fragte ihn, ob er in dem Moment, in dem er getroffen wurde, noch irgend etwas gedacht habe. Er antwortete: »Ich habe gedacht: Ach so ist das.« Diese Worte sind für mich das Resümee meiner Generation geworden, die gleich nach der Kindheit in den Fackeldunst und das Fahnenmeer des Nazireiches hineinwuchs und dann im unaufhaltsam sich zur totalen deutschen Niederlage wendenden Krieg ihren blutigen Tribut zahlte als Teilhaber und mehr oder minder Mitverursacher eines ungeheuren moralischen Desasters, das sich nicht mehr abstreifen ließ.

Franz überlebte seine schwere Verletzung nur kurze Zeit. Und nur noch wenige Überlebende unserer Schulklasse fanden sich zu einer stillen Beerdigung zusammen, die in nichts der pompösen militärischen Beerdigung unseres Klassenlehrers glich, zu der wir damals entsandt worden waren. Es war eine trostlose Veranstaltung: das stumme Wegräumen eines von sich selbst abgebrachten, vereitelten Lebens.

Ein irritierendes Gefühl grundloser Bevorzugung überkam mich, als ich an diesem Grab stand, und ich wollte nicht zulassen, daß sich das Glück, am Leben zu sein, in mir durchsetzte. Aber es war auf die Dauer nicht aufzuhalten. Für mich ging das Leben weiter. Ich fand bei einem Dachdecker Arbeit. An einer von Hand betriebenen Presse falzte ich acht Stunden täglich im Akkord Aluminiumbleche zu Dachpfannen. Selbst diese stupide Arbeit begeisterte mich, denn ich empfand sie als einen Beitrag zur Selbstbehauptung gegen die Zerstörungen des Krieges. Dann wurde das Gymnasium wieder eröffnet, und ich holte mein Abitur nach. Dabei entdeckte ich, daß ich mit einer ganz anderen Konzentration und Begeisterung arbeitete als in der regulären Schulzeit. Im Studium an der Universität Bonn, das ich, nach halbjähriger Trümmerarbeit im Universitätsbautrupp, im Sommersemester 1947 begann, setzte sich dieser Impuls fort. Alles, wovon wir – die in der Naziwelt aufgewachsenen Jahrgänge – ausgeschlossen gewesen waren, erschloß sich uns nun: die internationale zeitgenössische Literatur, einschließlich der Klassiker der Moderne, die moderne Kunst und fundamentale Denkmuster wie die Existenzphilosophie, die Psychoanalyse, die Anthropologie, die Soziologie, sie besonders in der Form der Ideologiekritik. Und außerdem als vitale Belebung und neuer Lebensrhythmus der Jazz. Es war ein Schwellenerlebnis, wie es so überwältigend innovativ nur in einer historischen Umbruchzeit möglich ist. Das Leben schien von Grund auf neu erfunden zu werden.

Ich fühlte mich getragen von diesem befreienden Gefühl eines völlig neuen Anfangs und wollte mich von den nun erscheinenden atemverschlagenden Nachrichten und Dokumenten über den Massenmord in den Konzentrationslagern nicht in einen anthropologischen Nihilismus stürzen lassen. So beschwichtigte ich mich mit dem Gedanken, daß diese Geschehnisse der finsteren Vergangenheit angehörten, die nun endgültig vorbei sei. Erst allmählich fühlte ich mich fähig, mit der Last und dem moralischen Anspruch eines berühmten Satzes von William Faulkner zu leben: »Die Vergangenheit ist nicht tot, sie ist nicht einmal vergangen.« Unlösbar damit verbunden war die bedrückende und tief irritierende Einsicht, daß ich, vielleicht nur durch die Gunst der Umstände, zwar an keinem Kriegsverbrechen teilgenommen hatte, aber ein blind funktionierender Teil des verbrecherischen Systems gewesen war, allerdings in unentrinnbaren Situationen, in denen alle ideologischen und idealistischen Begründungen und Motivationen längst zerschlissen waren und es nur noch ums Überleben ging.

Ich hatte mich nicht als eine handelnde, sondern als eine fremdbestimmte, ohnmächtige Person erlebt, die in einem unüberschaubaren, unbeeinflussbaren Desaster von gigantischen Ausmaßen herumgetrieben wurde, Teil des »Menschenmaterials«, das zur Aufrechterhaltung der Betriebstemperatur des Krieges Tag für Tag »verheizt« wurde, wie der zynische, aber durchaus zutreffende Ausdruck damals hieß. Das machte es nachher für mich schwierig, den Begriff einer Kollektivschuld zu akzeptieren. Doch je mehr ich las, hörte und sah – zum Beispiel nach dem Dokumentarfilm »Nacht und Nebel«, dem Auschwitzprozeß und einem Besuch in Dachau –, um so mehr zeigte sich mir das gigantische Ausmaß der Menschenvernichtungsindustrie, die bis zum Schluß, im Wettlauf mit dem sich nähernden Kriegsende, auf Hochtouren gearbeitet hatte. Und ich sah ihre vielfache Verästelung in der Gesellschaft oder der »Volksgemeinschaft«, wie es damals hieß, abgestuft in die Planer und Befehlsgeber, die ausführenden Täter und Mittäter, die Nutznießer, die schweigenden Mitwisser und die unzähligen Verdränger, die das eine und das andere gehört und gesehen hatten und sich gehütet haben, Fragen zu stellen. Dort, am äußeren Rand des Geschehens, mußte ich mich wohl auch erkennen.

Das Unbegreiflichste an dem wahnsinnigen Geschehen ist das Offensichtliche, daß es überhaupt geschehen konnte. Es kann nicht vereinnahmt und gezähmt werden durch eine Analyse seiner historischen und sozialen Ausgangsbedingungen. Diese Vergangenheit ist im Nicht-Verstehen und Erschrecken authentischer enthalten. Sie muß selbstverständlich analysiert werden. Aber sie muß vor allem auch erzählt werden, beschworen in einem szenischen Begreifen. In Köln wird anschaulich daran erinnert durch Plaketten mit den eingravierten Namen deportierter Bürger, die vor den Eingängen ihrer Häuser in die Gehsteige eingelassen sind. Dort also hat man sie hinausgezerrt und vor den Augen stummer Nachbarn in die Lager transportiert. Daran wird man immer wieder erinnert. Hier waren es zwei, dort zwölf oder vierzehn Menschen. Es taucht immer wieder auf.

Obwohl die Geschichte weiterging und neue Probleme entstanden, neue Bedrohungen, neue Dringlichkeiten, ist der Holocaust nicht relativiert. Er hat nur zusätzliche Horizonte bekommen. Der kalte Krieg begann, der drohende Krieg der Kulturen, Fundamentalismus und Terrorismus folgten, und ich lernte, daß die kritische Auseinandersetzung mit der eigenen Vergangenheit nicht zur Erinnerungsrhetorik verkommen darf, sondern sich in der Auseinandersetzung mit den Problemen der Gegenwart bewähren muß. Die anthropologische Skepsis, die für mich im Nazikrieg und im Holocaust ihren unauslöschlichen Grund hat, wurde trotz der Welle von Optimismus, die mich in den ersten Jahren nach 1945 erfüllte, keineswegs aus der Welt geschafft. So unterschiedlich die Verbrechen gegen die Menschlichkeit im einzelnen motiviert sind und so unvergleichbar ihr Ausmaß ist, als fundamentale Defizite in der Wahrnehmung des Lebens sind sie alle miteinander verwandt. Historisch treten sie in verschiedenen Situationen und mit wechselnden Parolen auf, doch eigentlich immer als Heilsbotschaften, die durch generalisierte Vorstellungen, was gut und was schlecht und was das Eigene und das Fremde ist, gegen ein Feindbild gerichtete Mehrheiten aufbauen. Sie zitieren dabei eingefleischte Vorurteile und appellieren an das tiefe Bedürfnis unsicherer und frustrierter Menschen, Teil der jubelnden und gewaltbereiten Mehrheit zu sein. Deshalb gibt es meistens eine Verzögerung des Begreifens, wenn sich neues Unheil vorbereitet.

Hitlers Staat war eine von der Mehrheit der Bevölkerung getragene »Zustimmungsdiktatur«, wie der heutige

Terminus heißt. Opposition gab es bald nur noch im privaten Bereich und im Untergrund. Sie war vorsichtig geworden und wurde angesichts vieler Erfolge, wie der Revision des Vertrages von Versailles und dem durch die Aufrüstung aufgeheizten Wirtschaftsboom und vor allem durch das Völkerfest der Olympischen Spiele von Berlin, von wachsender allgemeiner Zustimmung überdeckt. Das erste kritische Wort, das ich aufschnappte, verdient auch diesen Namen nicht. Es war nur eine Bemerkung, die meine Mutter nach der sogenannten »Reichskristallnacht« am 9. November 1938 gegenüber einer Nachbarin machte. »Die arme Frau Goldstein«, sagte sie. Frau Goldstein war die jüdische Inhaberin eines kleinen Weißwarengeschäftes, in dem meine Mutter ihr Nähzeug kaufte. SA-Leute hatten das Schaufenster des Ladens mit einem Pflasterstein eingeworfen, angeblich weil in Paris ein Jude einen deutschen Diplomaten ermordet hatte, ein befremdlicher Zusammenhang, den ich zur Kenntnis nahm, wie Jugendliche so etwas zu tun pflegen: Ich fuhr mit meinem Fahrrad vorbei und schaute mir das demolierte Fenster an. Außerdem auch noch ein zerstörtes Schuhgeschäft, vor dem ein bedrohlich aussehender SA-Posten stand. Doch als Tage später alles aufgeräumt war, traten andere Dinge in den Vordergrund, und ich habe es vergessen.

Später beanspruchte der Krieg meine Aufmerksamkeit so sehr, daß alle anderen Informationen marginalisiert wurden. Beiläufig hörte ich irgendwann, daß es Arbeitslager für Volksfeinde gebe. Aber waren Arbeitslager im Krieg etwas Außergewöhnliches? Es gab niemanden, mit dem ich mich darüber austauschen konnte. Mein jüngerer Bruder und ich lebten mit einer kränkelnden, zunehmend depressiven Mutter zusammen, denn der Vater war seit 1938 beim Militär. Er war im Ersten Weltkrieg Offizier bei der Marineartillerie gewesen, aus der nun die technisch weiter fortgeschrittene Flak entwickelt wurde, für ihn eine Gelegenheit, sich als Offizier reaktivieren zu lassen. Ich glaube, er suchte in der Armee einen Unterschlupf, der ihn vor weiterer Vereinnahmung durch die Nazis schützte, denen er anfangs, als er sein Amt als Kreisbaumeister antrat, in seiner politischen Orientierungslosigkeit zu weit entgegengekommen war. »Sie als Beamter und Reserveoffizier gehören zu uns«, hatten sie ihm gesagt, und er hatte sich überreden lassen, in die SA einzutreten, weil das die neue zeitgenössische Variante der alten Armee sei. Er hatte sich aber in der Krakeelertruppe nicht wohl gefühlt und den sogenannten »Röhmputsch« benutzt, um wieder aus der SA auszutreten. Seine neue Orientierung drückt sich für mich in einer Bemerkung aus, die ich im zweiten Jahr des Rußlandfeldzugs aus einer Unterhaltung zwischen ihm und seinem jüngeren Bruder aufschnappte. Der Onkel, der als gelernter Agronom eine Staatsdomäne in Oberschlesien verwaltete, befürchtete, wohl nicht ganz zu Unrecht, irgendwann im Rahmen der geplanten Ostkolonisation mit seiner Familie in die Ukraine versetzt zu werden. Jedenfalls sprachen sie über die Zukunft. »Nach dem Krieg«, hörte ich meinen Vater sagen, und er meinte offensichtlich, nach dem gewonnenen Krieg, »wird sich die Wehrmacht das Heft nicht mehr aus der Hand nehmen lassen.« Das war schon insofern ein Irrtum, als sie das Heft gar nicht in der Hand hatte, wie bald immer deutlicher wurde. Hitler berief seine Feldmarschälle und entließ sie nach Belieben, wenn sie sich seinen strategischen Phantasien mit sachlichen Einwänden in den Weg stellten. Hitlers Glaube, daß nicht materielle Übermacht und größere Menschenreserven den Krieg entscheiden, sondern allein der stärkere Wille zum Sieg, wurde zum deutschen Durchhaltedogma.

Es war der Kern einer zunehmenden Unwirklichkeit,

die sich in allem breitmachte: in den Wehrmachtsberichten, den öffentlichen Reden und in den privaten Gesprächen. Wer keinen Zugang zu konträren Informationen hatte, lebte in einer gegen irritierende Erfahrungen abgedichteten Scheinwelt. Das galt besonders für die Jugend, die sich in ihrer Begeisterungsfähigkeit von dem triumphalen Musiksignal der militärischen Sondermeldungen betäuben ließ und vorsichtshalber von den Erwachsenen aus allen problematischen Gesprächen herausgehalten wurde. Nie habe ich von meinem Vater, den ich auch nur sehr selten zu sehen bekam, eine kritische oder pessimistische Äußerung gehört.

Der Latein- und Geschichtslehrer hat allerdings indirekt versucht, uns über den Wahnsinn und die Unmenschlichkeit des Nazistaates aufzuklären. Er tat es, indem er immer wieder, weit über jeden Lehrplan hinaus, über die Grausamkeiten und mentalen Verrücktheiten der römischen Tyrannenkaiser Nero und Caligula sprach, ohne daß jemand von uns etwas anderes dabei dachte, als daß es sich um eine komische Marotte des Lehrers handelte, die sich wunderbar karikieren ließ. Erst nach dem Krieg, als ich gebeten wurde, zur Hundertjahrfeier des Gymnasiums eine Rede zu halten, fiel es mir plötzlich wie Schuppen von den Augen: Der Geschichtslehrer hatte dauernd von Hitler gesprochen! Mit einem Mal erschloß sich mir die Analogie: Die Prätorianergarde repräsentierte die SS, und die Christenverbrennungen verwiesen auf die Vergasung der Juden. Der Lehrer hatte sich mit seinen beharrlichen und auffälligen Wiederholungen weit aus dem Fenster gelehnt. Doch als ich am Vorabend der Festrede einige überlebende Klassenkameraden wieder traf, mußte ich feststellen, daß keinem von ihnen bewußt geworden war, wovon der Lehrer zu uns zu reden versucht hatte.

Um verbotene Gedanken denken zu können, braucht

man ein Training in Kritik, das in einer Diktatur von vorneherein als subversiv gelten würde. Im Krieg, in dem täglich von immer mehr Menschen das Opfer von Leib und Leben verlangt wird, ist der Solidarisierungsdruck noch erheblich stärker. Insofern stimmt der Satz: »Das erste, was im Krieg stirbt, ist die Wahrheit.« Doch auch sein Gegenteil stimmt: »Niemals drückt sich die Wahrheit massiver aus als im Krieg.« Dagegen kann man sich auf die Dauer nicht zur Wehr setzen.

Als die Nachricht vom Einmarsch in Rußland kam, brach meine Mutter in Tränen aus und sagte: »Das ist das Ende.« Für mich war das eine Äußerung von Kleinmut, der ich mich nicht anschließen wollte. Und die großen militärischen Erfolge des Sommers und des Herbstes schienen mir recht zu geben. Aber als dann der Wintereinbruch kam und das russische Oberkommando dank eines Nichtangriffspaktes mit Japan die an der sibirischen Ostgrenze stationierten Armeen in den Kampf werfen konnte, wurden die unverständlicherweise nicht für den Winterkrieg ausgerüsteten deutschen Armeen aus ihren Stellungen nahe Moskau 400 Kilometer weit zurückgetrieben und an den Rand des Zusammenbruchs gebracht. Das veränderte das Bild des Krieges grundlegend. Der Nimbus der Unbesiegbarkeit der Wehrmacht war dahin und konnte auch durch die Erfolge des nächsten Sommers nicht wiederhergestellt werden. Jetzt kam das vielsagende Wort vom deutschen Endsieg auf, das die Hoffnung auf ein günstiges baldiges Kriegsende auf den Sankt-Nimmerleins-Tag verschob. Das nächste Desaster war dann die Katastrophe von Stalingrad. Und nun zeichnete sich ab, was mein Freund Franz bei der Beerdigung unseres Klassenlehrers so innig gewünscht hatte – daß wir auch noch Soldaten wurden.

Um mir ein Bild zu machen, was mir bevorstand, hörte ich am Abend vor dem Tag, an dem ich mich stellen mußte, heimlich den Feindsender BBC-London, worauf hohe Strafen standen. Mit dem Ohr dicht an dem leise eingestellten Gerät hörte ich von einer deutschen Stimme die Nachricht, daß das ruhmreiche deutsche Afrikakorps kapituliert hatte und geschlossen in Gefangenschaft gegangen war. Als die Sendung beendet wurde mit dem Satz, daß nun der Angriff auf das Festland beginne, konnte ich mich nicht mehr des Gedankens erwehren, daß ich in einen Krieg zog, der verloren war. Und es erfaßte mich eine Vorahnung unabsehbarer Schrecken.

Es war das Frühjahr 1943. Zuerst kam ich wie üblich zum Arbeitsdienst und wurde im Katastrophengebiet des ausgelaufenen Möhnesees eingesetzt, dessen Staumauer durch einen britischen Lufttorpedo zerstört worden war. In dieser Zeit starb meine Mutter. Sie war auf der Flucht vor den Bombenangriffen mit meinem Bruder zu den Verwandten ins damals noch sichere Oberschlesien gefahren und wegen schwerer Gallenkoliken aus dem Zug heraus ins nächste Krankenhaus gebracht worden, wo sie operiert wurde. Einer der wenigen nicht zum Militär eingezogenen alten Ärzte nahm den Eingriff vor. Sie starb drei Tage später, vielleicht an einem Kunstfehler, oder, was ich noch eher glaube, aus einem tiefen Mangel an Überlebenswillen. Für meinen Bruder hatte das die Konsequenz, daß er in ein Internat kam, in dem lauter Jungen aus durch den Krieg zerstörten Familien untergebracht waren, eine Ansammlung von halb Verwilderten, zwischen denen ein brutaler Konkurrenzkampf herrschte.

Für mich nahm alles seinen vorgesehenen Lauf. Auf Anraten meines Vaters hatte ich mich bei der Musterung im Jahr zuvor zur Division Hermann Göring gemeldet, um so den Werbern der Waffen-SS zu entgehen. Es war eine Panzergrenadier-Division, die etwa zu gleichen Teilen aus Oberschülern und aus Schülern von Forstakademien bestand. Ob sie sich wesentlich von einer SS-Division unterschied, vermag ich nicht zu sagen. Entscheidend waren wohl immer die Einsatzbefehle.

Ich hatte das Glück, nach der Grundausbildung in Holland mit einer kleinen Auswahl des Jahrgangs zum Wach- und Begleitregiment nach Berlin versetzt zu werden. Die Zurückbleibenden kamen nach Italien, das gerade die Fronten gewechselt hatte. Dort gerieten sie in die schwierige Situation, gleichzeitig gegen die amerikanisch-britischen Invasionstruppen und gegen die zu den Alliierten übergetretenen italienischen Truppen kämpfen zu müssen, die teilweise im Hinterland der deutschen Front agierten. Wie ich nach dem Krieg erfuhr, wurden unsere aus Holland kommenden Jahrgangskameraden dabei auch zu Massenerschießungen eingesetzt. Wir dagegen wurden auf der Jungfernheide in Berlin, dem heutigen Gelände des Flughafens Tegel, Tag für Tag in Platzpatronengefechten geschult und mußten nachts Brandwachen für wichtige öffentliche Gebäude stellen, zum Beispiel für die schon einmal ausgebrannte und gerade wiederhergestellte »Staatsoper Unter den Linden«, in der ich eine Aufführung von »Carmen« mit Magarete Klose in der Titelrolle erlebte. Angeregt durch diese Eindrücke, gründeten wir in der Kompanie eine Theatergruppe, und die Staatsoper stellte uns Kostüme für die Inszenierung eines damals aktuellen Durchhaltestücks zur Verfügung, das im Siebenjährigen Krieg spielte. Wir führten es in Karinhall vor Berliner Gästen von Emmy Göring auf. Ungeduldig warteten wir auf unseren Einsatz an der Front, denn angesichts der militärischen Lage kam uns das Fiktive unserer Existenz absurd und beschämend vor.

Allerdings mußte die Kompanie manchmal auch Erschießungskommandos stellen. Die Opfer waren deutsche Soldaten, die wegen Fahnenflucht, Sabotage oder Zersetzung der Wehrkraft von Militärgerichten zum Tode verurteilt worden waren. Es befremdete mich, daß sich stets genügend Freiwillige für diese Kommandos meldeten. Ich konnte aber nichts Auffallendes an ihnen entdecken. Vermutlich wollten sie sich mit der Wirklichkeit des Krieges vertraut machen, in der scharf geschossen und getötet wurde. Wenn sie zurückkamen, erzählten sie meistens, daß sich der Exekutierte »gut gehalten« habe. Er hatte offenbar in ihren Augen seine Rolle normgerecht erfüllt und es ihnen dadurch ermöglicht, sich selbst formgerecht zu verhalten. Dafür waren sie ihm dankbar. Ein schreiender, flehender, fluchender, sich mit aller Gewalt sträubender Verurteilter hätte es ihnen viel schwerer gemacht. Militärische Disziplin war auch immer Abwehr von überwältigenden Emotionen.

Als die Kompanie im Juli 1944 an die Front verlegt wurde und an der ostpreußisch-litauischen Grenze einen frisch ausgehobenen Laufgraben besetzte, sahen wir zwei Tage später den Grund unserer plötzlichen Alarmierung: zurückflutende Reste der zerschlagenen Heeresgruppe Mitte, Erschöpfte, Waffenlose und Verwundete mit blutigen Verbänden, die zwei, drei Stunden lang, zum Teil humpelnd und aufeinander gestützt, in kleinen Trupps an uns vorbeizogen und uns zuriefen: »Kommt mit, Jungens! Es hat keinen Zweck mehr. Der Krieg ist verloren!« Manche riefen auch »Kriegsverlängerer!«. Das war ein Ruf, den ich aus Berichten über die Revolution von 1918 kannte, von der Hitler gesagt hatte, niemals werde sich dieser Vorgang wiederholen. Daran waren angesichts dieses gespenstischen Rückzugs offensichtlich Zweifel angebracht, auch wenn wir noch keinen Begriff vom Ausmaß des militärischen Debakels hatten, das noch viel größer als die Niederlage von Stalingrad war. Die riesigen Verluste an Toten, Verwundeten und Vermißten konnten nicht mehr ausgeglichen werden, so daß die eigenen Stellungen nur noch dünn besetzt waren. Eine Waldstellung, in der wir einige Wochen lagen, bestand nur aus einzelnen Stützpunkten, die untereinander keine Verbindung hatten. Nur akustisch bekamen wir eines Nachts mit, wie unser Nachbarstützpunkt von einem russischen Kommando ausgehoben wurde. In einer der nächsten Nächte waren wir an der Reihe, aber es gelang uns, den Angriff abzuwehren. In einer anderen Stellung, die auch unzulänglich ausgebaut war, hatten wir viele Verluste durch russische Scharfschützen. Uns war befohlen worden, nur zu schießen, wenn wir direkt angegriffen wurden. Der Grund war katastrophaler Munitionsmangel, denn riesige Munitionsvorräte waren in Frankreich durch die Invasion verlorengegangen. Das sprach sich aber nur als Gerücht herum. So auch die Mitteilung, daß die bisher in Italien eingesetzten Teile unserer Division auf dem Weg zu uns seien, um die ostpreußische Front zu verstärken. Sie kamen aber nicht. Dann hörten wir, daß sie nach Warschau umgelenkt worden seien, um mitzuhelfen, einen dort ausgebrochenen Aufstand niederzuschlagen. Auch darüber hörten wir nichts mehr.

Nichts zeigt mir heute unsere nahezu völlige Isoliertheit so deutlich wie die Tatsache, daß das wochenlange Warschauer Massaker uns nur als ein flüchtiges, vages Gerede erreichte. Die Welt, die wir überschauten, hatte einen Durchmesser von vielleicht 300 Metern. Und auch die innere Welt schrumpfte. Weil es keine Perspektiven mehr gab und vielleicht auch kein richtiges Vertrauen untereinander, wurden die Gespräche immer stumpfsinniger. Sie kreisten in der Hauptsache um Eß- und Sexphantasien, manchmal auch um sentimentale Erinnerungen. Über die Gesamtlage hörten wir nichts. Statt dessen den Lautsprecher eines russischen Flugzeugs, das mit gedrosseltem Motor im Tiefflug die deutschen Linien abflog, uns zum

Überlaufen aufforderte und Passierscheine abwarf. Darauf ließ sich allerdings niemand ein, denn wir hielten es langfristig gesehen für ein sicheres Todeslos. Einer allerdings, der das tägliche Leben und Sterben nicht mehr aushielt, schoß sich ins Bein, um ins Lazarett zu kommen. Er schoß durch eine Brotscheibe, um den Pulverschmauch von der Wunde fernzuhalten. Die Selbstverstümmelung – so hieß das Vergehen damals – wurde trotzdem sofort erkannt. Er wurde der Militärpolizei übergeben. Wir hörten nichts mehr von ihm. Er hatte wohl keine Chancen, den Krieg zu überleben. Aber hatten wir welche?

Als ich verwundet wurde – bei einem Angriffsunternehmen, etwa 150 Meter vor der russischen Stellung – und in der Angst, erneut getroffen zu werden, aus der Feuerzone kroch und hinter einem Strohschober liegenblieb, hoffte ich – jetzt in der Angst vor einem russischen Gegenangriff – auf den Zusammenhalt der eigenen Truppe, ohne deren Hilfe ich verloren war. Aber als ich zwei Tage später in einem Lazarettzug lag, der in oft unterbrochener Fahrt durch Ostpreußen und Polen nach Oberschlesien fuhr, wo ich Tage später operiert wurde, gelang es mir nicht mehr, an das Schicksal meiner Kameraden zu denken. Es war, als wären sie alle im Dunkel verschwunden, während ich hinter den schwarzgestrichenen Scheiben des Waggons mich an einem Niemandsort fühlte und eine unbestimmte Hoffnung auf ein weiteres Leben in mir festhielt.

Den letzten Kriegswinter verbrachte ich im Lazarett. Anfang April kam ich an die Oderfront und erlebte in der Massenflucht nach Westen die chaotischen Szenen des Zusammenbruchs mit: Flüchtlingstrecks aus Ostpreußen und dem Warthegau, vermischt mit aufgelösten Truppenteilen, einzeln Fliehende auf Fahrrädern, kleine Gruppen mit Handkarren, eine Frau ohne alles Gepäck auf einem galoppierenden Pferd, auf einer Waldstraße plötzlich eine kleine geordnete Militärkolonne – Soldaten mit Stahlhelmen und Maschinenpistolen, die »Straße frei für das OKW!« riefen, und im Fond eines großen Wagens Keitel und Jodl, Hitlers militärische Paladine wie erstarrte Gespenster. Keiner der auf der Straßenböschung rastenden Soldaten, zu denen auch ich gehörte, reagierte darauf, daß dort die beiden höchsten militärischen Repräsentanten vorbeifuhren. Beide schauten starr geradeaus, als wollten sie nicht wahrnehmen, was um sie herum geschah.

Die Auflösung des Nazireiches vollzog sich mit der Unaufhaltsamkeit einer Naturgewalt, die jeden auf sich selbst reduzierte. Doch der Eindruck amerikanischer und englischer Beobachter, daß das sogenannte »Tausendjährige Reich« binnen weniger Tage wie ein Spuk zerfallen sei, ist nicht ganz richtig. Die Anarchie der letzten Wochen war nur das sichtbare Ende eines schon viel länger andauernden Prozesses der inneren Distanzierung. Er war unter dem Eindruck der sich häufenden militärischen Niederlagen allmählich in Gang gekommen und hatte sich wegen der drohenden Höchststrafen für defätistische Äußerungen im wesentlichen stillschweigend und unter Beibehaltung der militärischen Disziplin als eine fortschreitende Vereinzelung vollzogen, bis schließlich alle Dämme brachen, weil jeder nur noch an seine Rettung dachte. Aber selbst in dieser Situation war es ratsam, sich einer Gruppe anzuschließen, deren Anführer einen Marschbefehl in Richtung Westen in der Tasche hatte. Sonst nämlich lief man Gefahr, von der Feldgendarmerie als Deserteur an einem Straßenbaum erhängt zu werden.

Östlich von Schwerin erwarteten uns die amerikanischen Soldaten und eine Gruppe von Menschen in gestreifter Häftlingskleidung, die uns stumm wie über einen Graben hinweg anstarrten: Überlebende aus den Konzentrationslagern.

Heute denke ich, daß die Radikalität des Zusammenbruchs das zukunftsfähigste Ende des Krieges war. Hätte das Attentat vom 20. Juli 1944 Erfolg gehabt und den Krieg vorzeitig beendet, hätten Millionen von Menschen nicht mehr sterben müssen. Städten wie Dresden, Würzburg, Magdeburg, Halberstadt, Potsdam und vielen anderen wären die vernichtenden Bombardierungen erspart geblieben. Und auch wenn man unterstellt, daß die Abtrennung der deutschen Ostgebiete selbst in der heutigen Dimension unvermeidbar gewesen wäre – die Aussiedlung der ostdeutschen Bevölkerung wäre vermutlich humaner vor sich gegangen als ihre Vertreibung.

Andererseits hätte man bei einem Gelingen des Attentats befürchten müssen, daß sich als eine erhebliche Belastung für den Neuanfang und bleibender Störfaktor für die gesellschaftliche Integration eine Dolchstoßlegende gebildet hätte. Die Überzeugungskraft des deutschen Neuanfangs ging davon aus, daß es keine andere Wahl gab. Was dann bald möglich wurde an neuer Lebensqualität, war viel mehr, als die meisten Menschen nach dem Zusammenbruch erwartet hatten. Das machte die Deutschen zu zufriedenen Bundesbürgern. Daraus hat sich allerdings mit der Zeit die Vorstellung entwickelt, man habe einen selbstverständlichen Anspruch darauf, daß alles bleibt, wie es ist, und dabei ständig weiter aufwärtsgeht. Diese Illusion, die sich heute im Immobilismus privater und gruppenegoistischer Besitzstandswahrung allen notwendigen Veränderungen widersetzt, ist vermutlich auch noch eine Folge des Krieges und der Verlustängste, die er im kollektiven Unterbewußtsein hinterlassen hat.

Wenn man aber im Lichte des heutigen Veranstaltungsmottos »Prüfet alles, das Gute behaltet« fragt, wo denn in der Vergangenheit gute Erfahrungen zu finden sind, an die man sich in den aktuellen Schwierigkeiten erinnern könnte, dann antworte ich, entsprechend meiner persönlichen Lebensgeschichte: Ich empfinde es als ein bleibendes existentielles Privileg, den totalen Zusammenbruch eines Machtstaates und eines kollektiven Wahns hautnah, in unvergeßlichen Szenen erlebt zu haben. Das wurde für mich noch einmal gespiegelt, als ich durch Zufall das Glück hatte, 1989 an den Massendemonstrationen in der Leipziger Innenstadt teilzunehmen, die das Ende der DDR bedeuteten. Es gilt aber vor allem für die ersten Jahre nach dem Krieg, als man, im Gegensatz zu den Jahren zuvor, nichts Wesentliches mehr zu verlieren, aber alles zu gewinnen hatte. Das war eine motivierende, befreiende Ausgangssituation, in der man selbstverständlich bereit war, sich allen Gegebenheiten zu stellen und zu versuchen, damit zurechtzukommen.

Ich will die Situation nicht verklären. Aber man sollte in sich Raum schaffen für den Gedanken, daß es im Zeitalter der Globalisierung, der kulturellen und religiösen Gegensätze, der wachsenden Weltbevölkerung und der fortschreitenden Umweltzerstörung keine langfristigen Garantien für die Erhaltung des Status quo gibt. Die Welt ist in einer unabsehbaren Veränderung begriffen und zugleich in ihren Krisenzonen in unlösbar erscheinenden Konflikten erstarrt. Ohne Verzichte und Verluste und ohne ein tiefgreifend neues Denken in allen Positionen wird es nicht gelingen, die weltweiten Widersprüche zu lösen und neue gemeinsame Chancen und Interessen für die verschiedenen Völker und Kulturen kenntlich und glaubhaft zu machen. Da der Begriff »Das Gute« im Motto der heutigen Veranstaltung historisch, kulturell und politisch-ideologisch höchst unterschiedlich definiert worden ist, schlage ich einen relativen Begriff vor, der sich kritisch am Gegebenen orientiert und davon absetzt: »Prüfet alles und sucht das Bessere.«

Dazu sollte man auch einen Maßstab angeben, einen mit prospektiv universeller Geltung auf unserem enger werdenden Planeten. Ich schlage vor, daß wir uns an eine Formulierung Immanuel Kants halten: »Handle nur nach derjenigen Maxime, von der du wollen kannst, daß sie ein allgemeines Gesetz werde.« Das ist der berühmte Kategorische Imperativ aus Kants »Grundlegung zur Metaphysik der Sitten«. Das Individuelle und das Ganze, das Eigene und das Fremde sind hier in eins gedacht. So schwer es uns fallen mag und so weit wir auch im Weltmaßstab davon entfernt sind: Es ist das, was wir für unser Überleben brauchen.

# Die Nachkriegszeit – Anpassung oder Lernprozeß

Für junge Menschen war der Zusammenbruch am Kriegsende im Frühjahr 1945 eine große Chance, die meist sofort ergriffen wurde. Ich empfand das Ende des Nazireiches, in dem ich aufgewachsen war, als meine zweite Geburt. Alles Alte war zusammengebrochen, und alles begann noch einmal ganz anders. Daß ich den Krieg zufällig und ohne bleibenden Schaden überlebt hatte, war ein Glücksgeschenk, das mich mit Lebenslust und allseitiger Neugier erfüllte. Der zentrale Gedanke der Existenzphilosophie, daß jeder Mensch dank seiner Freiheit oder Unbestimmtheit sich seine eigene Notwendigkeit erschaffen müsse, wurde mein Leitmotto. Ja, das wollte ich. Das war das Abenteuer eines Lebens jenseits von allem Kollektiven. Noch war es eine Leerformel. Doch sie gründete in einer Gefühlsgewißheit, an der ich mich immer wieder orientierte.

Für ältere, stärker vorgeprägte Menschen war die Erfahrung des totalen Zusammenbruchs schwieriger zu bestehen. Es ist nicht ganz einfach, das Geländer loszulassen, an dem entlang man durchs Leben gegangen ist. Doch die Radikalität der deutschen Niederlage hat den Umstellungsprozeß beschleunigt. Wie pragmatisch er war, wie tief er reichte und welche Konsequenzen er hatte, ist eine andere Frage.

Dazu einige Anmerkungen: Menschen sind entsprechend ihrer anthropologischen Definition nicht nur in hohem Maße prägbar, sondern auch lern- und anpassungsfähig. Das begründet ihre Überlebensfähigkeit in krisenhaften Veränderungen ihrer Lebensumwelt und erklärt weiträumig die Tatsache, daß sie im Verlauf der Kulturgeschichte nacheinander und nebeneinander viele unterschiedliche Lebensformen und Lebensinterpretationen hervorgebracht haben. Leben ist ein Prozeß, individuell und historisch gesehen. Dabei stellt sich die Frage, was primär ist. Handeln Menschen so, wie sie denken, oder denken sie so, wie sie handeln? Normalerweise ist es wohl eine ständige wechselseitige Beeinflussung in wechselnden Stärkeverhältnissen. Denken und Handeln können sich aber auch voneinander lösen und in einen Gegensatz geraten, als wären es zwei autonome Systeme mit jeweils eigenen Antrieben und Rechtfertigungen. Das ist im Ganzen gesehen und mit Fontanes berühmter Formulierung zu reden, »ein weites Feld« nicht nur florierender individueller Vielfalt, sondern auch von Widersprüchen, Konflikten, Irritationen und eben auch von dogmatischen Konzepten, die die verwirrende Vielfalt zu reduzieren versuchen.

Liberale Gesellschaften ermöglichen Vielfalt, indem sie nur das Handeln der Menschen an bestimmte Konformitäten und Gesetze binden, die Gedanken aber frei lassen, solange sie privat bleiben und keine schädlichen Folgen für das Leben anderer haben. Doch in Zeitaltern machtgestützter Ideologien und in den Herrschaftsgebieten fundamentalistischer Religionen ist das anders. Selbständiges Denken gilt als zerstörerisch und feindlich und wird deshalb vorauseilend bekämpft und unterdrückt. Die totalitäre Angst vor Widerspruch und Veränderung, die eine Urangst vor dem Chaos ist, spricht dem Denken eine ganz andere Macht zu als die liberale Toleranz, für die nichts so heiß gegessen wie gekocht wird und die sich über die politische Brisanz von Ideen und Worten oft getäuscht hat.

Die Nazis organisierten die Bücherverbrennung, um alle abweichenden Gedanken auszurotten. Die gebildeten Bürger und aufgeklärten Demokraten haben Hitlers »Mein Kampf« nicht gelesen oder den pathologischen Schwachsinn seiner Weltsicht nicht ernst genommen – ein schwerwiegender Fehler.

Denn die nazistische Rassenideologie ging dem Völkermord voraus. Und der abstrakte Begriff »Endlösung« bezeichnete ein ungeheuerliches Vorhaben. Es wies der industriell organisierten Massenvernichtung der Juden die Aufgabe zu, durch radikalen Vollzug der Ausrottungsabsicht einen widerspruchsfreien Endzustand herzustellen. Historisch gesehen war das die perverseste Zuspitzung des archaischen Siegerrechtes, nach dem der Gewinner eines Krieges die Zukunft der Besiegten und ihr Bewußtsein nach seinem Belieben bestimmen kann. So liest sich auch eine Rechtfertigungsfloskel, die Goebbels am 20. August 1941, also einen Monat nach Beginn des Rußlandfeldzuges und ein knappes halbes Jahr vor der Wannseekonferenz, in sein Tagebuch eintrug. Mit dem Selbstgefühl des sicheren Siegers versuchte er nach dem Schema »entweder sie oder wir« die Judenvernichtung als ein natürliches deutsches Recht erscheinen zu lassen, indem er die Mörder und die Ermordeten als potentiell gleiche, austauschbare Gegner einander gegenüberstellte. Es heißt dort: »Man braucht sich nur vorzustellen, was die Juden mit uns machen würden, wenn sie die Macht besäßen, um zu wissen, was man tun muß, da wir die Macht besitzen.« Aussagen wie diese, die im höhnischen Zynismus einer leicht durchschaubaren Scheinrechtfertigung kein Hehl aus dem geplanten Massenmord machen, beweisen nur eins: daß die Alliierten jedes Recht hatten, Nazideutschland mit allen militärischen Mitteln zu bekämpfen. Der

Krieg gegen Nazideutschland war ein hoch gerechtfertigter Krieg und stärkte nachhaltig die moralische Identität der Sieger, auch wenn die Bombardierung der deutschen Innenstädte oder der Vandalismus der in Deutschland eindringenden russischen Soldaten und die Vertreibung der ostdeutschen Bevölkerung Schatten über den Siegesglanz warfen. Nichts, nicht einmal der in Katyn aufgedeckte russische Massenmord an polnischen Offizieren, kann die Singularität der Verbrechen in den deutschen Vernichtungslagern relativieren.

Die militärische Niederlage und der totale Legitimationsverlust durch den nun allmählich sichtbar werdenden grauenhaften Massenmord übten einen gewaltigen Anpassungsdruck auf die Deutschen aus. Sie reagierten darauf zunächst einmal, indem sie ihr Verhalten der neuen Situation anpaßten. Sie fügten sich den Anordnungen der Besatzungsmächte, bemühten sich, unauffällig zu erscheinen und mit den schwierigen materiellen Lebensbedingungen zurechtzukommen. Die kritische Bearbeitung der Denkweisen und unbewußten Einstellungen dauerte in der Regel länger. Zunächst einmal wurden sie inaktiviert, weil sie nicht mehr opportun waren.

Ich erinnere mich an eine Episode aus den ersten Tagen nach meiner Rückkehr aus der Gefangenschaft. In unserem Haus, das von einer Bombe beschädigt war, wohnten fremde Leute, die zusammenrückten und mich aufnahmen. Aber ich fühlte mich nicht zu Hause. Nachrichten von meinem Vater, der auch Soldat gewesen war, und von meinem jüngeren Bruder, der seit dem Tod unserer Mutter in einem Internat untergebracht worden war, fand ich nicht vor. Stundenlang wanderte ich durch die Szenerien meines vergangenen Lebens, die mir – gerade wenn sie unverändert erhalten waren – wie Kulissen erschienen.

Der größte Teil meiner Kindheit und Jugend hatte sich hier abgespielt, doch der Ort schien in der Hauptsache von fremden Menschen bewohnt zu sein. Ehemalige Klassenkameraden traf ich nicht. Vielleicht waren sie noch in Gefangenschaft oder sie waren tot. Plötzlich aber sah ich einen meiner ehemaligen Lehrer auf mich zukommen, ein Mann, der ein überzeugter Nazi gewesen war, und in einem unwillkürlichen Impuls, den ich nicht verhindern konnte, sagte ich: »Heil Hitler!« Wenn ich es bewußt gesagt hätte, wäre es eine ironische Provokation gewesen, eine unverkennbare Anspielung auf seine Nazivergangenheit. Doch es war mir herausgerutscht, ein blöder Versprecher, kompromittierend wie bekleckerte Kleidung. Der Makel klebte an mir und ließ mich lächerlich aussehen. Ich konnte ihn nicht abwischen, nicht durch irgendeine rasche beflissene Korrektur, und mußte hinnehmen, daß der Lehrer mit einem spöttischen Lächeln sagte: »Das ist vorbei« und einfach weiterging.

Ich blieb wie verdonnert zurück. Ausgerechnet mir war das passiert, der ich diesen Gruß nie gemocht und geradezu verabscheut hatte, als nach dem mißglückten Attentat auf Hitler vom 20. Juli der traditionelle militärische Gruß mit der Hand am Mützenrand in der Wehrmacht abgeschafft und durch den sogenannten »Deutschen Gruß« mit ausgestrecktem rechten Arm ersetzt wurde, der damals in heimlicher Bedeutung lautete: »So hoch liegt der Schutt in Berlin.«

Als sich meine Wut gelegt hatte, wunderte ich mich, wie schnell der Lehrer, den ich noch in SA-Uniform vor Augen hatte, seine Lektion gelernt hatte und wie selbstverständlich ihm die Belehrung über die Lippen gekommen war. Ja, die Rituale hatten sich geändert, das wußte er, wie es inzwischen alle wußten. Ich hatte ihm durch meinen blöden Versprecher Gelegenheit gegeben, sich beiläufig vor mir auszuweisen als jemand, der auf dem laufenden war oder wie es aktueller hieß: up to date. Da er mich nicht einschätzen konnte, hatte er offenbar ein Gespräch vermeiden wollen. Wir waren nie besonders vertraut gewesen. Aber über das Wichtigste hatten wir uns ja jetzt im Vorübergehen verständigt: Die Nazizeit war auch für ihn vorbei. Und nun war eben alles anders.

Für ihn wie für die meisten Deutschen gab es für den Wandel vor allem eine Begründung: das factum brutum der totalen militärischen Niederlage. Sie hatte ganz im Sinne der alliierten Forderung einer bedingungslosen deutschen Kapitulation eine eindeutige Situation geschaffen. Die Attentäter vom 20. Juli hatten das vergeblich zu verhindern versucht. So waren das millionenfache Sterben auf allen Seiten und die Zerbombung der Städte noch monatelang weitergegangen. Es klingt zynisch zu sagen, daß dies den Neuanfang einfacher gemacht hat, nämlich alternativlos. Nun standen erst einmal Tag für Tag das simple Überleben und das Aufräumen der Trümmer an.

Bevor ich im Frühjahr 1947 mein Studium an der Universität beginnen konnte, mußte ich ein halbes Jahr Aufbauarbeit leisten. Und als ich im Frühjahr 1952, nach dem Abschluß des Studiums, mit meiner Frau zur Aussichtsplattform des Kölner Doms hochstieg, um uns ein Bild vom gegenwärtigen Zustand der Kölner Innenstadt zu machen, sahen wir unter uns noch eine wüste Fläche mit ausgebrannten Gebäuden und Trümmerresten, notdürftig freigeräumten Straßen und einstöckigen budenartigen Behelfsbauten. Im Boden steckten noch viele unentdeckte Bomben, die aus irgendeinem Grund nicht explodiert waren und die man erst entdecken würde, wenn der weitere Aufbau der Stadt tiefere Fundamente brauchte. Im Bereich des Geistes war das nicht anders. Auch da war noch mancherlei verborgen und sollte erst viel später zum Vorschein kommen.

Doch bei vielen Menschen hatte während der letzten Kriegsjahre zwar nicht unbedingt schon gründliches Umdenken, aber ein Distanzierungsprozeß eingesetzt. Der Untergang der eingekesselten Armee in Stalingrad, bald danach die verlorengegangene große Panzerschlacht bei Kursk, mit der die Zeit der ständigen, als »Frontbegradigungen« beschönigten Rückzüge begann, und die unaufhaltsame Zerbombung der Städte hatten die deutsche Siegeszuversicht gebrochen. Ein dumpfer Fatalismus breitete sich aus. Man sah sich als Gefangener einer immer katastrophaler werdenden Situation. Bevor ich im Frühjahr 1943 erst zum Arbeitsdienst und anschließend zum Militär einrücken mußte, hörte ich heimlich BBC-London und wurde erschüttert von der Nachricht, daß das berühmte deutsche Afrikakorps geschlossen kapituliert hatte und in amerikanische Gefangenschaft gegangen war. Die Nachricht traf mich wie ein Kälteschock und eine Vorahnung unbestimmter Schrecken. Aber als hätte ich etwas Eigenes, ganz Persönliches dagegenzusetzen, redete ich mir ein, daß ich auf jeden Fall versuchen wollte, den verlorenen Krieg zu überleben.

Im Sommer 1944 sah ich dann an der ostpreußisch-litauischen Grenze die zurückströmenden, völlig erschöpften und zum großen Teil verwundeten und aufeinander gestützten Soldaten der zerschlagenen Heeresgruppe Mitte an uns vorbeiziehen. Wir, noch frontunerfahrene Soldaten des Jahrgangs 1925, warteten in einer notdürftigen Auffangstellung auf die russischen Angriffsspitzen, während uns die Zurückströmenden zuriefen: »Kommt mit, Jungens! Es hat keinen Zweck mehr!« Manche beschimpften uns auch als Kriegsverlängerer. Wir sagten nichts dazu. Wir wussten nichts zu sagen. Im Westen hatte die Invasion begonnen. Die Rote Armee erreichte die ostpreußische Grenze. Wir sollten sie dort aufhalten trotz unserer grotesken zahlenmäßigen und waffentechnischen Unterlegenheit. Monate später waren die meisten von uns gefallen oder wie ich verwundet worden. Überleben wollten alle. Mit Lautsprechern forderten uns die Russen auf überzulaufen. Doch eine Gefangenschaft in Sibirien galt als ein ziemlich sicheres Todesurteil. So wartete man ab, zukunftsblind und ohnmächtig, in Situationen, die immer mehr Opfer forderten. Auch die nächsten Jahrgänge wurden noch verheizt. Ich verbrachte den Winter im Lazarett, kam im Frühjahr 1945 noch einmal an die Oderfront und gelangte mitten im Chaos des allgemeinen Zusammenbruches bis nach Schwerin zu den Amerikanern. Sterben mußte ich nun nicht mehr. Was in Zukunft »Leben« heißen würde, konnte ich nun abwarten. Mit 19 Jahren war ich ja noch jung.

Ein spektakuläres Beispiel von Überlebensplanung über den Krieg hinaus war der Fall des SS-Offiziers Schneider, der ein Amt in der berüchtigten, in den Niederlanden stationierten Nazibehörde »Ahnenerbe« innegehabt hatte und gegen Ende des Krieges als vermißt untertauchte und sich ein völlig neues Leben erfand. Unter dem angenommenen Namen Schwerte heiratete er seine Frau zum zweiten Mal und adoptierte seine eigenen Kinder, studierte Literaturwissenschaft und wurde ein angesehener Hochschullehrer und linksliberaler Demokrat. War das eine plötzliche Bekehrung, eine Art Paulus-Erlebnis? Oder entstand aus der biographischen Fälschung eine neue Lebenswahrheit, ein Beruf, der keine zufällige Wahl war und den Schwerte mit Engagement und Erfolg ausfüllte? Er fand Schüler, die ihn schätzten, wurde Rektor, Duzfreund des sozialdemokratischen Ministerpräsidenten und lebte ruhig und in Ehren, bis er Jahre nach seiner Emeritierung enttarnt wurde, alle erworbenen Titel und Rechte verlor, alles zu Unrecht bezogene Geld zurückzahlen mußte und zwei Jahre später starb.

Diese Geschichte ist in ihrer Zugespitztheit ein markantes Exempel für den Generalverdacht der 68er-Generation, daß die schweigenden Väter, die sich nach ihrer Rückkehr aus dem Krieg sofort an den Wiederaufbau des Landes und ihrer Existenz machten, sämtlich verkappte Nazis seien. Doch nach meiner Erinnerung war die massenpsychologische Situation der ersten Nachkriegszeit viel diffuser. Es gab Ressentiments und Unbelehrbarkeiten. Und es gab Menschen, die die deutsche Niederlage nicht verkraften konnten und auf vermeidbare Fehler zurückführten, ohne sich die Frage zu stellen, welche Konsequenzen ein deutscher Sieg gehabt hätte. Und es gab von schrecklichen Erfahrungen gezeichnete und gelähmte Menschen.

Doch das Bestreben der Mehrheit war es, sich von dem Desaster des Krieges und der Kriegsverbrechen abzuwenden und sich so schnell wie möglich den neuen zivilen Lebensverhältnissen anzupassen. Für die Millionenmassen der Ausgebombten und der Vertriebenen wurde der Wiederaufbau zur antidepressiven Therapie. Gemessen an den Menschenverlusten und Zerstörungen, wurde verhältnismäßig wenig geklagt und getrauert, vermutlich weil man fand, daß es dazu keine Berechtigung gab. Denn schließlich hatte Deutschland diesen furchtbaren Eroberungs- und Vernichtungskrieg begonnen. Die Leichtigkeit, mit der man sich von den Schrecken des Krieges und der Diktatur abwandte, nachdem die Hauptschuldigen im Nürnberger Prozeß verurteilt und hingerichtet worden waren, hatte allerdings auch Züge von Verdrängung. Die Jahr für

Jahr am sogenannten Volkstrauertag im Bundestag veranstaltete Feierstunde bekam mit der Zeit etwas Formales. Die Schuldbekenntnisse und warnenden Worte wurden von der Bevölkerung als ritualistische Selbstverständlichkeiten wahrgenommen. Es war doch eine längst gesicherte Mehrheitsmeinung, daß man mit der Naziideologie, die so ungeheures Unglück in die Welt und über das eigene Land gebracht hatte, nichts mehr zu tun haben wollte. Auch traditionelle Pathosbegriffe wie Gemeinschaft, Heimat und Vaterland wurden tabuisiert und aus dem Verkehr gezogen. Nur kritisch kommentiert und relativiert konnte man sie noch gebrauchen. Eine Zeitlang ging man sogar so weit, die Stuckverzierungen von den Fassaden der erhalten gebliebenen wilhelminischen Häuser herunterzuschlagen, weil man in ihnen Manifestationen einer problematischen Gesinnung zu erkennen glaubte.

Das alles waren politisch korrekte Absicherungen des neuen Aufstiegs, der mit Hilfe des Marshallplans in Gang kam. Dank der wachsenden Kaufkraft der D-Mark konnte man bald auch ins Ausland reisen, auch in die Länder, die im Krieg von der Wehrmacht erobert und besetzt worden waren. Konnte man die Vergangenheit jetzt abschütteln? Hier und da gab es Probleme. Aber bald schien man überall willkommen zu sein. Man war wieder wer, wie es damals hieß. Und nichts bestätigte dieses Gefühl mehr als das neue Massenritual der jährlichen Auslandsreise. Man wollte sich gönnen, was man sich verdient zu haben glaubte: die ausländische Akzeptanz und nebenbei, in Form interessanter Fotomotive, die Erfahrung, daß es Menschen gab, die bescheidener und ärmlicher lebten als man selbst – ein Grund, mit dem Erreichten zufrieden zu sein.

Die Nachkriegsdeutschen, die sich mit Energie und Überlebenswillen im sich normalisierenden Leben eingerichtet hatten, faßten die materiellen Segnungen des sich entwickelnden deutschen »Wirtschaftswunders« als Belohnungen für Fleiß und demokratisches Wohlverhalten auf – also als erworbene Rechte. Dabei gewöhnten sie sich an die Vorstellung, daß es von nun an immer weiter aufwärtsgehen werde. Sie fühlten sich endlich in der richtigen Welt angekommen. Das neue, das gute Leben, verstanden als eine Dauergarantie von Wohlstand, Fortschritt und abgesicherter Privatheit, wurde bundesbürgerliche Ideologie. Nach der deutschen Wiedervereinigung und dem wirtschaftlichen und politischen Zusammenbruch des gesamten Ostblocks schien der Idylle ein unangefochtener langfristiger Bestand verliehen zu sein. Dieses behagliche Wohlgefühl wurde allerdings schon bald durch die wirtschaftlichen und sozialen Folgen der unaufhaltsam fortschreitenden Globalisierung und die Schreckenstaten des muslimischen Terrorismus erschüttert. Völlig neue, nicht zu beherrschende Bedrohungssituationen entstanden, die den 2. Weltkrieg als Vergangenheit erscheinen ließen und in den Hintergrund rückten, zumal seine führenden Akteure inzwischen vergreist oder gestorben waren.

Doch dann allerdings gab es manchmal unvermutete Hinterlassenschaften des Krieges, die wie im Erdboden ruhende, nicht explodierte Bomben nachträglich zum Problem wurden. Günter Grass, Inhaber des Nobelpreises für Literatur, der neben seinem Ruhm als Schriftsteller durch seine beständige jahrzehntelange Einmischung in nahezu alle anstehenden politischen und gesellschaftlichen Probleme der Bundesrepublik auch den Ruf und die Rolle eines richtungweisenden Moralisten erworben hatte, war wenige Tage vor dem Erscheinen seiner Autobiographie mit dem Geständnis hervorgetreten, Soldat der Waffen-SS gewesen zu sein. An sich war das kein kritikwürdiger Tatbestand, jedenfalls keiner, der vergleichbar ist mit der Vergangenheit des hohen SS-Offiziers Schneider/Schwerte, der, wie auch der wegen seiner Experimente an Menschen berüchtigte SS-Arzt Mengele, der SS-Behörde »Ahnenerbe« angehört hatte. Schneider wußte, daß er keine Chance für ein wünschbares neues Leben bekommen würde, und wechselte deshalb seine Identität. Grass dagegen war Ende des Krieges 17 Jahre alt, nur noch ganz kurz militärisch im Einsatz und ist in keine Kriegsverbrechen verstrickt gewesen. Ob er sich freiwillig zur SS gemeldet hat oder, wie er es darstellt, eigentlich zu den U-Booten wollte und statt dessen, durchaus mit eigenem Einverständnis, wenn nicht gar mit einem Gefühl von Stolz, zu der als Elite geltenden Waffen-SS kam, zeigt nur, daß er in völlig anderen normativen Zusammenhängen dachte, als man es offenbar heute rückwirkend von ihm erwartet hätte. Zu seiner Rechtfertigung hätte er Hölderlins Gedicht »Tod fürs Vaterland« zitieren können und viele andere Autoritäten der höchsten Rangstufe, die damals häufig zu hören waren, zusammen mit andern Suggestionen, wie Fackeldunst, Fahnen und Musik. Aber so pathetisch wird seine Motivation vermutlich gar nicht gewesen sein. Es genügten auch Abenteuerlust und der Wunsch, sich zu bewähren. Seine autobiographische Darstellung entmythisiert diese pseudoheroischen Ausgangspositionen, da er in ihr als ein hilfloser, verängstigter Jugendlicher erscheint, der sich beim Auftauchen des Feindes in die Büsche schlug und, innerlich nach seiner Mutter rufend, im Wald umherirrte und so, im Unterschied zu der Mehrzahl seiner Kameraden, dem Tod entkam. Das ist zugleich individuell und durchaus exemplarisch. Der pubertäre Wunsch, noch teilzuhaben am großen Mannbarkeitsabenteuer des Krieges, endete für die meisten Jungen, die es überlebten, in jämmerlichem Elend und Angst.

Mehr als 40 Prozent der Geburtsjahrgänge 1925 bis 1927 sind gefallen. Und das nur, damit Hitler, Goebbels, Göring und Himmler noch eine Frist von mehreren Monaten bekamen, bevor sie sich mit der Pistole oder Zyankalikapseln das Leben nahmen. Hitler, der potentielle Selbstmörder, der Abermillionen Menschen für seine Wahnideen geopfert hat, versuchte seinen Abgang ins Gigantische zu steigern, indem er befahl, alle für das Überleben der Bevölkerung notwendigen Anlagen zu zerstören. Das deutsche Volk habe versagt und verdiene nicht zu überleben, fügte er hinzu. Sinngemäß sagte Göring, als er unser Regiment aus lauter Soldaten meines Jahrgangs mit einer gebrüllten Ansprache an die ostpreußische Grenzfront schickte: »Sollte das Schicksal gegen uns sein und der Russe in diese Provinz hineinkommen, dann darf das nur möglich sein, wenn von euch keiner mehr am Leben ist.« Deshalb sollten wir jeden, der versuche zu fliehen, sofort erschießen. Als schließlich mit dem Ende des Krieges das sechsjährige Massensterben zu Ende war, lautete Görings Resümee: »Wenigstens zwölf Jahre anständig gelebt.« So war der Geist dieser Bonzen beschaffen, die den Idealismus und die Opferbereitschaft junger Menschen bis zur letzten Konsequenz ausgenutzt haben.

Wenn es also in der Lebensgeschichte von Günter Grass einen Skandal gibt, dann ist das nicht seine kurze Zugehörigkeit zu einer sich auflösenden SS-Division, sondern die Tatsache, daß er es 60 Jahre lang nicht gewagt hat, darüber zu sprechen, und statt dessen harmlose Geschichten über seine Existenz als Flakhelfer in Umlauf gebracht hat. Zur Erklärung hat er gesagt, daß er »in nachwachsender Scham« nicht darüber sprechen konnte. Das ist die nachträgliche generalisierende Zusammenfassung eines stufenweisen Prozesses. Zunächst einmal wird Grass keinen besonderen Anlaß und auch keine Möglichkeit gesehen haben, über seine Kriegserfahrungen zu schreiben. Aber als er dank seiner frühen Gedichte zur Gruppe 47 eingeladen wurde und dort schnell Erfolg hatte, wird er den Eindruck gewonnen haben, daß es in diesem Kreis befremdlich gewirkt hätte, wenn er sich als ehemaliger Soldat der Waffen-SS zu erkennen gegeben hätte. Denn es herrschte in der Gruppe eine demonstrative antifaschistische Haltung, vielleicht gerade deshalb, weil es unter den älteren Mitgliedern, noch unerkannt, auch eine Anzahl mehr oder minder engagierter Mitläufer des NS-Regimes gab, die nichts mehr von ihrer Vergangenheit wissen wollten.

Grass schwieg also. Aber er schrieb die »Blechtrommel« und die »Hundejahre«. Und während er der international bekannteste Autor der jungen deutschen Gegenwartsliteratur wurde, muß es ihm immer unpassender erschienen sein, sich als ehemaliger Soldat der Waffen-SS zu outen, zumal er seine persönliche Vergangenheit als eine Phase jugendlicher Unreife und Unwissenheit hinter sich gelassen hatte. Was jetzt für ihn zählte, das war die Gegenwart mit seinen großen literarischen Erfolgen und den neuen Anforderungen, die von überall auf ihn zukamen. Das war er, und damit wurde er identifiziert. Da konnte man doch nicht mehr in Rechnung stellen, was er als Jugendlicher in der Chaoszeit des ausgehenden Krieges gedacht oder phantasiert hatte.

Verständlich ist das. In den ersten Jahrzehnten des Lebens als Erwachsener ist es sogar natürlich, daß man sich von seiner Kindheit und Jugend entfernt und sich möglicherweise in ganz anderer Richtung weiterentwickelt. Später wird man sich dann vielleicht wieder den frühen Jahren seines Lebens zuwenden und intime oder weitreichende Zusammenhänge entdecken. Zunächst aber gibt es einen absoluten Vorrang der Gegenwart, gibt es das Neue.

Etwas anderes ist allerdings das bewusste Verschweigen oder Verdrängen der eigenen Vergangenheit, denn das deutet auf etwas Unerledigtes hin, das immer wieder stört und nicht aufgelöst werden kann, weil es mit der Zeit als ein Fremdkörper von einem dichten Narbengewebe umhüllt worden ist. Nicht mehr das Verschwiegene war das Hauptproblem für Grass, sondern das andauernde Verschweigen selbst, das sich »in nachwachsender Scham«, wie er es genannt hat, zum Verschweigen des Verschweigens ausgewachsen hatte und ihn zunehmend blockierte, auch wenn es für den eigenen Blick nur zu vorübergehenden Beschwichtigungen reichte.

Zu seiner Erklärung hat er gesagt, er habe geglaubt, mit allem, was er geschrieben und geäußert hat, ein hinreichendes Gegengewicht gegen die ihn beschämende SS-Episode geschaffen zu haben. Aber das heißt ja, er habe die verleugnete Vergangenheit mit allem, was er geschrieben hat, systematisch zu überbauen und zu kompensieren versucht. Und das ist der klassische Weg, wie eine Lebenslüge entsteht.

Ich will damit nicht sagen, er habe nicht wirklich an das geglaubt, was er geäußert hat. Vielmehr war er, seiner beträchtlichen Energie und Impulsivität entsprechend, überidentifiziert mit seiner Rolle als ein Maßstäbe setzender Moralist, der sich ständig in die aktuellen gesellschaftlichen und politischen Debatten einmischte. Er nahm als prominenter Bürger Verantwortung wahr, ein Vorbild, das selbst großen Vorbildern, wie zum Beispiel Thomas Mann, folgte. Aber manchmal war es befremdlich zu sehen, daß seine rigorose Kritik an Geschehnissen und Personen Momente des Zweifels und der Ambivalenz auszuschließen schien. Recht haben und sich Recht zu verschaffen waren dann auf Kosten der Komplexität zu einer autoritären Rolle erstarrt.

Darin zeigte sich die Energie der Verdrängung und ihre verborgene Motivation. Am besten kann man das in der Sprache der Fußballstrategie veranschaulichen: Günter Grass versuchte durch aggressive Dominanz das Spiel in die Hälfte des Gegners zu verlagern, um gefährliche Schüsse auf das eigene Tor von vorneherein zu unterbinden. So etwas geschieht in der alltäglichen Lebenspraxis in der Regel hinter dem Rücken des eigenen Bewußtseins, geleitet und abgesichert durch sachliche Gründe.

Doch das Verdrängte kam zurück. Erst einmal verdeckt in dem auffallenden und keineswegs immer einleuchtenden Anspruch auf umfassende soziale und politische Deutungshoheit, wie beispielsweise beim Thema der Wiedervereinigung, als er die Teilung Deutschlands als Strafe für Auschwitz sanktionieren wollte. Dann aber auch direkt durch die Nachricht, daß die Amerikaner in ihrem Gewahrsam befindliche Akten der Öffentlichkeit zugänglich machen wollen, in denen das 60 Jahre lang gehütete lebensgeschichtliche Geheimnis von Günter Grass dokumentiert ist.

Das Ganze ist ein riesiges Medientheater, dessen hochschwappende Erregung sich aber weniger dem aufgedeckten Vorgang als der Prominenz des Autors verdankt. Man sieht gerne ein Denkmal wanken. Zugleich vergißt man, weil niemand danach fragt, daß auch das eigene Denken von Vorurteilen und unreflektierten Motiven bestimmt wird. Deshalb ist »der Fall Grass« eine gute Gelegenheit, daran zu erinnern, daß wir in einem Zeitalter der Ideologienkämpfe und gesellschaftlichen Umbrüche gelebt haben und weiterhin leben und daß zahllose Lebensgeschichten davon geprägt wurden. Die ungewöhnliche und eigenwillige Lebensgeschichte von Günter Grass ist trotz ihrer Besonderheit in dieser Hinsicht repräsentativ. Wir sehen einen jungen Menschen, der nach dem Krieg dank seines großen Potentials an Begabung und Vitalität rasch über seine jugendlichen Erfahrungen und weltanschaulichen Schablonen hinauswuchs, um sie dann immer mehr als imaginäre Last zu spüren und als heimliche Schmach mitzutragen, bis er sich die verleugnete Vergangenheit in der Lektion seines ganzen Lebens zu eigen machte. Vielleicht darf man hoffen, daß mit dieser exemplarischen Geschichte die Nachkriegszeit zu Ende geht.

## Risse

### Eine Familie in Krieg und Nachkrieg

Wenn man an die Leichenfelder und Trümmerwüsten denkt, die er hinterläßt, zeigt sich der Krieg als der große Gleichmacher. Anderseits aber verschärft er auch die Unterschiede, denn drastischer als im zivilen friedensmäßigen Leben regiert im Krieg der Zufall. In Gefechtssituationen ist das offensichtlich. Manche werden getroffen, andere nicht, manche werden mehr oder minder schwer verwundet, andere sterben. Die unterschiedlichen Wahrscheinlichkeiten der Verteilung von Glück und Unglück sind Statistik. Im Soldatenjahrgang hieß das »eisenhaltige Luft«.

Aber davon will ich hier nicht reden. Sondern von den unterschiedlichen Erfahrungen des Krieges innerhalb einer kleinen vierköpfigen Familie, bestehend aus mir, meinem fünf Jahre jüngeren Bruder und unseren Eltern.

Mein Bruder und ich sind in einer freundlichen und liberalen Familienatmosphäre aufgewachsen. Ich kann mich nicht erinnern, daß sich unsere Eltern jemals ernsthaft gestritten hätten. Sie waren beide Protestanten in einer vorwiegend katholischen Umgebung, doch keine Kirchgänger. Sie zitierten keine metaphysischen Begründungen für die Lebensregeln, nach denen sie uns erzogen. Aber sie feierten Weihnachten mit uns, und es war immer ein lange erwartetes, leuchtendes Fest, dominiert vom silbrig geschmückten Weihnachtsbaum und dem Tisch mit den Geschenken. Eine Krippe gab es auch, aber sie war nur eine traditionelle Zugabe, nichts Besonderes. Am besten gefielen mir noch Esel, Ochse und die Schafe, denn ich hatte eine eigene kleine Sammlung von Tierfiguren, die zu jedem Geburtstag und zu Weihnachten um eine weitere Figur erweitert wurde. Es waren Löwe, Tiger, schwarzer Panther, Braunbär und Eisbär, in meinen Augen die herrschende Oberschicht des Tierreiches, wenn man einmal vom Elefanten absah, der mir leider fehlte. Natürlich kannten wir die Weihnachtsgeschichte. Aber für meinen Geschmack gab es geheimnisvollere und spannendere Geschichten. Märchen und Sagen, die Indianerromane von Karl May und danach Bücher über den vergangenen Krieg, den die Eltern zu meinem Erstaunen beide erlebt hatten, beschäftigten meine Phantasie mehr als Maria und Joseph und »das kleine Jesulein« im Stall von Bethlehem, das der »Erlöser der Welt« genannt wurde. Darunter konnte ich mir gar nichts vorstellen. Was war denn falsch an der Welt? Und war sie inzwischen erlöst oder noch nicht? Niemand konnte etwas Einleuchtendes dazu sagen. Auf Fragen nach den Grundtatsachen des Lebens antwortete unsere Mutter: »Das ist von der Natur so eingerichtet.« Wie ihre Schwestern hatte sie ein Lyzeum besucht, und was sie naturwissenschaftlich dort gelernt hatte, war zu dieser Formel zusammengeschrumpft. Die Geschichten dazu erfuhr ich erst später. Sie waren wahrhaft atemberaubend: Das Weltall war aus einer ungeheuren Explosion entstanden und dehnte sich immer weiter aus, und auf der Erde hatte sich in Milliarden Jahren vom Einzeller bis zum Menschen das Leben entwickelt. Das hörte sich nicht so hausfraulich an wie die Formel meiner Mutter. Immerhin hatte sie nicht grundsätzlich falschgelegen.

Ich kann mich nicht erinnern, daß ich jemals mit dem Vater über solche Themen gesprochen hätte. Er redete nicht über etwas, wovon er nichts verstand. Statt dessen hatte er das zwölfbändige Meyersche Lexikon angeschafft, in dem ich viel stöberte und las. Ich benutzte es jedenfalls mehr als er. Seit 1938 war er dann beim Militär und kam nur noch selten zu kurzen Urlauben nach Hause. Er war ein angesehener Fachmann, hatte die Baugewerksschule mit Auszeichnung abgeschlossen und wurde 1930 Kreisbaumeister des Landkreises Neuß-Grevenbroich. Bald nach der Geburt meines fünf Jahre jüngeren Bruders bezogen wir ein von unserem Vater entworfenes Haus in Grevenbroich, einer kleinen Stadt von damals knapp 7000 Einwohnern, die im Zentrum des von ihm amtlich betreuten Landkreises lag. Wir hatten einen Garten hinterm Haus, der an einen Park mit großen alten Bäumen grenzte, und wohnten in einer ruhigen Straße, wenige Minuten vom Bauamt entfernt, wo der Vater in seiner weißen Architektenjacke Zeichnungen und Bauanträge prüfte. Seit wir dort wohnten, hatten wir ein Auto, einen kastenförmigen Opel P 4, dessen Motor manchmal noch mit einer Kurbel angeworfen werden mußte. Der Vater fuhr damit zu den im Landkreis verstreuten Neubauten, deren Ausführung er überwachte. Manchmal nahm er mich bei diesen Fahrten mit. Dabei sah ich, daß er eine Respektsperson war und immer wußte, was getan und was korrigiert werden mußte. »Bist du der Sohn vom Baumeister?« wurde ich gefragt. Ja, das war ich, und ich war stolz darauf.

Am Wochenende machten wir auch Familienausflüge: nach Düsseldorf zum Einkaufen, nach Neuss zum Schützenfest und zum Fackelzug, nach Honnef und nach Aachen zu Verwandten, ins Neandertal oder zum Drachenfels, in das mittelalterliche Städtchen Zons am Rhein, später auch zum Nürburgring zum Autorennen. Mein Vater besichtigte mit mir eine Talsperre, zeigte mir die Wuppertaler Schwebebahn und den Kölner Dom. Er erklärte mir gerne etwas. Seine Sicht der Welt war von seinem praktischen

Wissen geprägt. Problemgespräche hatten wir nicht. Ich war ja noch ein kleiner Junge. Und er war eindeutig ein erwachsener Mann, was mir auch wichtig war. Eine falsche kindbezogene Kumpanei, wie sie Jahrzehnte später zwischen Eltern und Kindern üblich wurde, hätte ich nicht gewollt. Er setzte voraus, daß ich ohne viel Kontrolle und Unterstützung meine eigenen Sachen ordentlich machte, vor allem die Schulaufgaben. Man machte sie pünktlich, sorgfältig, mit gewaschenen Händen und sorgte dafür, daß man nicht sitzenblieb. Das hätte ich auch selbst als Blamage empfunden. Weitere Forderungen stellte er mir nicht.

Andere, ernste Probleme streiften mich nur, ohne daß sie deutlich wurden. Einmal, als ich nicht schlafen konnte oder wach geworden war, hörte ich im Zimmer nebenan ein Gespräch meiner Eltern, das dringlicher als ihre alltäglichen Unterhaltungen klang und in dem die Mutter einen Satz sagte, den ich nur zur Hälfte verstand: »Walter, du könntest längst weiter sein, wenn …«, sagte sie. An mehr erinnere ich mich nicht. Doch ich weiß noch, daß ich irritiert war. Kritisierte sie den Vater? War sie nicht mit ihm zufrieden? Er war doch ein angesehener Mann, vor dem die Leute auf der Straße ihren Hut zogen. Die Antwort meines Vaters klang gedämpft und war unverständlich, doch ich hatte das befremdliche Gefühl, daß er, der doch alles immer konnte und richtig machte, unsicher war.

Hintergrund dieser Szene war der Beginn der Nazizeit. Die Eltern hatten wohl darüber gesprochen, wie sie sich dazu stellen sollten, und waren sich anscheinend nicht einig gewesen. Was ich damals von dem politischen Umsturz mitbekam, weiß ich nicht. Es waren nur unzusammenhängende Einzelheiten, und ich hatte keine Ahnung, was sie bedeuteten. Im zweiten Schuljahr kamen nach den großen Ferien zwei jüdische Mädchen nicht wieder in die Schule. Ich erzählte das zu Hause, und meine Mutter sagte, die Familien der Mädchen seien in die Schweiz gezogen. Sie erklärte das nicht. Und ich machte mir darüber keine weiteren Gedanken. Die Schweiz war auch nur ein Wort für mich, viel weniger interessant als Amerika.

Dagegen verblüfft mich die Tatsache, daß ich keine Erinnerung daran habe, wann ich meinen Vater zum ersten Mal in SA-Uniform gesehen habe, was ja eine extrem auffällige Neuigkeit für mich gewesen sein mußte. Ich besitze nur ein kleines Foto, auf dem der Hohenzollern-Prinz August Wilhelm, kurz Auwi genannt, in SA-Uniform mit erhobenem Arm die Front einer SA-Abteilung abschreitet, in deren erstem Glied mein Vater steht. War es 1933 oder kurz vorher gewesen, daß sie ihn angeworben hatten?

Leute waren ins Haus gekommen, die zu ihm gesagt hatten: »Sie als Beamter und Reserveoffizier gehören zu uns.« So hat er es mir Jahrzehnte später auf meine Fragen hin erzählt. Die Unterredung fand im sogenannten Herrenzimmer statt, wo damals an der Wand als prunkvolles Relikt noch nicht so lange vergangener Zeiten der Schmuckdolch hing, der zur Paradeuniform der kaiserlichen Marineoffiziere gehörte. Der Vater war im Ersten Weltkrieg Leutnant der Marineartillerie gewesen. Nach dem Zeugnis des Familienalbums hatten er und die Mutter sich damals verlobt. Sie und ihre drei Schwestern hatten offenbar eine Vorliebe für Männer in Uniform. Zwei von ihnen hatten auch ehemalige Offiziere geheiratet. Die Älteste war mit einem Jagdflieger aus dem berühmten Richthofengeschwader verlobt gewesen, der im Luftkampf tödlich abgestürzt war. Solche familiären Besonderheiten wußten die Besucher zwar nicht, aber sie bauten ihre Werbung auf der richtigen Einschätzung auf, daß der Offiziersdolch an der Wand alte, wiederbelebbare Bindungen an die Militärzeit repräsentierte. So erzählten sie dem Vater, daß die SA als die kommende neue Volksarmee schon wegen der Herkunft einiger ihrer Führer aus den Freikorps die aktuelle Fortsetzung und Wiederauferstehung der alten Armee sei. Er war auf dieses Argument nicht vorbereitet und ließ sich überreden, nicht nur, wie die meisten Beamten, in die Partei, sondern auch in die SA einzutreten.

Doch er hat sich in dieser Krakeelertruppe, in der er an Wochenenden bei paramilitärischen Übungen ungeachtet seines alten militärischen Ranges in Reih und Glied marschieren mußte, nicht wohl gefühlt. Und als 1934 beim sogenannten Röhmputsch die SA bei Hitler in Ungnade fiel und ihre Führer von einem SS-Kommando umgebracht wurden, nutzte er die Gelegenheit, aus der SA auszutreten, und ließ sich statt dessen als Reserveoffizier von der im Aufbau befindlichen Wehrmacht reaktivieren, was viel mehr seinem Selbstbild entsprach. Groß und schlank, wie er war, stand ihm die neue blaugraue Luftwaffenuniform mit den maßangefertigten Schaftstiefeln und den Breecheshosen ausgezeichnet. Er hätte als Dressman für Uniformen auftreten können. Ob er das alles selbst bezahlen mußte oder ob es zu den Kosten der Aufrüstung gehörte und es Zuschüsse dafür gab, weiß ich nicht. Reich waren wir ja nicht, aber das dachte ich nicht, weil ich nie das Empfinden hatte, daß uns etwas fehlte. Auch eine Hausangestellte hatten wir, denn es gab die Große Wäsche, den Hausputz, das jährliche Einkochen, das Backen und die Bedienung der mit Koks geheizten Zentralheizung, eine Aufgabe, die vom Vater an mich überging. Als er uns verließ, um zu seinem militärischen Standort zu fahren, kam mir das durch die schöne Uniform wie eine Entrückung ins Ideale vor. Daneben erschienen mir die übrigen Erwachsenen in ihren Zivilkleidern, besonders aber ein dicker Studienrat, der sonntags in brauner Parteiuniform an den Haustüren klingelte und Spenden für das Winterhilfswerk sammelte, als banale Spießbürger.

Von nun an war der Vater jedes Jahr für einige Wochen zu militärischen Übungen weg. Aus der Marineartillerie des 1. Weltkriegs, die bis dahin die avancierteste Artillerie war, wurde die Flak des 2. Weltkrieges entwickelt. Das waren Kriegsvorbereitungen, aber sie liefen unter dem Titel einer Wiederherstellung der nationalen Souveränität. Niemand redete über einen bevorstehenden Krieg. Auch der Vater nicht. Vielleicht war das Geheimhaltung oder, was ich eher glaube, ein Mangel an Phantasie. Es war ja auch kaum zu begreifen, daß kurz nach einem so schrecklichen Massensterben wie dem 1. Weltkrieg schon wieder ein Krieg bevorstand.

Bald allerdings mußte man daran glauben. Bei der Sudetenkrise im Sommer 1938 wurde der Vater durch einen kurzfristigen Gestellungsbefehl aus dem Sommerurlaub der Familie zur Truppe abberufen. Ich fand das aufregend und geheimnisvoll, und es deklassierte in meinen Augen die Männer, die keinen Gestellungsbefehl erhalten hatten. Wir waren mit einer befreundeten Familie aus Neuss zusammen und machten weiter Ferien wie immer, was ziemlich langweilig war, wie ich fand.

Als der Krieg begann, befehligte der Vater eine Flakbatterie zum Schutz der Bayerwerke in Leverkusen. Dort besuchte ich ihn mit dem Fahrrad. An den von Schutzwällen aus Sandsäcken umgebenen Geschützen wurde der Ernstfall geübt. Doch die feindlichen Flugzeuge ließen sich noch nicht blicken, was ich als szenischen Mangel empfand. Als nächstes übernahm er das Kommando über eine aus vier Batterien bestehende Flakabteilung im Ruhrgebiet. Danach wurde er zum Luftwaffenstab West nach Münster in Westfalen versetzt und zum Major befördert.

Welche Aufgaben er dort übernahm, weiß ich nicht, weil er nie darüber sprach. Aber er verbrachte die längste Zeit des Krieges dort, was sicher kein schlechtes Los war. Als die Luftabwehr der Nachtjäger und der Flak gescheitert war, wurde er Spezialist für Scheinanlagen, die nachts als Attrappen Industriewerke vortäuschten, um möglichst viele Bombenabwürfe auf sich zu ziehen. An der totalen Niederlage änderte das nichts mehr. Eher war es ein Eingeständnis, daß sie längst eingetreten war.

Wie sich dann herausstellte, hatte der Vater heimliche Vorkehrungen für das näher kommende Ende getroffen. Ein befreundeter Stabsarzt hatte ihm mit vorgetäuschten Gesundheitsgründen und rückdatiertem Datum seine vorzeitige Entlassung aus der Wehrmacht bescheinigt, so daß er beim offiziellen Kriegsende nur seine Uniform ausziehen und die bereitgelegten Zivilkleider anziehen mußte, um nicht mehr in Gefangenschaft zu geraten. Wann ihm Zweifel kamen und wann sie zu der Gewißheit wurden, daß der Krieg verloren war, weiß ich nicht. Auch nicht, ob es ein allmählicher oder ein plötzlicher Vorgang war. Noch im Sommer 1942, als nach den Rückzügen des letzten Winters der deutsche Vormarsch noch einmal großräumig in Gang kam, war er noch nicht soweit. Er war zum Wochenende nach Hause gekommen, um sich mit seinem jüngeren Bruder zu besprechen, der zu diesem Gespräch von Oberschlesien angereist war. Der Bruder, mein Patenonkel, der als gelernter Agronom in Oberschlesien eine Staatsdomäne leitete, wollte sich ein Bild von der Zukunft machen, denn er fürchtete, im Rahmen der naziideologischen Germanisierungspläne nach dem Krieg oder schon vorher mitsamt seiner kinderreichen Familie in die Ukraine versetzt zu werden. Zufällig kam ich ins Zimmer und hörte, wie mein Vater den für ihn ungewöhnlichen Satz sagte: »Nach dem Krieg wird sich die Wehrmacht das Heft nicht mehr aus der Hand nehmen lassen.« Der Satz, der vermutlich wiedergab, was damals in den Offizierskasinos gedacht und heimlich gesprochen wurde, war als Beruhigung gemeint, beruhte aber auf zwei falschen Annahmen: daß Deutschland den Krieg gewinnen würde und daß die Wehrmacht machtpolitisch »das Heft in der Hand« habe. Das erste war längst fragwürdig geworden und das zweite so offensichtlich falsch, daß man den Satz als eine zwanghaft gegen alle Zweifel festgehaltene Illusion interpretieren muß. In dieser totalen Fehleinschätzung der realen Verhältnisse ist aber die Erklärung zu finden, was dem Vater die Wehrmacht bedeutete: Er sah sie als Verkörperung des besseren Deutschlands und als persönlichen Schutz gegen die bedrängenden Forderungen der Nazis, denen er anfangs, als er in die SA eintrat, erlegen war. Noch sein Rat, mich den Werbern der Waffen-SS zu entziehen, indem ich mich freiwillig zur »Division Hermann Göring« meldete, folgte diesem Muster. Denn für sein Empfinden war der Name »Göring« auf dem Ärmelstreifen eher beiläufig im Vergleich zu der Tatsache, daß es sich um eine zur Luftwaffe gehörende Erdkampftruppe handelte und nicht um eine Einheit der Waffen-SS.

Die Unterscheidung, die er da machte, war als ein Ausdruck seiner persönlichen Erfahrung nur noch von eng begrenzter Gültigkeit. Denn in diesem Krieg, vor allem in den letzten Jahren, kam es auf die Situationen an, in die man hineingeriet. Große Teile meines Jahrgangs, der im Herbst 1943 zur Grundausbildung in Holland war, wurden zur Invasionsfront nach Italien geschickt, wo die italienische Armee die Fronten gewechselt hatte. Sie gerieten dort in einen Partisanenüberfall und erschossen auf Befehl eines fanatischen oder verwirrten Kommandeurs in einer Vergeltungsaktion einen großen Teil der männlichen

Bevölkerung des toskanischen Städtchens Civitella. Teile dieser Truppe wurden später zusammen mit SS- und Polizeieinheiten auch bei der Niederschlagung des Aufstandes im Warschauer Ghetto eingesetzt. Die magische Grenze zwischen der SS und der Division Hermann Göring, auf die mein Vater gesetzt hatte, als er mir empfahl, mich zu der Luftwaffendivision zu melden, war durch die Ereignisse annulliert worden.

Ich allerdings hatte Glück und war nicht bei diesem Massaker dabei, weil ich vorher, zusammen mit 200 anderen Rekruten, von einer Offizierskommission für das in Berlin stationierte Begleitregiment, also Görings Garde, ausgewählt worden war. Von dort waren wir nach neun Monaten infanteristischer Ausbildung im Juli 1944 an die Ostfront transportiert worden, um Ostpreußen gegen das Vordringen der Roten Armee zu verteidigen. Als ich Monate später im Memelbrückenkopf verwundet wurde, waren von der Kompanie trotz Nachschubs aus dem Jahrgang 1926 nur noch Reste übriggeblieben. Angesichts dieser vielen Toten und Verletzten ist das Wort »Glück gehabt« nicht mehr ohne weiteres passend, um den Vorzug zu beschreiben, statt nach Italien an die Ostfront gekommen zu sein. Allerdings hatte ich das Glück, daß ich dank meiner Verwundung den letzten Kriegswinter im Lazarett verbringen konnte.

Von dort kam ich im März 1945 noch einmal an die Oderfront und besuchte auf diesem Weg für einen kurzen Genesungsurlaub meinen Vater in seiner Bunkerstellung in Südwestfalen, wo er jetzt Chef der industriellen Scheinanlagen zur Täuschung der alliierten Bombenflugzeuge war. Im Befehlsstand der weiträumigen Anlage waren nicht viele Soldaten beschäftigt, aber immer noch mehr, als nötig waren. Sie machten nur noch Dienst nach Vorschrift, wie Angestellte einer bankrotten Firma, die kurz vor ihrer Schließung steht. Die militärischen Rituale und Rangordnungen wurden dabei als bewährte Formalitäten eingehalten. Alle warteten sie auf das Eintreffen der Amerikaner, die nicht mehr weit entfernt waren, aber sich Zeit ließen. Ich fragte meinen Vater, ob ich nicht in der Nähe in einem der großen Bauernhöfe Unterschlupf finden könne, bis die Amerikaner da seien. Aber er fand das zu gefährlich. Die Bauern würden es wahrscheinlich sowieso nicht mitmachen. Oder es würde verraten werden, und dann würde mich die Feldgendarmerie in meinem Versteck aufstöbern und auf der Stelle exekutieren. Also fuhr ich am Ende der Urlaubstage auf einer mehrfach unterbrochenen Bahnstrecke nach Berlin, wurde von dort in einem zusammengewürfelten Haufen demotivierter, schlecht ausgebildeter Soldaten an die Oderfront geschickt. Als beim Beginn der russischen Schlußoffensive die Front wie ein Kartenhaus zusammenbrach, floh ich im Chaos der Flüchtlingstrecks und der aufgelösten Truppen auf einem Fahrrad bis zu den bei Schwerin stehenden Amerikanern und ging in Gefangenschaft.

Ich bin froh, diese einmalige Erfahrung des totalen Zusammenbruchs gemacht zu haben. Sie war das anschauliche Ende meiner bisherigen Welt und wurde die Voraussetzung und der Ausgangspunkt meines neuen Lebens. Rein zufällig hatte ich den Krieg überlebt und war erst 19 Jahre alt. Was nun als nächstes geschehen würde, wußte ich nicht. Jedenfalls brauchte ich nicht mehr zu sterben.

Als ich Ende Juni aus der Gefangenschaft entlassen wurde und in Grevenbroich von einem Lastwagen sprang, war das ein mythischer Moment. Nach zweijähriger Abwesenheit und einer noch längst nicht bewältigten Erfahrungsreise berührten meine Füße wieder den heimatlichen Boden. Ich blickte mich um, erkannte alles wieder, aber es kam mir fast wie eine Täuschung vor. Auch hier mußte sich alles verändert haben. Als ich in unsere Straße einbog, sah ich schon von ferne, daß unser Haus noch stand, aber an der Vorderfront durch eine Bombe schwer beschädigt war. Später sah ich auf einem Foto, daß die Bombe die Vorgartenmauer getroffen hatte und dabei die Haustür und alle Fenster herausgerissen und Mauerwerk und Dach beschädigt hatte. Das war notdürftig repariert worden. Fremde Leute wohnten darin, die mich freundlich aufnahmen. Sie hatten vor auszuziehen, sobald ihr eigenes, noch schwerer beschädigtes Haus wiederhergerichtet war.

Ich bekam Arbeit bei einem Dachdecker und falzte täglich im Akkord an einer handbetriebenen Presse Aluminiumbleche zu Dachpfannen. Danach war ich mir selbst überlassen, was ein ganz ungewohntes Gefühl war. Wie in einer Trance ging ich in den Straßen und der Umgebung des Ortes meiner Kindheit und Jugend herum. Inzwischen lebten viele fremde Menschen hier, und manche Bekannte waren mir auch fremd geworden. Im Haus und im Garten dachte ich mit gemischten Gefühlen an die letzten hier verlebten Jahre und, als müßte ich mein Verhältnis zu ihr neu justieren, auch immer wieder an meine Mutter, die im Frühjahr 1943 kurz nach meinem Weggang gestorben war. Die Erinnerungsbilder, die ich hier überall herbeizitieren konnte, blieben matt und künstlich wie verblaßte Fotografien. Ich hatte mich damals von ihr abgewandt, in dem Gefühl, daß sie mich zu hindern versuchte, ich selbst zu sein, weil sie mich nicht hergeben wollte, nachdem sie schon ihren Mann an den Krieg verloren hatte. Schamlos hatte sie sich mir in ihren Depressionen und Ängsten präsentiert, um mich zu beeindrucken, obwohl sie natürlich wußte, daß ihr das nicht helfen, aber mir schaden konnte. Doch es schadete wohl vor allem ihr selbst, denn sie wurde immer kränker und schwächer. Sie war auch nicht in

Grevenbroich beerdigt, wo sie mit Mann und Kindern gelebt hatte, sondern auf ihren Wunsch in Bad Honnef, wo ihre Schwestern wohnten. Für mich war das weit weg und gehörte einer anderen, verblaßten Zeit an.

Zwei Wochen später tauchte unerwartet mein Vater auf. Er war mit dem Fahrrad aus Westfalen gekommen und zweimal von englischer Militärpolizei kontrolliert worden, aber mit seinem zurückdatierten Entlassungsschein beide Male durchgekommen. Es war für mich befremdlich, ihn in Zivil zu sehen. Er kam mir so vor, als sei er demaskiert worden und habe dabei etwas von seiner Sicherheit verloren.

Er war gekommen, um sich das Haus anzuschauen und mit den Leuten zu reden, die zur Zeit darin wohnten und mir bei meiner Heimkehr ein Zimmer freigemacht hatten. Die Reparaturarbeiten an ihrem eigenen schwerbeschädigten Haus hatten sich wegen Materialmangels verzögert. Doch nun war abzusehen, daß sie in wenigen Wochen ausziehen würden.

Mein Vater erzählte mir, daß er gleich nach dem Kriegsende wieder geheiratet habe. Ich kannte die Frau von meinem kurzen Genesungsurlaub, den ich im März 1945, von Reichenhall kommend, in dem verbunkerten Kommandostand meines Vaters in Südwestfalen verbrachte, bevor ich von dort über Berlin zur Endphase des Krieges an die Oderfront fuhr. Er hatte mir das Haus der Frau in Werne als Treffpunkt genannt, wo er mich abholen wollte. Sie war wesentlich jünger als er, eine Kriegswitwe, deren Mann in Rußland gefallen war. Sie hatte zwei kleine Jungen, die vor dem Haus spielten und mich neugierig anstarrten, als ich abgerissen, hungrig und durstig nach einer langen, mehrfach von Tieffliegerangriffen unterbrochenen Bahnreise dort ankam. Ich wurde freundlich empfangen und zunächst einmal mit Essen versorgt, bevor mein Vater mich abholte und mit mir aufs Land zu seinem Gefechtsstand fuhr. Dort verbrachte ich eine Woche mit Nichtstun in fatalistischer Ziellosigkeit. Es gab keine vorstellbare Zukunft, keine, die über meinen Marschbefehl nach Berlin hinausreichte.

Doch nun, einige Monate später, lebte ich, immer noch erstaunt über den Lauf der Dinge, schon seit zwei Wochen allein im elterlichen Haus, als der Vater mit seiner neuen Familie anreiste. Die hatte sich inzwischen beträchtlich vergrößert durch die aus Schlesien geflohene Mutter und die aus Zoppot gekommene jüngere Schwester seiner neuen Frau. Außerdem um zwei alte, zum Umkreis der schlesischen Familie gehörende, unverheiratete Zwillingsschwestern, die auch nach Werne geflohen waren, weil das ihr einziger Anhaltspunkt im Westen war. Es waren zwei äußerst bescheidene und hilflose alte Frauen, die sich am liebsten unsichtbar gemacht hätten, um nicht lästig zu wirken. Um alle diese Menschen im Haus unterzubringen, mußten das Wohnzimmer und das Esszimmer abends in Schlafräume verwandelt werden, bis der Speicher unter dem Dach, wo früher die Wäsche zum Trocknen aufgehängt wurde, notdürftig bewohnbar gemacht worden war. Heizung bekam er erst später. Noch war ja Sommer, was allerdings unter den Dachziegeln manchmal schwer zu ertragen war.

Hans Walter, mein jüngerer Bruder, der nach dem Tod unserer Mutter in einem Internat untergebracht worden war, kam als Letzter nach Hause und fand sich nur schlecht in den großen neuen Familienzusammenhang hinein. Nun wohnten wir wie früher wieder zusammen in einem Zimmer. Tagsüber, auch abends war er meistens weg und verkaufte in Köln oder Düsseldorf amerikanische und englische Zigaretten. Er bezog sie von einem italienischen Onkel, der eigentlich Restaurator für Kirchenkunst war, sich aber in den ersten Nachkriegsjahren, als er kaum

Aufträge bekam, darauf spezialisiert hatte, im Schnellverfahren simpel typisierte Porträts von Besatzungssoldaten anzufertigen, stets vor dem Hintergrund des berühmten Rhöndorfer Drachenfelsens, den er schon auf Vorrat malte, mit freigelassenem Raum für das jeweilige Konterfei. Sein Honorar ließ er sich in Zigaretten auszahlen, der damals üblichen Schwarzmarktwährung. Es war nicht ungefährlich für meinen Bruder, der gerade erst fünfzehn Jahre geworden war, mit seiner verbotenen, aber höchst begehrten Ware durch die Kneipen der zerstörten Städte zu ziehen und an den Theken und Tischen flüsternd sein Angebot zu machen. Doch vielleicht schützte ihn gerade seine Jugend. Eines Abends, als er mit neuer Ware im Gepäck den letzten Zug nach Grevenbroich am Niederrhein verpaßte, nahm sich in den Ruinen der Kölner Altstadt eine freundliche Frau seiner an und verschaffte ihm ein provisorisches Nachtlager in einer kleinen Kammer. Die Nachtgeräusche im Haus verrieten ihm, daß er sich in einem Bordell befand. Da er fürchtete, mit seiner wertvollen Fracht in eine Falle geraten zu sein und in der Nacht beraubt zu werden, lauschte er stundenlang angstvoll auf sich nähernde Schritte. Schließlich war er dann doch eingeschlafen und wurde morgens von seiner inzwischen abgeschminkten Wohltäterin geweckt und auch noch mit einem belegten Brot versorgt, bevor er zum nahen Bahnhof aufbrach, froh, mit heiler Haut davonzukommen.

Der Zigarettenhandel blieb eine rentable Routine, während er längst wieder zur Schule ging. Eines Tages erschien er dort in einer olivgrünen amerikanischen Offiziershose, um die er von seinen Mitschülern beneidet wurde. Er hatte jetzt stets mehr Geld in der Tasche als ich, zumal ich die Arbeit beim Dachdecker aufgegeben hatte, um mich in einem Sonderlehrgang für Kriegsteilnehmer auf das Abitur vorzubereiten. Verwundert stellte ich dabei fest, daß mir das Lernen viel leichter fiel und mehr Spaß machte als im alltäglichen Lerndrill der regulären Schuljahre. Wir, die restlichen überlebenden Schüler der Kriegsjahrgänge, wurden jetzt als Erwachsene behandelt. Die Lehrer, die keinerlei Disziplinprobleme mit uns hatten, übten sich in neuen zivilen Umgangsformen. Die Schulbänke waren aber noch die alten.

Es hat sich vermutlich auch in der Schwarzmarktzeit entschieden, daß mein Bruder später Geschäftsmann wurde, und zwar ein erfinderischer und risikobereiter, der ungeduldig den raschen Erfolg suchte. Das gute, das wünschenswerte Leben, das in der Kindheit gewaltsam abgerissen und versunken war, sollte jetzt anders beginnen, als ein eigenes phantastisches Projekt. Im Auf und Ab seines Lebens folgte er diesem Traum. Und obwohl er schließlich daran gescheitert ist, blieb er immer derselbe, ein Abenteurer mit gefährlichem Gepäck auf riskantem Weg durch eine widerständige und unberechenbare Welt.

Wir haben damals viel miteinander geredet. Er hatte jahrelang in einer Umgebung gelebt, in der es üblich war, eine Maske von Robustheit aufzusetzen und nicht viel von sich preiszugeben. Jetzt suchte er Orientierung bei mir, obwohl meine Lebenskenntnisse, abgesehen von den Kriegserfahrungen, auch noch ziemlich begrenzt und vorläufig waren. Natürlich war auch der Sex unser großes Thema, Erfahrungen auf dörflichen Tanzböden und im engen körperlichen Gedränge überbesetzter Züge.

Nebenan in dem kleinen Balkonzimmer, in dem unsere Mutter in den einsamen Kriegsjahren abends ihre Patiencen gelegt hatte, wohnten jetzt die beiden kleinen Stiefbrüder. Sie hatten früh ihren Vater verloren und nun durch den Umzug und die Einschränkungen, die sich für sie daraus ergeben hatten, eine weitere einschneidende Erfahrung gemacht. Aber wahrscheinlich nahmen sie in der Art kleiner

Kinder alles hin, wie es eben kam. Beide wurden sie später erfolgreiche Juristen. Einer ging in die Wirtschaft, der andere wandte sich der Politik zu und wurde Bürgermeister einer mittelgroßen Stadt, wie es sein Vater gewesen war, bevor er, auf seine Freistellung verzichtend, sich freiwillig gemeldet hatte und gefallen war. Weil wir uns selten sahen, haben wir uns später nicht mehr über die Vergangenheit unterhalten. Im Rückblick war der Krieg immer fremder und monströser geworden, unvorstellbar für die nachfolgenden Generationen und bald für sie so weit entfernt wie für uns die Zeit vor dem Krieg, die nun als ein manchmal durchscheinendes freundliches Pastellbild hinter einem düsteren Verhau von Gewalt und mörderischen Schrecken lag.

In unserer Kindheit war im Türrahmen zwischen den beiden Zimmern eine Schaukel montiert gewesen, die wir, natürlich verbotenerweise, zum Schwungholen für weite Absprünge auf die Couch des Nebenzimmers benutzt hatten. Jetzt war die Tür verschlossen und durch einen Schrank blockiert. Es war eng im Haus geworden, das mir früher vom Keller bis zum Speicher als ein vielräumiger großer Raum mit vielen verschiedenen Stimmungen erschienen war, keineswegs ganz geheuer, wenn die Eltern mit meinem Bruder auswärtige Freunde besuchten und ich bis zum späten Abend alleine im Haus zurückblieb. Jetzt bestand das Haus aus kleinen, in sich abgeschlossenen Wohnwaben. Es war für fünf Bewohner geplant worden, beherbergte aber nun doppelt so viele. Das war damals nicht ungewöhnlich. Denn neben den ausgebombten Stadtbewohnern, die ihre Wohnungen verloren hatten, mussten viele Millionen Vertriebene aus den Ostgebieten untergebracht werden. Daß dies gelang, war nicht nur eine große organisatorische Leistung, sondern mindestens ebenso eine bewundernswerte Leistung menschlicher Solidarität.

Im Grevenbroicher Haus kam es allerdings anfangs zu

einer Krise, denn etwas nicht Vorhergesehenes war geschehen. Es war nicht objektiv unvorhersehbar gewesen, denn es stellte eine milde Variante der unabsehbaren Schrecken dar, mit denen man zuvor gerechnet hatte, gemäß dem zynischen Slogan, der in den letzten Kriegsjahren die Runde machte: »Genießt den Krieg, der Frieden wird fürchterlich!« Nein, fürchterlich war es nicht, gemessen an den Fürchterlichkeiten, die im Krieg geschehen waren und nun mit zähen Verzögerungen nach und nach ans Licht kamen. Doch als die Karawane der neuen Großfamilie in Grevenbroich eintraf, um in das inzwischen geräumte Haus einzuziehen, hatte offenbar niemand mit der Möglichkeit gerechnet, dem gemeinsamen Neuanfang könnte durch eine fremde Instanz die Grundlage entzogen werden. Diese Instanz hieß »Entnazifizierungsbehörde«.

Da der Vater kein Berufsoffizier gewesen war, hatte er seinen Beamtenstatus behalten. Und als er nach dem Kriegsende wieder heiratete und damit neue Verpflichtungen übernahm, war er selbstverständlich davon ausgegangen, daß er wieder in sein Amt als Kreisbaumeister hineinkäme. Als das nicht der Fall war, war das für ihn wohl so, als wäre er im Dunkeln gegen eine Wand gelaufen. 1934 hatte er seine frühe, unüberlegt eingegangene Mitgliedschaft in der SA gekündigt und sich in den Schutzraum der Armee zurückgezogen. Seine Mitgliedschaft in der Partei hatte er formal beibehalten, weil ein Austritt als schwerwiegende erklärungsbedürftige Provokation erschienen wäre. Aber »die Hundemarke« – ein üblicher Spottname für das Parteiabzeichen, das er selbstverständlich nie an der Offiziersuniform getragen und wohl auch aus seinem Bewusstsein verdrängt hatte – wurde ihm nun zum Verhängnis. Statt wieder in sein Amtszimmer zu kommen und die gewohnte, jetzt besonders dringend gewordene Arbeit wiederaufzunehmen, musste er zusammen mit einigen alten

Nazis, denen er sich keineswegs verbunden fühlte, auf der Straße Steine klopfen. Jeden Tag wurde ihnen auf einem öffentlichen Platz eine Fuhre alter Ziegelsteine aus Trümmergrundstücken hingekippt, die sie mühsam mit Hämmern von Mörtelresten reinigen mussten. Er empfand das als öffentliche Demütigung. Vor allem aber auch als eine soziale Bedrohung, die ihn vor seiner Frau und ihrem familiären Anhang unglaubhaft machte. Hatte sie ihn nicht auch geheiratet, weil sie in diesem schwierigen Zeitenwechsel für sich und ihre Familie bei ihm Schutz und einen unverfänglichen neuen Anfang gesucht hatte? Für sie war er jetzt wohl nicht mehr der Mann, den sie geheiratet hatte, auch wenn er nicht sie, sondern sich selbst getäuscht hatte.

Die Kluft wurde zwar zunächst einmal verdeckt, brach aber auf und wurde zum Konflikt, als er sich in seinem Ärger mit der Bemerkung Luft machte, dass man »diesen ganzen Mist« den Nazis zu verdanken habe. In ihren Augen war das ein würdeloser Verrat an den patriotischen Werten, für die ihr erster Mann, ein idealistisch gesinnter Nationalsozialist, und ihre zwei Brüder ihr Leben verloren hatten. Der Nürnberger Prozeß, der später nachfolgende Auschwitz-Prozeß und die noch wesentlich spätere Auflistung der Kriegsverbrechen der Wehrmacht hatten noch nicht stattgefunden. So hielt die später als »Unfähigkeit zu trauern« analysierte kollektive Verdrängung der Verbrechen und der schuldhaften Mitbeteiligung bei ihr wie bei vielen anderen Deutschen noch an. Es kam zu quälenden Streitereien zwischen den Ehepartnern, die mein Bruder und ich abends und nachts mit Widerwillen im Nebenzimmer mit anhören mussten. Der Vater, schwer angeschlagen durch seine demütigende soziale Deklassierung, machte dabei keine gute Figur.

Doch die Strafzeit ging zu Ende, und mit den sozialen Verhältnissen stabilisierte sich die psychologische Situation. Der Wiederaufbau stand an, und da man ihn als anerkannten Fachmann brauchte, berief man ihn wieder in sein Amt. Schließlich wurde er wegen der Erweiterung seiner Aufgaben zum Baurat befördert.

Die größte Veränderung gegenüber der Vorkriegszeit drückte sich für mich darin aus, daß er jetzt viel mehr las als vor dem Krieg, als er fast nur Fachliteratur gelesen hatte. Sein Interesse am Leben und dem öffentlichen Geschehen hatte sich erweitert und vertieft. Vielleicht weil er jetzt mehr Zutrauen zu Gedrucktem hatte. Eine gewisse Rolle spielte es auch, daß ich in einem Verlag arbeitete und Bücher schrieb. Das interessierte ihn schon deshalb, weil er darauf angesprochen wurde. Nach seinem Tod hat mir einer seiner damaligen Mitarbeiter erzählt, daß er ein angenehmer, ruhiger und erfahrener Chef gewesen sei. Das erinnerte mich sofort an die entspannte Atmosphäre auf seinem letzten Befehlsstand. Vielleicht hatte sich die Erfahrung des wechselseitigen Aufeinander-angewiesen-Seins und gegenseitiger Toleranz, die mich damals so beeindruckt hatte, wie von selbst auf den neuen Arbeitsbereich übertragen. Auch in der Niederlage gibt es Wichtiges zu lernen.

In dem überfüllten Grevenbroicher Haus hatten die zehn Bewohner gelernt, miteinander auszukommen. Ich allerdings fühlte mich nur noch wie auf Besuch. Wie vor drei Jahren, als ich Soldat wurde, trieb mich wieder alles fort. Nachdem ich das Abitur gemacht hatte, bewarb ich mich an der Universität Bonn, arbeitete, wie es damals Pflicht war, ein halbes Jahr im Studenten-Bautrupp beim Wiederaufbau und begann im Frühjahr 1947 das Studium. Ich machte mir allerdings Sorgen um meinen Bruder, der sich in der Zeit, in der wir gemeinsam in einem Zimmer gewohnt hatten, wieder sehr an mich angeschlossen hatte, weil er sich in der neuen Familie fremd fühlte. Vor allem, weil er von dem durch seine eigenen Probleme gestreßten Vater viel zu wenig Aufmerksamkeit bekommen hatte. Er war gerade 8 Jahre alt geworden, als der Vater sich 1938 von der Wehrmacht reaktivieren ließ und von da an, bis auf kurze Urlaubsbesuche, mehr als sechs Jahre abwesend war. Das hat zweifellos dazu beigetragen, daß sich zwischen ihm und meinem Bruder nicht die gleiche vertraute Beziehung entwickeln konnte wie zwischen dem Vater und mir. Immer warb er später um den Vater, und immer ist er mehr oder minder enttäuscht worden. Die Mutter hat das anscheinend nur teilweise ausgleichen können. Er brauchte wohl ein Gegengewicht zu ihrer besitzergreifenden Mütterlichkeit, denn er suchte auch Halt bei mir. Aber fünf Jahre Altersunterschied bedeuten in diesem Lebensalter viel. Was sich dann auch darin ausdrückte, daß nach dem Vater schließlich auch ich das Haus verließ, um in den Krieg ziehen.

Der Bruder, erst zwölf Jahre alt, blieb mit der kranken und depressiven Mutter zurück und erlebte den dramatischen Beginn ihres Sterbens. Vier Wochen nach meinem Abschied blieben sie noch im Haus und verbrachten viele Nachtstunden im Luftschutzkeller. Die Mutter war in einer wachsenden Panik, und als ein Nachbarhaus von einer Bombe getroffen wurde, entschloß sie sich, mit meinem Bruder zu Schwager und Schwägerin ins damals noch sichere Oberschlesien zu reisen. Während der langen Bahnfahrt bekam sie so schwere Gallenkoliken, daß man sie vom Zug aus in ein Krankenhaus einlieferte und operierte. Die Folgen der Operation hat sie nicht überlebt. Da dort wie überall die jüngeren Ärzte beim Militär waren, hatte ein alter, längst pensionsreifer Arzt, der diese Operation vielleicht schon lange nicht mehr oder noch nie gemacht hatte, den Noteingriff durchgeführt. Irgend etwas Entscheidendes war dabei schiefgegangen.

Vielleicht war aber auch ihr fehlender Lebenswille die eigentliche Todesursache.

Sie starb drei Tage später. Der Vater konnte noch gerufen werden und kam quer durch Deutschland herbeigeeilt. Wie er das trotz selten fahrender Züge und bombardierter oder von Militärtransporten blockierter Bahnstrecken so schnell geschafft hat, weiß ich nicht. Vielleicht hatte er Gelegenheit zu fliegen. Die Mutter wußte offenbar, daß sie starb, denn sie streifte in der ihr eigenen pathetischen Art einen Brillantring vom Finger, den er ihr einmal geschenkt hatte, und sagte: »Der ist für die Jungens.« Den Ring hat er später seiner zweiten Frau geschenkt. Mir war es egal. Mein Bruder hat es ihm, solange er lebte, übelgenommen.

Ich habe an meine Mutter ganz unterschiedliche und widersprüchliche Erinnerungen aus verschiedenen Lebensjahrzehnten, die aber alle dominiert werden von dem Bild einer aus den Fugen geratenen, häufig kranken und zunehmend depressiven Frau, die zwar erst in der ersten Hälfte ihres vierten Jahrzehnts war, aber mehr und mehr von Hoffnungslosigkeit gezeichnet wurde. Sie war dicklich, unbeweglich, und nichts war geblieben von dem Charme der jungen, lebenslustigen Frau, die sie einmal gewesen war. Ihre braunen Augen hatten einen trüben Ausdruck von Ratlosigkeit und Resignation. So zum Beispiel auf einem Foto, auf dem sie, frisch vom Friseur zurechtgemacht, zwischen meinem Bruder und mir sitzt. Das Bild war als Geschenk für den Vater gedacht. Aber es kann ihm keine Freude gemacht haben, denn ihr Blick ist ein stummer Vorwurf: »Hier siehst du uns. Und es geht mir schlecht.« Als ich das Foto wiedersah, wußte ich, daß ich diesen Ausdruck kannte. So hatte sie ausgesehen, wenn sie Patiencen gelegt hatte, um sich zu beruhigen, und schließlich die Karten wie ein schlechtes oder sinnloses Orakel wegschob, weil alles nichts zu bedeuten hatte und sie vor sich eine dunkle Wand sah, eine grundsätzliche, unveränderliche Aussichtslosigkeit. Sie hatte immer öfter Anfälle von schweren Gallenkoliken und Übelkeiten und etwas, das sie »fliegende Hitze« nannte, eine typische Erscheinung der Menopause, wie ich später erfuhr. Der Arzt kam häufig und ging wieder, ohne viel ausgerichtet zu haben. Manchmal rief sie in ihrer Panik den Vater an und bat ihn zu kommen, was militärisch meist nicht möglich war. Er wird versucht haben, sie zu beruhigen. Aber ich kann mir das Gespräch nicht vorstellen, weil ich nicht weiß, in welcher Verfassung ihre Ehe war. Ich fand, daß sie ein ungleiches Paar geworden waren. Der Krieg, durch den sie räumlich voneinander getrennt worden waren, hatte den Vater durch neue Aufgaben und Erfahrungen als Persönlichkeit gefördert und seinem Auftreten eine zusätzliche milieugeprägte Sicherheit gegeben. Rangzeichen wie ein militärischer Wagen mit eigenem Fahrer verstärkten den Eindruck, den er auf mich machte, wenn er während einer Dienstfahrt mit einem kurzen Abstecher bei uns vorbeikam. Sie dagegen hatte durch den Krieg verloren. Ihr Glückspaket aus Mann, Kindern, eigenem Haus und gesichertem Wohlstand, das sie mitgeschnürt und sorgsam behütet hatte, war zerrissen worden und von weiterem Verfall bedroht. Das verstärkte in ihr angelegte Ängste und Depressionen. Ich kenne den Anfang der Geschichte nur von wenigen Fotos. Aber sie ist mir von einer Kusine meiner Mutter erzählt worden. »Du hattest wunderbare Eltern«, sagte sie. »Sie waren ein romantisches, verliebtes Paar. Sehr verschieden, aber sie ergänzten sich. Die Mutter war lebhafter und phantasievoller, konnte lustig und manchmal sogar ein bißchen frivol sein, wie übrigens auch ihre Schwestern. Das Hotel der Familie in Neuwied war wegen der hübschen Töchter im

Ersten Weltkrieg ein beliebter Treffpunkt für Offiziere. Auch dein Vater ist dort erschienen in seiner Marineuniform, und sie haben sich beide ineinander verliebt. Aber ich glaube, daß deine Mutter dabei die Initiative hatte.«

Die Webermädchen, so nannte man die vier Schwestern, waren von ihren Eltern so erzogen worden, daß sie für aufstrebende heiratswillige Männer ein gutes Angebot waren. Sie beherrschten den Haushalt, waren gesellschaftsfähig, hatten Geschmack, spielten gerne Karten, lasen Bücher und kannten sich in häuslicher Krankenpflege aus. Das waren auch die Fähigkeiten, mit denen unsere Mutter ihr familiäres Wunschleben aufbaute, allerdings auf einem labilen Untergrund aus Ängsten und Sorgen, die sie immer schon dazu verleitet hatten, meinen Bruder und mich durch übertriebene, manchmal geradezu abergläubische Vorsichtsregeln vor eingebildeten Gefahren zu schützen. Das Leben, vor allem das Leben der Familie, war für sie immer schon bedroht gewesen. Doch solange die Familie zusammenblieb und das Leben sich in den gewohnten überschaubaren Bahnen abspielte, blieben ihre Sorgen auf Krankheiten und kleine Alltagsrisiken beschränkt. Das änderte sich mit dem Ausbruch des Krieges, dessen unmittelbare Folge es war, daß sie nun auf unabsehbare Zeit mit den beiden Kindern allein leben mußte. Ich weiß nicht, was das alles für sie bedeutete. Es schien ein Bündel unbeherrschbarer Ängste zu sein, die auch nicht beschwichtigt wurden, als die großen militärischen Siege der beiden ersten Kriegsjahre die Mehrheit der Bevölkerung, unter anderem mich, mit Siegeszuversicht erfüllten. Als am 22. Juni 1941 an einem strahlenden Sonntagmorgen die Nachricht vom deutschen Einmarsch in Rußland als Sondermeldung über den Rundfunk kam, brach sie in hemmungsloses Weinen aus und sagte immer wieder: »Das ist zuviel! Das ist das Ende!« Mir kam das kleinmütig und haltlos vor. Und es schien auch in den folgenden Monaten durch neue Meldungen von grandiosen deutschen Siegen widerlegt zu werden. Doch je länger der Krieg dauerte, um so mehr verschoben sich die Gewichte. In Rußland begann mit dem Untergang der 6. Armee in Stalingrad die Zeit der deutschen Rückzüge und steigender Verluste von Menschen und Material. In Afrika begann mit der Landung der Amerikaner in Marokko und Algerien ein Zweifrontenkrieg, der zur Kapitulation des vom Nachschub abgeschnittenen deutschen Afrikakorps führte. Der Angriff auf Sizilien und das italienische Festland stand bevor. Die deutschen Städte waren inzwischen fast wehrlos den Angriffen der alliierten Bombergeschwader ausgesetzt. Fast jede Nacht trieb uns das Heulen der Sirenen in den Luftschutzkeller. Der Vater hatte dank seiner alten beruflichen Beziehungen die Decke des Raums durch Stahlträger verstärken lassen. Ob es bei einem Bombentreffer viel nützen würde, war ungewiß. Aber unser Keller galt als der sicherste in der Straße, und so kamen die Nachbarn bei Alarm zu uns. Es herrschte eine gespannte Atmosphäre in dem engen Kellerraum. Wir hörten das Flakfeuer und einzelne Detonationen, manchmal auch das Brummen der Motoren. Die von ihren eigentlichen Angriffszielen zurückkehrenden Maschinen warfen über der Stadt und dem Aluminiumwerk ihre restlichen Bomben ab. Alle blieben ruhig und gefaßt. Nur die Mutter zitterte am ganzen Leib. Es war ein beschämender Anblick, der mich mehrfach veranlaßte, gegen ihren Protest den Keller zu verlassen und mir das Spektakel am Himmel anzusehen.

Inzwischen stand fest, daß ich auch noch Soldat werden würde, in diesem Krieg, der immer katastrophalere Formen annahm, und ich machte mir keine Illusionen über das, was mir bevorstand. Und doch wartete ich darauf, denn hier war mein Leben an ein Ende gekommen. Ich wollte weg von meiner Mutter, die mich mit ihren Ängsten unter Druck setzte und mich nötigte, anstelle des Vaters, den sie angerufen hatte, der aber nicht kommen konnte, an ihrem Bett zu sitzen, wenn sie wieder ihre Koliken hatte. Sie simulierte nicht, sie hatte wirkliche Schmerzen, aber sie drückte damit einen Protest aus gegen alles, was nicht zu ändern war. Sie klammerte sich an mich, wollte mich nicht hergeben, wie sie ihren Mann hergegeben hatte. Aber ich wollte mich nicht von ihrer Angst verschlingen lassen. Was nicht zu ändern war, mußte man aushalten. So dachte ich.

Ich sagte das nicht. Aber sie streckte ihre Seelententakel aus, und weil sie meine innere Abgrenzung spürte, sagte sie, als wollte sie mir drohen mit ihrer düsteren Prophezeiung und sich selbst zum Trost meine zukünftige Reue beschwören: »Du wirst noch nach mir rufen, wenn ich nicht mehr bin!« Nichts anderes hätte sie sagen können, was mich so unmittelbar zu ihr auf Distanz gebracht hätte wie dieser Satz. Noch im selben Augenblick dachte ich: »Stirb nur! Ich brauch dich nicht!« Ich habe ihr nicht den Tod gewünscht. Aber wenn sie, ohne mich festzuhalten, nicht leben konnte, mußte ich ihn in Kauf nehmen.

Den letzten Eindruck von ihr hatte ich am Besuchstag im Arbeitsdienstlager, das der Einberufung zur Wehrmacht vorausging. Die Mütter und die übrigen Verwandten und Besucher waren von der kleinen Bahnstation zu dem höher gelegenen Barackenlager heraufgekommen und standen aufgereiht am Straßenrand, als die Abteilung zu einem kurzen Ausmarsch an ihnen vorbeimarschierte. Ohne merklich den Kopf zu wenden, schielte ich nach meiner Mutter und sah sie in der Reihe der fremden Leute stehen, mit einem kleinen Päckchen in der Hand, in dem sie mir irgend etwas, vielleicht ein Stück selbstgebackenen Kuchen, mitbrachte. Sie sah hilflos und verloren aus in dem eng gewordenen Jackenkleid, das sie auf Reisen zu tragen pflegte: eine Frau, die nicht hierhergehörte und hier niemanden kannte. Da plötzlich sah sie mich in der Marschkolonne und streckte ihre Hand aus, als wollte sie mich greifen oder auf mich zeigen wie auf eine unverständlich verwandelte Erscheinung, die an ihr vorbeizog und nicht anzuhalten war. Und im selben Moment hörte ich ihren Schrei. Ich weiß nicht, was er ausdrückte: Staunen, Befremden, Ungläubigkeit? Oder hatte sie mich in vorauseilendem Erschrecken als Toten gesehen.

Ich sprach natürlich nicht mit ihr darüber, als wir von dem kurzen Marsch ins Lager zurückkehrten und alle dort wartenden Besucher begrüßten. Statt dessen erzählte ich in einem aufmunternden, forschen Ton, wie wir hier lebten und wie unser Tagesablauf war. Es war eine öde, belanglose Unterhaltung, die der Konvention diente, die Besuchszeit problemlos miteinander zu verbringen. Aber es war unser letztes Gespräch, denn drei Wochen später war sie tot.

Der Tod der Mutter bedeutete für mich das Ende eines Lebensabschnitts. Für meinen fünf Jahre jüngeren Bruder war er ein tiefer gewaltsamer Einschnitt in seine Kindheit, der eine nie ganz heilende Wunde hinterließ. Auch ich habe später manchmal bedauert, daß ihr früher Tod – sie war 46 Jahre alt – eine erneute spätere Annäherung vereitelt hat. Aber das war kein untilgbarer Mangel wie bei meinem Bruder, der sein Leben lang nach mütterlicher Zuwendung und nach Kompensationen für seine verborgenen Defizite gesucht hat. Er war zwölf Jahre alt, als er durch den Tod der Mutter aus der Welt seiner Kindheit herausgerissen wurde. Plötzlich war Leere um ihn herum. Die Familie hatte sich aufgelöst. In das Elternhaus zogen fremde Leute ein. Und weil sowohl der Vater als nun auch ich beim Militär waren, wurde er in ein zweitklassiges Internat verbannt. Dort mußte er sofort lernen, sich zu behaupten, weil ihm sonst andere, durch härtere Erfahrungen geprägte Jungen das Fleisch vom Teller pickten, wobei es nicht nur um den ewig ungestillten Hunger, sondern auch um Dominanz ging. Es war eine Situation, die ihn das Leben als Kampf und als Glücksspiel begreifen ließ und ihn später zu riskanten Entscheidungen und Irrtümern führte. Er wurde Geschäftsmann und machte sein Leben zu einer Berg- und Talfahrt, mit Erfolgen und Bankrotten, abenteuerlichen Zwischenspielen, einem unerwarteten neuen Aufstieg in völlig neue Dimensionen und einem schrecklichen Ende. Immer mischte sich das Bedürfnis nach Geborgenheit und Bestätigung in seine Entscheidungen ein, und immer kämpfte er mit seinen gewagten Alleingängen dagegen an.

Er hatte viele gute, erfolgversprechende Eigenschaften. Er besaß viel Energie, war intelligent, spontan, sympathisch, sah gut aus und hatte ein starkes Bedürfnis nach Unabhängigkeit, das mir sehr vertraut war, auch daß es sich unter Umständen als mangelnde Bereitschaft zur Anpassung und Einpassung in hierarchische Zusammenhänge äußern konnte. Er wollte der Chef sein, auch wenn das die schwierigere und riskantere Position war.

Während seines Studiums der Betriebswissenschaft arbeitete er in den Semesterferien in der Verwaltung der Rheinisch-Westfälischen Elektrizitätswerke und bewährte sich dabei so, daß ihm bedeutet wurde, er könne nach dem Abschluss seines Studiums eine Anstellung mit Perspektive bekommen. Da der Konzern sich in einem rapiden Wachstum befand, war das eine ausgezeichnete berufliche Chance. Aber er ergriff sie nicht, sondern übernahm die Leitung einer alteingesessenen lokalen Firma, die Bodenbeläge verkaufte. Diese Entscheidung hing keineswegs notwendig damit zusammen, daß er die Tochter der Familie heiratete, wohl aber damit, daß er die Anonymität und die hierarchische Struktur eines Großbetriebes scheute und die familiäre Atmosphäre des kleinen Betriebes vorzog. In der liebevollen, fürsorglichen Verwöhnung durch seine Schwiegermutter fand er wohl alles wieder, was er in seiner Kindheit besessen und durch den Tod der Mutter verloren hatte. Er bedankte sich dafür, indem er den Geschäftsbereich des Unternehmens, der traditionellerweise auf den Landkreis beschränkt war, mit großem Elan landesweit und auch nach Österreich und die Schweiz ausdehnte.

Jahrelang ging alles gut. Während ich mein erstes Buch schrieb und keine Zeit mehr für Rundfunkarbeiten hatte, von denen wir bis dahin gelebt hatten, lieh er mir Geld. Als ich mir später einen VW Käfer kaufte, fuhr er längst einen Mercedes und nahm mich auf eine Spanienreise mit. Außerdem machten wir einen gemeinsamen Urlaub in Kroatien. Immer verstanden wir uns gut in unseren Ähnlichkeiten und Verschiedenheiten. Ich zog mehrmals mit meiner Familie um, er baute ein Haus. Er hatte drei Söhne, ich zwei Töchter und einen Sohn. Und als wäre ich in unseren Parallelitäten noch etwas schuldig geblieben, sagte er zu mir: »Nun schreib doch mal einen Bestseller.«

Plötzlich wendete sich das Blatt. Er fiel auf einen ausländischen Wirtschaftsbetrüger herein, der sich mit kleineren Bestellungen bei ihm eingeführt hatte, dann eine eilige Riesenbestellung machte und mit der unbezahlten Ware verschwand. Es war ein sogenanntes »Hit-and-run-Geschäft«, eine bekannte Falle im internationalen Geschäftsbetrieb, von der mein Bruder bis dahin nichts gehört hatte und auf die er hereinfiel, weil sie wie auf ihn zugeschnitten war. Er war begeistert von der unerwarteten großen Bestellung gewesen und hatte alles unternommen, um rechtzeitig liefern zu können.

Nicht mehr verstanden habe ich, was er dann tat, denn es war der pure Hasard. Er wollte so schnell wie möglich mit einem großen Coup den Verlust wettmachen, um dann vielleicht aus allem auszusteigen, aus dem Geschäft, das er leid war, und vielleicht aus seinem ganzen bisherigen Leben. Ein, wie er fand, geniales Gelegenheitsgeschäft schien ihm dazu eine Möglichkeit zu bieten. Er kaufte riesige Mengen von Pestiziden zu niedrigen Preisen aus amerikanischen Armeebeständen, um sie für den dreifachen Preis in Zaire zu verkaufen. Das Geschäft war durch Papiere der Staatsbank von Zaire abgesichert. Aber als er die Ware geliefert hatte, brach in Zaire ein Krieg aus, und alles war verloren.

Auch die Firma. Die Familie mußte ihre Jugendstilvilla mit dem dazugehörigen Park und das neue Haus verkaufen, um die Schuldenlast aus den zwei Pleiten zu tilgen, und zog in bescheidene Neubauwohnungen um. Das größte Unglück im Unglück aber war es, daß der älteste Sohn während einer Geschäftsfahrt bei einem Autounfall ums Leben kam. Über all das gab es Auseinandersetzungen und wechselseitige Beschuldigungen, und darüber löste sich die Ehe auf. Eines Tages kam mein Bruder mit einem kleinen Auto und zwei Koffern bei uns an, um einige Wochen bei uns zu wohnen und dann weiter nach Wien zu fahren, wo noch eine Filiale der bankrotten Firma insolvent vor sich hin dümpelte. Er wollte versuchen, sie zu retten, weil es sonst auch nichts für ihn zu tun gab. Zur Erhaltung der Arbeitsplätze wollte ihm die Stadt die Steuern stunden. Doch es war nicht mehr viel zu machen.

In Wien fühlte er sich einsam. Das Verlassenheitsgefühl aus den letzten Kriegsjahren, das er durch Aktivität übertönt hatte, erfaßte ihn wieder. Wenn er mich anrief, hörte ich es seiner rauhen Stimme an. Vielleicht trank er auch und rauchte zuviel. »Wie kann ich denn hier eine Frau kennenlernen?« klagte er. »Soll ich sie vielleicht auf der Straße ansprechen?« Er hatte es einmal in einem Café versucht, war aber zurückgewiesen worden. »Gib eine

Anzeige auf«, riet ich ihm. »Keine schlechte Idee«, antwortete er.

Damit begann ein Abenteuer, das in diesem Abschnitt seines Lebens für ihn eine Kur an Leib und Seele war. Er bekam überraschend viele Zuschriften und außerdem Besuch von einer Dame, die sich als Inhaberin einer Bekanntschaftsvermittlung vorstellte und ihn fragte, ob er sich nicht kostenlos und unverbindlich mit einigen ihrer Kundinnen treffen wolle. Sie würde die Frauen für ihn aussuchen und ihm vor dem Treffen zu seiner Orientierung ein Dossier über die jeweilige Dame schicken. »Warum eigentlich nicht?« dachte er. Es war auf jeden Fall eine interessante Erfahrung. Auch eine neue Erfahrung seiner selbst. »Ich bin überzeugt, Sie werden meinen Damen sehr gefallen«, hat ihm seine neue Geschäftspartnerin und Komplizin zum Abschluß gesagt. Damit hat sie wohl recht behalten. Wahrscheinlich war sie eine erfahrene Menschenkennerin, die spürte, daß in ihm ein ungestilltes Verlangen nach Zuwendung und wechselseitiger Auslieferung steckte, das mehr als sein gutes Aussehen, vielleicht sogar im Gegensatz dazu, auf manche Frauen sehr anziehend wirken mußte. Die Hauptgefahr solcher arrangierten Dates, daß alles kalt, routiniert und zweckhaft ablaufen würde, war bei ihm nicht zu befürchten.

Er traf sich mit vielen Frauen und mit einigen mehrfach. Auch verheiratete Frauen waren darunter, die ihre Ehe nicht aufgeben wollten, aber einen neuen Lebensimpuls suchten, genauso wie er. Die schnelle verschwiegene Verständigung mit einem fremden Menschen war der große Reiz dieser Begegnungen. Aber es gab natürlich auch quälend langweilige Treffen, die ein Gefühl von Unlust in ihm aufbauten, so daß er sich auf immer weniger Vorschläge zu neuen Verabredungen einließ und schließlich Schluß damit machte.

Es hing auch damit zusammen, daß sich beruflich eine hervorragende neue Perspektive eröffnet hatte, die ihn immer mehr beanspruchte. Wie es dazu gekommen war, weiß ich nicht. So nehme ich an, daß der Schwung und das Selbstvertrauen, das er sich bei seinen vielen erotischen Erfahrungen geholt hatte, sein Auftreten und seine Überzeugungskraft verstärkt hatten. Er hatte Kontakt zu zwei Bankdirektoren bekommen, und die hatten ihm aufgrund seiner persönlichen Erfahrung den Auftrag gegeben, eine bankrotte Firma teilweise aufzulösen und zu sanieren. Und da er den Auftrag zufriedenstellend erfüllte, hatte er weitere Aufträge dieser Art erhalten und sich dabei den Ruf erworben, ein erstklassiger Fachmann für Firmensanierungen und Firmenauflösungen zu sein. Dabei verdiente er so viel Geld, daß am Horizont der Zukunft wie eine allmählich sichtbar werdende Leuchtschrift das Wort »Reichtum« auftauchte.

Passend dazu lernte er eine Frau kennen, die von ihrer Herkunft her zur gehobenen Wiener Gesellschaft gehörte. Sie war geschieden wie er, hatte Söhne wie er und wollte wie er ein neues Leben beginnen. Sie beschlossen zu heiraten, und mit seiner Neigung zur Grandiosität bereitete er das in ganz großem Maßstab vor. Er erwarb im Zentrum der Stadt eine riesige Wohnung mit einliegendem Büro und Konferenzraum, von der aus man direkt auf den Stephansdom blickte. Die Möbel ließen sie in Italien anfertigen. »Wenn alles fertig ist, müßt ihr gleich kommen«, sagte er am Telefon. Doch zunächst kündigte er einen Besuch in Köln an, um mir und meiner Frau seine neue Partnerin vorzustellen.

Gleich als er zur Tür hereinkam, fiel mir auf, daß er sehr angestrengt aussah. Aber er war ja auch – typisch für ihn – ohne längere Unterbrechung von Wien bis Köln in seinem neuen BMW durchgefahren. Sie blieben zwei Tage, fuhren mit uns in der Spur alter Erinnerungen an die Kindheit nach Grevenbroich, zu den Braunkohlengruben in Frimmersdorf und nach Zons. Am Rheinufer in Zons forderte er mich zu unserem alten Wettbewerb auf, flache Kieselsteine über das Wasser hüpfen zu lassen. Er war immer ein besserer Werfer gewesen als ich. Doch diesmal verrenkte er sich beim ersten Wurf die Schulter. Das war kein Grund, sich Gedanken zu machen. Mehr fiel mir auf, daß er beim Treppensteigen etwas kurzatmig war. Ich sagte ihm beim Abschied noch einmal, daß er sich erholen müsse.

Einige Tage vergingen. Dann rief er aus Wien an. Der gepreßte Ton seiner Stimme sagte mir sofort, daß er keine guten Nachrichten hatte. Er hatte beim Zahnarzt eine kaum zu stillende Blutung gehabt und auf dessen Rat sein Blut untersuchen lassen. Soeben hatte er den Befund erfahren. Er hatte eine akute myeloische Leukämie im fortgeschrittenen Stadium. »Und was bedeutet das?« fragte ich. »Ohne Behandlung bin ich in 14 Tagen, spätestens drei Wochen tot.«

Ich weiß nicht, was ich darauf geantwortet habe. Ich stand unter Schock, aber im vollen Bewußtsein meiner Ohnmacht und der Unüberbrückbarkeit unserer Entfernung. Wir waren nicht mehr in derselben Welt. Schließlich fragte ich ihn, was man ihm über die Behandlung gesagt habe. »Die Heilungsaussichten sind schlecht«, sagte er, »vielleicht 20 Prozent.« Er mußte sich im Laufe der drei nächsten Stunden entscheiden. Ich wußte sofort, daß er es versuchen würde. So schnell konnte er das Leben nicht loslassen. Als er sich entschieden hatte, sagte er zu mir: »Es ist ja nur ein Versuch.« Ob er schon begriffen hatte, daß man an ihm, dem fast sicheren Todeskandidaten, extremste Chemotherapien ausprobieren würde, wußte ich nicht. Aber ich traue es ihm zu. Verborgen geblieben ist es ihm jedenfalls nicht. Er hatte noch ungefähr ein halbes

Jahr zu leben. In dieser Zeit besuchte ich ihn zweimal für längere Zeit, das zweite Mal zusammen mit meiner Frau, die auch Abschied von ihm nehmen wollte. Wir wußten beide, daß er sterben würde. Und er wußte es auch, denn es gab keine Fortschritte, die sich nicht bald wieder ins Gegenteil verkehrten. Anfangs glaubte ich manchmal in seinem Blick die an mich gerichtete Frage zu lesen: »Warum sterbe ich und nicht du?« Immerhin war ich ja fünf Jahre älter als er. Als ich zum ersten Mal an sein Krankenbett kam, sagte er es sogar mit einer indirekten, unaggressiven Formulierung: »Ich glaube, der Ältere von uns beiden bin ich.« Schließlich verlor sich die Frage, weil er die Tatsachen nicht mehr in Frage stellen konnte. Aber er stemmte sich bis zuletzt mit aller ihm noch verbliebenen Seelenkraft gegen den Tod. Versöhnt war er nicht.

Das war beim Sterben der Mutter anders gewesen. Während sein Tod alle seine heißen, ungebrochenen Lebenswünsche gewaltsam vereitelte, hatte sie in jahrelang wachsender Depression und Zerrüttung ihren Lebensmut verloren. Ihr Tod war der Vollzug ihres Verfalls. Ganz anders starb der Vater kurz vor seinem achtzigsten Geburtstag. Er hatte eine Prostataoperation gehabt und dabei einen stummen Herzinfarkt erlitten, der ihn bald wieder mit akuter Herzschwäche ins Krankenhaus brachte. Medizinisch ruhiggestellt, glitt er allmählich wie auf einer sanft sich neigenden Ebene in den Tod. Als es mit ihm zu Ende ging, wurde mein Bruder, der in der Nähe des Krankenhauses wohnte, nachts zu ihm gerufen. Und so hat er, der immer um die Zuwendung des Vaters geworben hatte, dem Sterbenden in der letzten Stunde die Hand gehalten und mit einer tiefen Dankbarkeit einen leisen Gegendruck gespürt.

Ich reiste am nächsten Tag an und ließ mir vom Friedhofsdiener den schon in einem Nebenraum der Kapelle abgestellten Sarg öffnen, um mich zu verabschieden. Der

Anblick des Toten erschreckte mich. Er war mit einem verwaschenen Schlafanzug bekleidet und lag leicht verrenkt auf dem Rücken, als hätte man ihn achtlos in den Sarg hineingeworfen. Die leblosen Augen waren nicht geschlossen, und sein Unterkiefer war heruntergeklappt. Ich sah die Goldkronen einer Zahnbrücke und einen Anflug von Bart. Das war der Vater, aufdringlich in seiner Wiedererkennbarkeit und doch schon völlig fremd. Stockende Augenblicke lang zeigte sich mir der Tod als ein Stürzen rücklings in eine bodenlose Tiefe mit einem lautlos verhallenden Schrei. Die Erinnerungsbilder aus dem Leben des Vaters, die ich dagegen aufzubringen versuchte, kamen nicht gegen diesen Eindruck an. Auf dem Rückweg dachte ich, daß er im Vergleich zu der Mutter und meinem Bruder der eindeutige Gewinner des Lebens gewesen sei. Aber das ist nicht sicher. Vielleicht hat er es nur besser verstanden, sich nicht zu sehr berühren zu lassen.

## Das richtige und das falsche Leben

### Zum Werk Heinrich Bölls

Als Heinrich Böll am 16. Juli 1985 starb, machte ich mit meiner Frau gerade Urlaub in Italien. Wir wohnten in einem abgelegenen Gebirgsdorf, lasen keine Zeitung, hörten keinen Rundfunk und erfuhren die Nachricht erst am Tage der Beerdigung. Obwohl die gemeldete Tatsache nicht zu bezweifeln war, gewann sie im ersten Augenblick wenig Wirklichkeit. Erst als meine Frau an die letzte öffentliche Begegnung bei einer Verleihung des Heinrich-Böll-Preises im Kölner Rathaus erinnerte, sah ich ihn wieder vor mir. Er hatte elend ausgesehen und meiner Frau auf ihre Frage, wie es ihm gehe, geantwortet: »Ich hab keine Lust mehr.« Ähnlich hatte er sich auch mir gegenüber ausgesprochen, als ich ihn – war es vorher oder nachher? – zusammen mit einer Kollegin im Krankenhaus besuchte und ihm, obwohl ihm die Ärzte das Rauchen verboten hatten, auf seinen dringlichen, mehrfach übermittelten Wunsch hin, mit heftigen Gewissensbissen Zigaretten mitbrachte.

In trivialen Romanen gehören Allerweltssätze wie »Er zündete sich eine Zigarette an« zum szenischen Standardrepertoire der beiläufigen Gesten, mit denen man Gesprächs- und Handlungspausen füllen kann. Bei Böll hat das ständige Rauchen der Romanpersonen, vor allem aber der Mittelpunktsfigur, zwar auch solche dramaturgischen Funktionen, ist aber fast immer spürbar mehr, nämlich ein universelles Ritual, um den Druck der Welt zu mindern oder die Leere der Langeweile besser ertragen zu können.

Es dient der Distanzierung, der Selbstvergewisserung und manchmal, wie ein gemeinsam vollzogener sakraler Akt, der Kommunikation. Die große Schule dieses Verhaltens war der Krieg.

Ich hatte alle diese Szenen gelesen und mir vorgestellt, wie der Autor beim Schreiben gleichzeitig mit seinen dargestellten Personen zur Zigarette griff, um mit ihnen imaginär zu verschmelzen. Ich mußte nun auch an den jungen, schwerverwundeten Soldaten aus der Erzählung »Wanderer, kommst du nach Spa ...« denken, der beide Arme und ein Bein verloren hat und hilflos brüllt, bis ihm ein Sanitäter eine brennende Zigarette zwischen die Lippen schiebt. Böll lag mit einem Raucherbein im Krankenhaus. Aber das erste, wonach er fragte, waren Zigaretten. Ich konnte sie ihm nicht verweigern.

Den ersten Kontakt mit Heinrich Böll hatte ich Anfang der 50er Jahre, kurz nach dem Ende meines Studiums. Ich war damals Redakteur einer Studentenzeitung und plante ein Heft mit Beiträgen von Autoren der Gruppe 47. Böll schickte eine Marginalie über den Humor, die ich ein wenig flüchtig fand. Aber er war Preisträger der Gruppe 47, und für mich als Redakteur war der Text eine Trophäe. Beide ahnten wir nicht, daß ich einmal sein Lektor werden würde.

Ich hatte 1958 ein Buch über Gottfried Benn bei Kiepenheuer & Witsch veröffentlicht, das den Verleger Witsch im folgenden Jahr veranlaßte, mir ein doppeltes Angebot zu machen: Ich sollte eine wissenschaftliche Abteilung aufbauen und das Lektorat für die deutsche Gegenwartsliteratur leiten, dessen herausragender Autor seit einigen Jahren Heinrich Böll war.

Er galt als schwierig. Alles hing nun davon ab, daß ich sein Vertrauen gewann und erfolgreich mit ihm arbeiten konnte. In vielen Hinsichten waren wir grundverschiedene Menschen. Das war ihm auch bewußt. Ich spürte es an der abwartenden, ja defensiven Haltung, in der er mich empfing.

Man hatte mich wohl als Existentialisten, Atheisten oder Rationalisten angekündigt, weit entfernt jedenfalls von seinen Bindungen an das katholische Milieu seiner Herkunft und Leon Bloys mystischer Verklärung der Armut, die ihn tief beeindruckt hatte und Ausgangspunkt seiner antagonistischen Weltsicht wurde, in der reich und arm, oben und unten als unvermischbare Wesenheiten einander gegenüberstanden. Von vorneherein war mir klar, daß diese in der Empfindungswelt des Autors verankerten Denkmuster nicht zur Diskussion standen, denn sie waren es, die seine Wahrnehmung der Welt bestimmten und seine Phantasie in Bewegung setzten. Sie waren der Quellgrund seiner Kreativität. Aber es genügte zu unserer Verständigung, daß wir die Not und den Mangel der Kriegs- und Nachkriegsjahre als Erfahrung teilten.

Daß Böll der bedeutendste literarische Chronist dieser Jahre wurde, verdankt sich zwar auch dem Detailrealismus seiner frühen Erzählungen und Romane, doch ihre Tiefenwirkung und Eigenwilligkeit gewannen diese Bücher aus Bölls Umwertung der Jahre von Not und Mangel in eine franziskanische Utopie. Es war die Zeit, in der man Brot und Zigaretten tauschte und miteinander teilte und das Geld mit seinem Wert auch seine Macht verloren hatte. Im Schatten der großen Zerstörungen, die die Menschen auf ihre Grundbedürfnisse zurückführten, entdeckte Heinrich Böll die Konturen einer einfachen, unentfremdeten Menschlichkeit, freilich auch schon deren Verzerrung durch den Wiederaufbau des alten Neuen, genannt Restauration.

Es ist typisch für eine so motivierte Schreibweise, daß sie zu moralisch zugespitzten Situationen und zu Ironie und

Satire drängt, aber in die Nähe einer abstrakten Konstruiertheit gerät, wenn sich in einer zunehmend komplexer werdenden Welt die einfachen, sinnfälligen Situationen nicht mehr an jeder Straßenecke ergeben. Das wurde allmählich ein schwieriges Problem für den Autor und Menschen Heinrich Böll, der versuchte, sich treu zu bleiben und den eingeschlagenen Weg weiter zu verfolgen, in der irritierenden Doppelerfahrung von wachsender Berühmtheit und zunehmender Isolation, bis er eines Tages sagte: »Ich hab keine Lust mehr.«

Seit Karl Korn 1953 in der Frankfurter Allgemeinen geschrieben hatte: »Wenn mich jetzt ein Ausländer nach der deutschen Literatur fragt, werde ich Heinrich Böll nennen«, hatte Böll, fast immer im Widerspruch zur Gesellschaft, die Last der Repräsentanz getragen und von Buch zu Buch darum kämpfen müssen, dabei im Einklang mit sich selbst zu bleiben. Das ist die Quadratur des Kreises, die sich hinter dem Ruhm verbirgt.

# Vielstimmiges Intermezzo

## Meine Zeit als Lektor

Es hing mit der Erfahrung des Krieges und dem improvisierten Leben der ersten Nachkriegsjahre zusammen, daß ich mir, als ich im Frühjahr 1947 in den notdürftig wiederhergerichteten Hörsälen der Bonner Universität mein Studium begann, eine Gesellschaft mit langfristigen Lebens- und Berufsperspektiven nicht vorstellen konnte. In dem immer noch nachhallenden Glück, den Krieg überlebt zu haben, zählte allein die Gegenwart. Ich war erfüllt von Neugier an allem, was damals, nach der totalen geistigen Quarantäne der Nazizeit, an neuer Literatur, Kunst und Philosophie auf mich zukam. Aber einen Lebensplan hatte ich nicht, nur ein Doppelgefühl von fortschreitender Bereicherung und Vorläufigkeit.

Anknüpfend an erste Versuche in der Schulzeit, begann ich neben dem Studium wieder zu schreiben: vor allem Kurzgeschichten, die unter dem Eindruck zeitgenössischer Vorbilder von Hemingway bis Wolfgang Borchert entstanden. Die dort entlehnte emotionale und stilistische Aktualität trug wohl dazu bei, daß sich ein kleiner Verlag bereit fand, daraus ein Buch zu machen. Glücklicherweise ging er vorher bankrott, so daß es mir erspart blieb, meine Schreibversuche lebenslang im bibliographischen Gepäck mitzuschleppen. In meiner Enttäuschung legte ich die Texte erst einmal beiseite, und als ich sie später noch einmal las, erkannte ich, was mir die Begeisterung des Schreibens und die Zustimmung eines befreundeten Lesers verschleiert hatten, daß sie epigonal waren. Ich entdeckte das mit kaltem, Staunen in einem einzigen Augen öffnenden Lesevorgang. Das waren nicht meine Texte. So wollte ich nicht beginnen. Wie und was meine eigenen Texte sein würden, wußte ich noch nicht. Doch ich war überzeugt, daß ich mit dieser Erfahrung einen bedeutenden Schritt auf sie zugegangen war. Um dieser Zuversicht einen entschiedenen Ausdruck zu geben, verbrannte ich alles, was ich bis dahin geschrieben hatte. Erst einmal wollte ich jetzt mein Studium abschließen.

Das geschah am Aschermittwoch 1952 mit einer Doktorarbeit über Gottfried Benn. Ein Staatsexamen machte ich nicht, weil ich nicht Lehrer werden wollte und das mit meiner liebhaberhaften Fächerzusammenstellung – Germanistik, Kunstgeschichte und Psychologie – auch nicht konnte. Doch nun stand ich vor der Frage aller Fragen: Wie und wovon sollte ich leben? Es fehlte mir jede reale Perspektive. Das einzige, was sich mir dann bot, war die Redaktion einer überregionalen Studentenzeitung und im Anschluß daran erste Aufträge für den Rundfunk. Allmählich erweiterte sich das zu einer ständigen Mitarbeit bei verschiedenen Sendern. Ich verfaßte jahrelang in einer Art Schreibmarathon Features und Nachtprogramme über meist selbstgewählte literarische, philosophische und soziologische Themen – inhaltlich und formal ein ständiger Lernprozeß, dem gegenüber mir das Studium als der reinste Schlendrian erschien.

Aber es ging ja ums Überleben, denn ich hatte inzwischen eine Familie mit zwei Kindern, und meine Frau hatte wegen der Kinder ihre Anstellung bei einem wissenschaftlichen Institut verloren, so daß alles vom Erfolg meiner regelmäßigen Produktion abhing. Die Herausforderung spitzte sich zu, als ich mit geliehenem, rasch dahinschmelzendem Geld für den Verlag Kiepenheuer & Witsch ein

Buch über Gottfried Benn schrieb, das gegenüber meiner Dissertation in seiner essayistischen Schreibart und kritischen Perspektive etwas Neues war. Es wurde ein unerwarteter kritischer Erfolg, aber wegen der zaghaften Auflage des Verlages kein kommerzieller, so daß wir dem existentiellen Nullpunkt nahe kamen. In erneuter Annäherung an literarisches Schreiben versuchte ich mich nun mit Hörspielen. Eines bekam später den Hörspielpreis der Kriegsblinden, und auch die anderen wurden gesendet. Doch die Programmplanung der Sender war zu langfristig und half uns nicht aus den aktuellen Schwierigkeiten heraus.

Das geschah vielmehr in der Überraschungsdramaturgie eines profanen Wunders. Damals, Anfang 1959, als die bundesrepublikanische Gesellschaft sich inzwischen formiert hatte und zu florieren begann, wohnten wir, nachdem wir die Bonner Universitätswohnung hatten räumen müssen, in einer primitiven, schlecht heizbaren Wohnung auf dem Lande, am Ende einer holprigen Straße, die dort wie eine anschauliche Metapher unserer Randexistenz in mehr oder minder sumpfiges Gelände überging. Und dort hielt eines Tages vor unserer Tür ein von einem Chauffeur gesteuerter großer BMW, dem der Verleger Josef Caspar Witsch entstieg und mir, nach einem kurzen kritischem Rundblick über unsere Lebensumstände, das Angebot machte, Lektor in seinem Verlag zu werden und eine wissenschaftliche Abteilung aufzubauen. Er fragte mich, ob ich mir das zutraute, und obwohl ich keine Ahnung hatte, wie ich das machen solle, sagte ich »Ja«.

Es gefiel mir, daß es ein neu zu schaffender, eigener Bereich war und ich sofort mit der Arbeit beginnen sollte. Ich habe mich dann mit ehemaligen Studienkollegen wie Jürgen Habermas und Eberhard Lämmert und dem jungen Historiker Hans-Ulrich Wehler beraten und unter dem Namen »Neue Wissenschaftliche Bibliothek« eine sogenannte Reader-Reihe entwickelt: Sammelbände mit internationalen, ins Deutsche übertragenen Arbeiten zu Schwerpunktthemen verschiedener wissenschaftlicher Fachrichtungen wie Philosophie, Soziologie, Psychologie, Pädagogik, Geschichte, Wirtschaftswissenschaft, Rechtswissenschaft und Literaturwissenschaft. Für jede Fachrichtung gab es einen Hauptherausgeber, dessen Aufgabe es war, die Themenfolge für die Bände seiner Reihe zu entwerfen und kompetente, meistens jüngere Herausgeber für sie zu finden. Die Bücher erschienen in optisch markanter Aufmachung als großformatige, zitronengelb eingebundene Paperbackbände mit einem Umfang von 300 bis 500 Seiten Text. Wegen des großen Bedarfs an aktueller Fachliteratur und dank der bekannten Herausgeber, die alle einer neuen Wissenschaftlergeneration angehörten, fand die Bibliothek schnell Eingang in den Lehrbetrieb der Universitäten und wurde auch von Studenten dankbar angenommen. Die Aufmerksamkeit, die das Konzept der Reihe von Anfang an genoß, zeigte sich auch daran, daß es keine Schwierigkeiten machte, geeignete Herausgeber für sie zu gewinnen. Es war offenbar ein Konzept, das fällig war. Entsprechend selbstgewiß hatte ich den Ankündigungstext, der allen Bänden beigegeben wurde, mit dem lakonischen Satz begonnen: »Die Neue Wissenschaftliche Bibliothek ist ein neuer Zugang zur internationalen Forschung der Gegenwart.« Die Formulierung, eher spontan als kalkuliert gefunden, traf offenbar auf einen kollektiven Wunsch, der sich Anfang der sechziger Jahre überall regte, auch an den Universitäten: Die Deutschen, vor allem die Jüngeren, suchten nach der Bewußtseinsverengung der Nazizeit und der Wurschtelei der ersten Nachkriegsjahre wieder Anschluß ans Weltniveau.

Wegen des schnellen, unerwarteten Erfolges der neuen

Buchreihe drängte mich Witsch, auf diesem Wege weiterzumachen. So entstand, wieder im Gespräch mit meinen Herausgebern, eine weitere, diesmal rot eingebundene Paperbackreihe, die den Titel »Studienbibliothek« bekam. In ihr erschienen lauter Einzeltitel, die in ihren jeweiligen Fachgebieten und meist auch darüber hinaus durch Methode und Übersicht den Rang von Standardwerken hatten. Darunter Titel wie Veit Valentins zweibändige »Geschichte der deutschen Revolution 1848–1849«, John A. Hobsons »Der Imperialismus«, Maurice Dobbs »Entwicklung des Kapitalismus«, Karl Dietrich Brachers »Die deutsche Diktatur«, Gordon W. Allports »Die Natur des Vorurteils«, John B. Watsons »Behaviorismus«, Roger Bastides »Soziologie der Geisteskrankheiten«, Siegfried Geigers »Erkennen und Wählen« oder ein statistisch und kybernetisch orientiertes Lehrbuch wie Hans Zeisels »Die Sprache der Zahlen«. Die Studienbibliothek brachte es auf etwa dreißig Bände, wovon viele zum ersten Mal ins Deutsche übersetzt werden mußten. Die Bände waren entsprechend ihrer Verschiedenheit unterschiedlich erfolgreich. Die Neue Wissenschaftliche Bibliothek kam auf fast hundert Titel, mußte aber in den siebziger Jahren eingestellt werden, weil die Verbreitung der Fotokopiergeräte dazu geführt hatte, daß die Studenten dazu übergingen, aus den Exemplaren der Universitäts- oder Seminarbibliotheken die für sie relevanten Aufsätze zu kopieren und nicht mehr das ganze Buch zu erwerben.

Der Schwerpunkt meiner Lektoratsarbeit hatte sich allerdings längst auf ein anderes Gebiet verschoben. Witsch hatte mir nach einer dramatischen Entlassung meines Vorgängers auch noch das sogenannte deutsche Lektorat anvertraut. Da lag vieles brach. Außer Heinrich Böll und Gerhard Zwerenz gab es keine nennenswerte deutsche

Gegenwartsliteratur. Der Verlag hatte ein ansehnliches Sachbuchlektorat mit Schwerpunkt auf zeitgeschichtlichen Themen, das kurz nach meinem Eintritt in den Verlag von Carola Stern übernommen wurde. Das literarische Programm bestand einerseits aus deutschsprachigen Autoren der Vorkriegszeit wie Joseph Roth, René Schickele, Erich Maria Remarque, Manès Sperber, Hermann Kesten, Vicky Baum und Irmgard Keun, die der Verlag zum Teil von dem holländischen Emigrantenverlag Allert de Lange übernommen hatte, und aus ausländischen Autoren wie Henry James, Giono, Silone, Milosz, Montherlant, Bellow, Malamud und Simenon, zu denen später Marquez, Salinger, Sarraute und andere hinzukamen. Sie wurden, mit Hilfe einer Assistentin, von Alexandra von Miquel betreut, einer Gründerperson des Verlages, die mit Witsch aus Jena in die Bundesrepublik gekommen war, um eine der DDR-Zensur entzogene Parallelversion des Gustav Kiepenheuer Verlages zu gründen.

Die unternehmerische Dynamik dieses Anfangs wirkte immer noch weiter, gemäß dem Leitmotiv von Witsch, ein Verlag müsse »in den Zeitströmungen stehen«. Das war auch Wind unter meine Flügel. Bisher hatte ich mit der Begründung und Betreuung der beiden wissenschaftlichen Buchreihen eine vor allem konzeptuelle und organisatorische Lektoratsarbeit geleistet. Nun kam ich wieder in Berührung mit meinen literarischen Interessen. Meine erste Aufgabe war es, ein gutes Arbeitsverhältnis zu Böll aufzubauen. Das hätte problematisch sein können, weil wir sehr verschiedene Menschen mit unterschiedlichen Vorstellungen waren. Doch es war mir von Anfang an klar, daß man einen Autor wie Böll, der seine Sicht des Lebens und seinen Stil in vielen Büchern entwickelt hatte, nicht durch Grundlagenkritik in seiner Produktivität beeinträchtigen durfte. Kritik mußte sich auf Korrekturen und Verbesserungsvorschläge im Rahmen des vom Autor Vorgegebenen beschränken. So entwickelte sich eine Verfahrensweise, die sich von den »Ansichten eines Clowns« bis zur »Fürsorglichen Belagerung«, den Büchern, die ich betreut habe, bewährt hat. Böll schrieb seine Bücher, ohne vorher über sein Thema und sein Konzept mit mir zu sprechen. Irgendwann bekam ich dann eine Rohfassung, die ich ihm, versehen mit meinen Korrekturvorschlägen und Anmerkungen, zurückgab. Selbst behielt ich eine Kopie. Sobald er alles durchgearbeitet hatte, trafen wir uns zu einem Gespräch, bei dem er mir zu einigen Anmerkungen Fragen stellte. Die übrigen hatte er stillschweigend akzeptiert. Er war überhaupt nicht schwierig, ließ sich auch dramaturgisch beraten und war dankbar für Titelvorschläge. Er schien davon überzeugt zu sein, daß unsere Zusammenarbeit für sein Werk nützlich war. Deshalb überforderte er mich auch nicht mit einem Verlangen nach Bewunderung. Vielleicht ahnte er, daß es problematisch für mich gewesen wäre, denn Bücher wie »Ansichten eines Clowns« und »Die verlorene Ehre der Katharina Blum« mochte ich nicht. Sie erschienen mir sentimental und moritatenhaft. Doch sie wurden ja von einem riesigen Publikum getragen. Da konnte er sich bei mir mit einer etwas formelhafteren Zustimmung begnügen.

Völlig anders war meine Zusammenarbeit mit Günter Steffens, einem Autor, der mit dem stark autobiographisch geprägten Roman »Die Annäherung an das Glück« das mit Abstand beste Buch geschrieben hat, das ich als Lektor betreut habe. Autor und Buch sind heute längst vergessen. Aber als der Roman 1976 erschien, ist er von mehreren Kritikern in seinem Rang erkannt worden. Ich war damals im Verlag nur noch teilzeitbeschäftigt und plante meinen völligen Exodus, um nur noch zu schreiben. Aber da war noch, gewissermaßen als Restaufgabe meines Lektorendaseins, dieser Autor, der mich fesselte, weil er etwas

Ungewöhnliches schrieb und mich total brauchte. Nicht als literarischen Berater, sondern als jemanden, der ihm unbegrenzte Aufmerksamkeit entgegenbrachte, während er in radikaler Isolation an seinem Text schrieb. Ich hatte ihm einen Vorschuß und ein Stipendium verschafft, und nun lebte er, nicht weit von meiner Wohnung entfernt, in einem kleinen Zimmer, das er nur noch selten verließ. Er rauchte, ernährte sich von Fast Food und bewegte sich schwerfällig als ein »nasser Sack« zwischen Arbeitsplatz und Bett, während der Raum sich mehr und mehr mit Müllsäcken füllte, die ein in der Nachbarschaft wohnender Student für ihn in großen Zeitabständen zu den Tonnen der städtischen Müllabfuhr trug. Steffens war ein großer schwerer Mann, mit einer tiefen Stimme, hochgescheit und gebildet, der gelegentlich lautlos über seine eigenen abgründigen Witze und Bemerkungen lachte. Meistens roch er nach Schlaftabletten. Er hatte an einer Kunstakademie studiert, war aber in der Werbung gelandet und ziemlich erfolgreich gewesen, bis seine Frau, mit der er in einer emotionalen Symbiose gelebt hatte, an Krebs gestorben war und er den Boden unter den Füßen verloren hatte. Er wusste, daß er seine Frau, die aus einer berühmten Verlegerfamilie stammte, enttäuscht hatte, denn sie hatte ihn als einen kommenden großen Schriftsteller gesehen. Er aber war über kleine Schreibversuche nicht hinausgelangt. Gleich nach ihrem Tod war er dann in einem langen selbstzerstörerischen Prozeß, wie von einem inneren Gewicht gezogen, tiefer und tiefer gesackt, bis er sich kurz vor dem endgültigen Zusammenbruch hilfesuchend an seine erste, von ihm geschiedene Frau gewandt hatte. Und die rettete ihn. Danach hatte er sich aufgerafft, das zu tun, was seine verstorbene Frau immer von ihm erwartet hatte. Er hatte unter dem Titel »Der Platz«, der sich auf das Zentrum des Geschehens, einen Tennisplatz, bezog, ein kleines perfektes Buch in der Nachfolge des Nouveau roman geschrieben, das mir wegen seiner Stilsicherheit aufgefallen war. Inhaltlich war es gewollt schattenhaft, in der Art undeutlicher, fragmentarischer Erinnerungen. Ich brachte es bei Kiepenheuer & Witsch heraus. Dadurch ermutigt, hatte er sich dann daran gewagt, seine langsame Selbstzerstörung noch einmal nachzuvollziehen, indem er sie in bannender Klarheit bis in alle Einzelheiten beschrieb.

Nach dem Tod seiner Frau hatte er sich zunächst schutzsuchend, unter dem Vorwand eines gemeinsamen Buchprojekts, bei einem alten Kollegen aus der Werbung eingenistet und war monatelang in Passivität versunken. Die junge Frau des Kollegen, mit der er oft allein blieb, hatte ihn dauernd zu verführen versucht, und er hatte das in zunehmender Lähmung an sich abrinnen lassen, bis sie ihn und ihren Mann anschrie, daß sie beide verschwinden sollten. Für Steffens wurde es das Signal seines weiteren Abstiegs in selbstverachtender, selbstmitleidiger Larmoyanz.

Es war ein gefährliches Unterfangen, diesen ganzen Prozeß in seiner Jämmerlichkeit und Verdrehtheit mit allen Einzelheiten wieder in sich wachzurufen. Doch für ihn war das ein Rettungsversuch, mit dem er, vielleicht vor den Augen der Toten, den imaginären und nachgeholten Triumph anstrebte, alles in einem Text gebannt zu haben. Dazu zog er sich vollkommen auf sich selbst zurück und bezeichnete sich als »Überlebender seines Lebens«. Ich wurde für ihn eine Komplementärperson, durch deren Zuspruch er am Leben und bei der Arbeit gehalten wurde. Einige Zeit bin ich fast jeden Tag für eine Stunde zu ihm gegangen. Er schrieb, damit ich den jeweils neuen Text lesen und loben würde, was mir nicht schwerfiel. Als ich mich einmal genötigt sah, einen ganzen Abschnitt zu kritisieren, konnte er drei Wochen lang nicht mehr schreiben. Er brauchte die Symbiose vollkommener Akzeptanz, auch wenn er sie ironisierte, denn sein Blick auf sich selbst war gnadenlos. Gnadenlose Selbstbeobachtung war der atemberaubende Reiz des entstehenden Buches. Es sah nach ungewöhnlicher Stärke aus, aber sie war nur einen Schritt vom Abgrund entfernt.

Ich konnte ihn nicht dauernd vor dem Absturz bewahren. Weil ich andere Verpflichtungen und eigene Pläne hatte, mußte ich meine ständigen Besuche eine Zeitlang unterbrechen. So ging es wieder abwärts mit ihm. Da das Geld bedrohlich dahinschmolz, war er in ein leerstehendes Fabrikgebäude gezogen, wo er einen unheizbaren, kahlen Raum bewohnte. Ich fuhr kurz vor Weihnachten mit meiner Frau hin, um mir seine Unterkunft anzusehen und ihm Geschenke zu bringen. Auf unser Klopfen und Rufen kam keine Antwort. Also alarmierte ich die Feuerwehr, die die Tür aufbrach. Und da lag er, bewußtlos und nur noch schwach atmend, in einem urindurchseuchten Feldbett, neben sich leere Schachteln von Schlaftabletten. In der Schreibmaschine steckte ein angefangener Brief, in dem er einer fernen Bekannten, aus welchen Gründen auch immer, die Lüge auftischte, daß sein Buch fertig sei. Wahrscheinlich war es der Anfang eines Bettelbriefes. Die Feuerwehrleute, die ihn wach rüttelten, fragten zur Kontrolle, wie er hieße und was sein Beruf sei. »Schriftsteller«, murmelte er leise. Die Feuerwehrleute blickten sich an. »Schriftsteller«, wiederholte einer. So hatten sie sich das nicht vorgestellt.

Sie brachten ihn in die Psychiatrische Klinik, wo er entgiftet wurde. Und wieder einmal, als hätte er dem Tod mit dem Selbstmordversuch seinen fälligen Tribut gezahlt, folgte die Auferstehung seines narzißtischen Ichs. Da er kein Geld hatte und auch keine Versicherung, hatte man ihm ein sogenanntes »wissenschaftliches Bett« gegeben. Das kostete nichts, war aber verbunden mit der Verpflichtung, sich im Hörsaal als interessanter Fall vorführen zu lassen. Wie mir ein junger Arzt erzählt hat, machte Steffens daraus eine große Schau und beantwortete die Fragen des Professors auf eine Weise, daß die Zuhörer jedesmal in Gelächter ausbrachen. Mit neuem Vorschuß, den ich ihm besorgte, schrieb er dann das Buch zu Ende. Mein Vorschlag, der Beschreibung seines Todesweges den scheinbar absurden Titel »Die Annäherung an das Glück« zu geben, gefiel ihm sehr, und er widmete mir das Buch.

Für große Promotionsveranstaltungen war er allerdings nicht zu haben. Er fand Unterschlupf bei einem jüngeren Ehepaar, das ihn verehrte und bewunderte und rundum versorgte. Wegen eines Hüftgelenkschadens ging er jetzt am Stock, den er den »Charakter« nannte. Manchmal ließ er den Charakter auch zu Hause, wenn er das Haus verließ. Das war einer seiner maroden Witze. Dort, in dem warmen Nest, das ihm seine Gastgeber bereitet hatten, schrieb er einen 254 Buchseiten langen Monolog, ein Protokoll seines schweifenden, sich selbst verzehrenden Denkens, das er eine »konstante Verwirrung« nannte. Es erschien als Buch unter dem Titel »Der Rest«. Man konnte es als Beckett-Nachfolge verstehen. Es war subtil und verstiegen und überaus variantenreich in dem Versuch, den Komfort totaler Illusionslosigkeit auf den Begriff zu bringen. Doch es war nicht zu vergleichen mit der Lebensdichte seines vorausgegangenen großen Romans über seine Selbstzerstörung nach dem Tod seiner Frau. Vielleicht wollte er an diese Art des Schreibens wieder anknüpfen, denn er begann ein viertes Buch über eine weit zurückliegende erotische Erfahrung mit einer anderen Frau, das er den »Roman mit Fleur« nannte. Er schrieb in der Einleitung, er wolle sich mit diesem Text beweisen, »daß er gelebt habe«. Der Beweis mißglückte ihm, denn über den ersten, schon etwas stockend geschriebenen Seiten ist er plötzlich gestorben.

Die Begegnung mit Günter Steffens war für mich ein tiefer Einblick in die inneren Spannungen und Gefährdungen eines schöpferischen Menschen. Er war ein besonders reich angelegtes Beispiel für das verworrene und verwirrende Nebeneinander von infantilen Getriebenheiten und überlegener Einsicht in das menschliche Leben, aus dem immer wieder die Notwendigkeit entstand zu schreiben. Er schrieb von einer gefährdeten Position aus – dank des exklusiven Bildes, das er von sich selbst und der Literatur hatte, ohne Angst und Scham – mit überlegener Souveränität.

Aber ich kann diese besonders auf ihn gemünzte Feststellung auch generalisieren: Das Faszinierende am Beruf des literarischen Lektors ist der Umgang mit Menschen, die sich im Medium ihrer Texte teils bewußt, teils unbewußt exponieren. Es ist eine Arbeit dicht am lebendigen Zentrum der individuellen Existenz. Deshalb war ich begeistert, als mir Witsch, wenige Monate nach meinem Eintritt in den Verlag, neben dem eben erst begonnenen Aufbau der wissenschaftlichen Abteilung auch noch die Verantwortung für das deutsche Lektorat übertrug, mit der besonderen Weisung, junge Autoren für den Verlag zu gewinnen. Das war ein schwieriger, aber auch ein pauschaler Auftrag, der mir alle Freiheiten ließ.

Ich wollte nichts Beliebiges machen, nicht dieses und jenes, wie es sich gerade bot und modisch war: keine metaphysischen Modelle des menschlichen Daseins in mißverstandener Kafka-Nachfolge, keine grotesken Schelmenromane, keine abstrakten Sprachexperimente im Gefolge der sogenannten Konkreten Poesie und vor allem auch keine moralisierende politische Didaktik und keine Schmöker in unangefochtener erzählerischer Tradition. Was mir vorschwebte, war Literatur als ein Erfahrungsprozeß zur Vertiefung und Erweiterung der Wahrnehmung des Lebens, Schreibweisen, die die Schablonen unserer Gewohnheiten und des vermeintlichen Bescheidwissens auflösten und die Fremdheit der Welt wiederherstellten, ihre Dichte, ihre Dinglichkeit, die Absurdität des Alltäglichen. Menschen interessierten mich, nicht Ideen, und das einzig Phantastische, weil Unausschöpfbare, sich immer nur perspektivisch Erschließende, war für mich die Realität.

Selbstverständlich stand mir das nicht in der stichwortartigen Formuliertheit vor Augen, wie ich es hier notiert habe. Es war ursprünglich eher eine Erwartung, die ich empfand, wenn ich ein Buch aufschlug und die ersten Seiten zu lesen begann. Ich wollte eine Stimme hören, die mir durch ihre Sicherheit, ihre Radikalität, ihre Einfachheit oder was auch immer das Gefühl gab, ich könne mich ihr anvertrauen, um, geführt von ihr, einen imaginären Erfahrungsweg zu betreten, der auch für mich wichtig zu werden versprach, weil er zu seinem Verständnis auch meine eigenen lebensgeschichtlichen Erfahrungen ergänzte und in Frage stellte. Daraus habe ich dann später den Gedanken entwickelt, Literatur sei eine imaginäre Probebühne, auf der wir uns alle Möglichkeiten des menschlichen Lebens, auch die abweichenden und katastrophalen, vor Augen führen.

Das war damals keine unangefochtene Selbstverständlichkeit, sondern ein Gedanke, dem erst Platz geschaffen werden mußte zwischen zwei polemisch aufeinander bezogenen Extremen. Das eine war die Auffassung, daß Literatur als Kunst etwas Höheres sei als das triviale Leben und als eine Sache für sich verstanden werden müsse. Benn gab in seinem Spätwerk mit Formulierungen wie »Leben, niederer Wahn« den Kammerton für diese realitätsflüchtige Musik an. Dagegen formierte sich in den siebziger Jahren die schroffe Gegenmeinung, Literatur sei bürgerlich und historisch überholt und könne nur noch legitimiert werden, wenn sie der »politischen Alphabetisierung Deutschlands« diene. So konnte man es in aller Plattheit in dem berüchtigten Kursbuch 15 von Leuten lesen, die es eigentlich besser wissen mußten.

Ich mischte mich damals in diese Diskussion ein, weil ich überzeugt war, daß sich unter diesen abstrakten Prämissen keine lebendige literarische Kultur entwickeln könne. Das war der entscheidende Anstoß für alle meine Essays über Literatur, die sich von dem ersten Bändchen mit dem zeittypischen Titel »Literatur und Veränderung« aus dem Jahr 1969 bis hin zu den Frankfurter Poetikvorlesungen von 1996 mit fortwirkender Eigenlogik immer weiter ausdifferenziert haben. Ich muß aber zugeben, daß es da, vor allem am Anfang, auch einen persönlichen Impuls gegeben hat: meine Absicht, selbst zu schreiben, hatte sich mit den Jahren nicht verloren, sondern immer mehr verdichtet und verdeutlicht. Doch da ich wußte, daß ich in absehbarer Zeit nicht dazu kommen würde, wollte ich wenigstens das geistige Terrain sondieren und vielleicht sogar vorbereiten.

Ich kann auch nicht leugnen, daß mein Interesse an den Büchern und Manuskripten anderer Autoren immer im Austausch mit vorauseilenden eigenen Phantasien stand. Ich denke, daß jeder Autor auch einen Lektor in sich haben muß, um sich selbst zu korrigieren, und jeder Lektor muß so viel vom Autor in sich haben, daß er sich in sein Gegenüber einfühlen kann. Die rollenhafte Gegenüberstellung von zwei verschiedenen Personen bei einer Manuskriptbesprechung im Verlag exponiert und vertieft diese innere Dialektik und macht aus ihr einen begründungspflichtigen Austausch von Argumenten. Das spontane, beiläufige Urteilen des alltäglichen, meistens zu raschen, spannungssüchtigen Lesens wird professionell. Unvermeidlich ist auch die Ernüchterung bei der Wüstenwanderung durch die Wanderdünen der eingesandten Manuskripte. Das meiste ist unzulänglich, vieles belanglos, obwohl es flüssig geschrieben ist. Aber das ist nicht immer so deutlich, daß man es beim ersten Blick erkennen kann.

Wie findet man also neue Autoren, was ja mein pauschaler Auftrag war? Es gab damals noch nicht die öffentlichen Autorenbörsen wie den Klagenfurter Lesewettbewerb zum Ingeborg-Bachmann-Preis oder die Lesungen zum Kranichsteiner Literaturpreis und viele andere, den literarischen Nachwuchs fördernde Institutionen. Es gab auch kaum Agenturen, die Manuskripte junger, unbekannter deutschsprachiger Autoren anboten. Grundsätzlich nicht anders als heute, aber ausschließlicher, war man darauf angewiesen, sein eigenes Netz zu spannen, also Literaturzeitschriften zu lesen, die literarischen Programme der Medien zu beobachten, Hinweisen aus dem eigenen literarischen Verkehrskreis nachzugehen und immer wieder, trotz geringer Erfolgsquote, die eingesandten Manuskripte zu lesen. Glücklicherweise hatte ich in Renate Matthaei eine hervorragende Mitarbeiterin gefunden, mit der ich mir die Arbeit unbesorgt teilen konnte, denn unsere Beurteilungen stimmten meistens überein. Aber auch unser Grundverständnis von Literatur. Eines Tages legte sie mir, als ich aus dem Urlaub zurückkehrte, ein Manuskript vor, das ihr aufgefallen war. Der Autor hieß Rolf Dieter Brinkmann und kam aus einem kleinen Ort in Norddeutschland, dessen Namen wir noch nie gehört hatten. Es war kein ausgefeiltes, manchmal auch unbeholfenes, sprachlich etwas schwammiges Manuskript, aber – darüber waren wir uns sofort einig – es hatte einen Drive wie ein Jazzsolo und eine unmittelbar spürbare existenzielle Authentizität. Ich sagte: »Den müssen wir an Land ziehen«, was bedeutete, daß wir eine Möglichkeit der Veröffentlichung finden mußten, um den Autor an den Verlag zu binden. Der Text war viel zu kurz, um ein Buch zu ergeben. Doch wir hatten schon einen Kontakt zu Günter Seuren, der uns Gedichte geschickt hatte. Vielleicht konnten wir auch ihn zu einem Prosatext anregen und dann auf diese Art weiterarbeiten. So kam ich auf die Idee, eine Anthologie mit Prosatexten junger, noch unbekannter Autoren zu planen. Es sollte keine der üblichen Anthologien werden, kein Sammelbecken von Texten, die nichts miteinander zu tun hatten, sondern ein Buch mit einem vorgegebenen gemeinsamen Thema, das die Texte vergleichbar machte, so daß sich ihre Individualität, vielleicht aber sogar eine generationsspezifische stilistische Verwandtschaft deutlich zeigen konnte. Das editorische Vorbild des Buches war der Schulaufsatz. Als thematische Vorgabe wählte ich den Titel »Ein Tag in der Stadt«, verschwieg allerdings, daß mich die Lektüre des »Ulysses«, des Jahrhundertromans von James Joyce, darauf gebracht hatte.

Nun, da wir dieses Projekt hatten, über das wir gelegentlich auch mit Besuchern redeten, wurde es leichter, Autoren zu finden. Auf Günter Herburger und Ludwig Harich machte uns Max Bense aufmerksam, um den sich damals in Stuttgart literaturinteressierte junge Leute sammelten. Uve Christian Fischer war ein Studienkollege von mir, der später nicht mehr literarisch hervorgetreten ist. Aber der Text, den er uns schickte, war brauchbar. Wie der Kontakt mit Robert Wolfgang Schnell zustande kam, weiß ich nicht mehr. Von den sechs in der Anthologie versammelten Autoren blieben Brinkmann, Seuren und Herburger mit weiteren Veröffentlichungen im Verlag.

Ich habe unter den Titeln »Wochenende« und »Etwas geht zu Ende« zwei weitere Anthologien mit anderen Autoren herausgebracht, aber die erfolgreichste war die erste. Sie erregte die Aufmerksamkeit der Kritik und bewirkte einen vermehrten Zulauf interessierter Autoren. So kam eines Tages Nicolas Born mit einem Manuskript in den Verlag. Er wollte es mir dalassen, damit ich es lesen konnte. Ich schlug ihm vor, in zwei Stunden wiederzukommen. Inzwischen wollte ich mir das Manuskript ansehen. Und als er zurückkam, sichtlich beklommen und starr vor Erwartung, hatte ich schon einen vom Verleger unterschriebenen Vertrag für ihn.

Das hört sich nach Flüchtigkeit an. Aber ich wußte, was ich suchte, und hatte erkannt, daß das Manuskript – ein Kurzroman, der das literarische Genre des Reiseromans parodierte und in der Parodie erneuerte – zwar kein literarisches Meisterwerk war, aber genügend Substanz besaß, um bearbeitungswürdig zu sein. Und das war, wie ich inzwischen wußte, der Normalfall. Für Born war diese Veröffentlichung eine wichtige Stufe, die ihn zu den beiden späteren Romanen führte, die – neben den Gedichten – das literarisch bedeutsame Werk seines kurzen Lebens darstellen. Er starb sehr früh an einem Gehirntumor. Auch Rolf Dieter Brinkmann starb sehr früh durch einen absurden Verkehrsunfall in London, der zu seiner Mythisierung beigetragen hat. Er lief auf dem Weg zu einem Pub in einen Lastwagen und war sofort tot. Mich erreichte die Nachricht durch einen Telefonanruf aus London, während ich in einer Vertreterbesprechung saß und neue Bücher vorstellte. Man fragt sich angesichts des Widerspruchs von spontaner und immer auch reflektierter Kreativität und den Hemmungen und depressiven Verstörungen, mit denen Brinkmann zu kämpfen hatte, wie es weitergegangen wäre, wenn es weitergegangen wäre. Aber das ist natürlich unbeantwortbar. Auch Günter Steffens wurde nicht alt. An ihn dachte ich, als ich mir den Satz notierte: »Phantasie ist eine Zunge, die auch am Tod leckt.« Andere Autoren verstummten oder verschwanden in sozialer Unsichtbarkeit. In einem Fall auch in der Psychose. An solchen Schicksalen kann wohl auch die inzwischen großzügig ausgebaute Autorenförderung grundsätzlich nichts ändern.

Das gelingende Schreiben eines Buches ist eine integrative Leistung, die auf den Autor wie eine Therapie wirkt. Es setzt die Überwindung von Ängsten und Hemmungen voraus, äußerste, lang anhaltende Konzentration und eine immer wieder sich erneuernde Begeisterung, wenn das Chaos von vorauseilenden Vorstellungen und neuen querschießenden Einfällen sich in plötzlicher Evidenz zu einem neuen Stück Text ordnet und allmählich die Konturen des ganzen Werkes aus dem Dunkel auftauchen. Vielleicht kann man in diesem Vorgang auch eine Kurzformel für das ganze Leben sehen, was erklären würde, daß sein Scheitern lebensbedrohlich werden kann.

Als Lektor ist man ein Zeuge dieser Prozesse, vor allem wenn die Autoren in derselben Stadt leben und die Kontakte sich ins Private ausweiten, wie es bei Steffens und Brinkmann der Fall war, die sich allerdings nie begegnet sind. Für mich gehörten sie ganz verschiedenen Welten an, aber ich, als ihr Lektor, gehörte zu beiden. In der literarischen Öffentlichkeit wurden die jungen Autoren, die ich in den Verlag geholt hatte, als eine Gruppe gesehen, nachdem ich in der Verlagszeitschrift, die noch den altbackenen Namen »Die Kiepe« trug, unter der Überschrift »Neuer Realismus« die Autoren vorgestellt und einige ihnen gemeinsame stilistische Voraussetzungen skizziert hatte. Ich hatte die Formulierung »Neuer Realismus« gewählt, um auszudrücken, daß Realismus kein literaturhistorisch festgelegter Stil sei, sondern ein im historischen Prozeß sich wandelndes und fortwirkendes Erkenntnisinteresse, das der Wirklichkeit, der Welt, dem Leben immer neue Aspekte abgewinnt. Aber so wurde das nicht verstanden, weil »Realismus« durch die Nachbarschaft des sogenannten »Sozialistischen Realismus« zum Unwort geworden war.

Trotzdem hat der kleine Aufsatz eine öffentliche Blickwendung erzeugt und zum Beispiel dazu beigetragen, daß die Autoren zur nächsten Tagung der Gruppe 47 eingeladen wurden, was damals den Charakter einer Beförderung hatte. Obwohl die Autoren das wußten, war es ihnen natürlich wichtig, nicht als Orchestermitglieder, sondern als Solisten anerkannt zu werden. Das galt besonders für Brinkmann, der nicht zur Gruppe 47 fuhr und sich sofort querstellte, wenn er den Verdacht hatte, daß er in irgendeinen Konsens einbezogen werden sollte. Als ich einmal einige Autoren in meine Wohnung eingeladen hatte, entwickelte sich zwischen Brinkmann und Herburger ein Streit, der zu einer Schlägerei auszuarten drohte. Herburger hatte eine Platte von den »Swingle Singers« gelobt, die Brinkmann, nicht mehr aufhörend mit rüden Formulierungen, als »letzten Dreck« bezeichnete. Ich mußte dazwischengehen und die beiden trennen. Das war nicht das einzige Mal, daß ich Brinkmann zähmen und vor sich selber schützen mußte. Einmal rastete er bei einem Verlagsfest mit Buchhändlern völlig aus, störte die Lesung des österreichischen Theaterautors Wolfgang Bauer mit höhnischem Gelächter und beschimpfte unflätig das Publikum, vermutlich weil er gekränkt war, daß man nicht ihn eingeladen hatte zu lesen.

Er war ein sehr erregbarer, begabter Mensch, der von inneren Gegensätzen zerrissen wurde. Mal war er liebenswürdig und entspannt und konnte inspiriert, mit ausgeprägtem eigenem Urteil über Literatur und Musik und seine persönlichen Vorlieben reden. Und immer war er einer der ersten, wenn es etwas Neues zu entdecken gab, zum Beispiel ein neues Buch aus dem Umfeld des französischen Nouveau roman oder die amerikanische Popliteratur, vor allem die »Lunch Poems« von Frank O'Hara, deren erzählerische Leichtigkeit, mit der sie, wie der schweifende Blick eines entspannten Spaziergängers, von Gegenstand zu Gegenstand gleiten und dabei die ganze alltägliche Welt zum Schweben bringen, eine wesentliche Anregung für Brinkmanns eigene Lyrik waren. Er übersetzte die Gedichte ins Deutsche, zusammen mit einem Text von Ted Berrigan, und demonstrierte in einem überproportionierten Anhang aus Anmerkungen seine Vertrautheit mit der New Yorker Szene.

Fast alles, was Brinkmann tat, geschah heftig, als kämpfte er gegen den Widerstand einer dumpfen, verstockten Welt. Und wenn er entflammt über ein Buch, ein Gedicht, ein Musikstück redete, erschien er mir als ein anschauliches Beispiel für die These von John Dewey (in seinem Werk »Kunst als Erfahrung«), daß der Ausgangspunkt eines Kunstwerks nicht in einer Anregung außerhalb des Künstlers liege, sondern mit dessen leidenschaftlicher Erregung über seinen Gegenstand beginne. Wenn allerdings Brinkmanns Produktivität stockte und sein Selbstgefühl zu schwanken begann, dann konnte sich seine emotionale Energie in unerträglichen Provokationen äußern. Er wurde zu einem giftigen Ekel, einem Berserker, der alles um sich herum zerstören wollte. Das war dann die letzte Stufe seiner Selbstbehauptung vor der drohenden Depression, die aus ihm für einige Zeit ein klagendes, hilfloses, schutz- und trostbedürftiges Wesen machte. Immer dachte er dann, es sei aus mit ihm und er würde niemals mehr etwas schreiben können.

An die Zusammenarbeit mit ihm bei der kritischen Durchsicht und Korrektur seiner Texte habe ich allerdings eine gute Erinnerung, wie bei allen andern Autoren auch. Gleich zu Anfang meiner Lektoratsarbeit war mir klargeworden, daß sie sich nicht darauf beschränken konnte, auf Meisterwerke zu warten. Thomas Mann, der mit 26 Jahren die »Buddenbrooks« beim S. Fischer Verlag einreichte und mit Recht sagen konnte: »Keine Zeile wird gestrichen«, war auch damals schon eine Ausnahme. Inzwischen hatten sich die Buchproduktion und die Konkurrenz der Verlage noch gesteigert, und die Suche nach neuen jungen Autoren wurde weiter forciert. So kamen immer mehr Manuskripte ins Gespräch, die bearbeitet werden mußten, um druckfähig zu sein. Die Lektoratsarbeit nahm so Züge eines Creative-writing-Kurses an.

Diese Arbeit an den Manuskripten war meine Lieblingsarbeit, vor allem als es darum ging, nach der ersten Vorstellung der neuen Autoren mit Beiträgen in einer der Anthologien sie nun mit selbständigen, in sich geschlossenen literarischen Werken herauszubringen, die die geweckten Erwartungen bestätigten und übertrafen. Wie bei meiner Zusammenarbeit mit Heinrich Böll notierte ich meine kritischen Anmerkungen in einer Kopie des zur Diskussion stehenden Manuskriptes und lud dann den Autor ein, für zwei, drei Tage in den Verlag zu kommen. Einander gegenübersitzend gingen wir dann das Manuskript Seite für Seite durch. Wenn es sich um weiträumige oder nicht leicht erkennbare Textprobleme handelte, bat ich die Autoren, mir die entsprechenden Stellen vorzulesen. Meistens erkannten sie dann die Schwächen und Fehler selber. Vieles wiederholte sich natürlich: ungenaue Wortwahl, überladene Sätze, überflüssige Adjektive, Umständlichkeiten und Längen, ungewollte logische Widersprüche, ungeschickter Szenenaufbau, schwerfällige oder gestelzte Dialoge, psychologische Unwahrscheinlichkeiten oder Klischees bei der Personendarstellung und vieles sonst. Aber alles war natürlich abhängig vom Gesamtkonzept und mußte in seinem Rahmen beurteilt werden. Oft konnte man als von außen kommender Betrachter besser als der Autor erkennen, daß und weshalb ein Manuskript noch nicht seine optimale Form erreicht hatte und noch eine letzte Überarbeitung brauchte. So fand ich zum Beispiel, daß die Texte von Günter Herburgers später viel beachtetem Erzählungsband »Eine gleichmäßige Landschaft«

ihre bestmögliche Wirkung noch nicht erreicht hatten, weil sie hier und da überformuliert waren. Die Thematik der Erzählungen verlangte aber eine lakonische Sprache. Nachdem ich ihm das an einigen auffälligen Beispielen gezeigt hatte, sah er es sofort ein, und wir sind dann schnell mit der Endredaktion vorangekommen. Ich besitze noch den Band, in dem er auf dem Vortitel in großer, plakativer Schrift »Watte raus! Der dankbare Herburger« geschrieben hat. Das war nämlich das von mir ausgegebene Motto unserer Überarbeitung des Textes gewesen.

Die kritische Überarbeitung unterschiedlicher Texte war für mich nicht nur ein ständiger Lernprozeß, sondern erinnerte mich immer wieder an meine aufgeschobenen eigenen Schreibpläne. Doch ich hatte inzwischen eine fünfköpfige Familie, und obwohl ich nach dem Buch über Benn auch die Werkausgabe von Benn ediert und einen Essayband und etliche Hörspiele veröffentlicht hatte, konnte ich nicht hoffen, den Unterhalt durch Schreiben zu verdienen. Jedenfalls nicht mit literarischen Büchern, die erst undeutliche Projekte oder wandelbare Phantasien waren, völlig unberechenbar in ihren Erfolgsaussichten. Aber Autor kann man nicht werden, indem man davon träumt, sondern nur, indem man zu schreiben beginnt. Ich sagte mir das, um mich selbst herauszufordern, aber die Stimme des Realitätsprinzips sagte mir: Vorläufig ist das nicht möglich. Ich fürchtete, bei einer unüberlegten Entscheidung wieder auf die pausenlose Lohnschreiberei für die Rundfunkprogramme zurückzufallen, wie ich sie jahrelang betrieben hatte, am Ende mit dem bedrohlichen Gefühl, daß sie zur Erosion der kreativen Kräfte führte. So blieb alles in der Schwebe, und die Träume wurden überlagert von den täglichen Pflichten, Ablenkungen und Befriedigungen meines Lektorenberufes.

Doch dann – es muß 1964 oder 65 gewesen sein – geschah etwas, das die Situation veränderte. Man war beim Deutschlandfunk, der damals im Aufbau war und in einer provisorischen Unterkunft in der Nähe des Verlagshauses residierte, auf mich aufmerksam geworden und machte mir das Angebot, eine leitende Funktion im noch auszubauenden Kulturressort zu übernehmen. Das Angebot war verlockend und lag finanziell weit über meinem Lektorengehalt. Es war ein Angebot auf lange Sicht, tendenziell eine Lebensstellung, was nach üblichen Kriterien seinen Wert nur steigerte. Doch für mich bedeutete es, daß ich meine Pläne zu schreiben begraben mußte, wenn ich es annahm, denn es war mir klar, daß ich, ähnlich wie schon im Verlag, eine mich total fordernde Entwicklungsaufgabe schultern mußte. Irgendwann würde man dabei ein anderer Mensch werden. Was ich dagegen brauchte, war eine teilweise Entlastung von meiner Arbeit bei gleichzeitiger Sicherung der finanziellen Grundbedürfnisse.

Also ging ich mit dem Angebot zu Witsch und sagte: »Damit können Sie wohl nicht konkurrieren.« Er las es sorgfältig durch und sagte, nein, das könne er leider nicht. »Doch«, sagte ich, »Sie können das, wenn Sie mir pro Woche zwei freie Tage geben, damit ich schreiben kann.« »Aber Sie müssen Ihre Arbeit schaffen«, sagte er. »Das werde ich«, antwortete ich. Das war verwegen, aber nicht völlig unrealistisch, weil die Arbeit an den beiden wissenschaftlichen Buchreihen inzwischen weitgehend formalisiert war und ich in Renate Matthaei für das deutsche Lektorat eine erstklassige Mitarbeiterin gewonnen hatte. Ich konnte ihr schrittweise immer mehr übergeben, und sie wurde später, als ich ganz aus dem Lektorat ausschied, meine Nachfolgerin und außerdem meine Lektorin.

Was ich mir vorgenommen hatte, war nicht einfach. Ich hatte zwar ein klares Konzept für meinen ersten Roman:

Ich wollte das Thema der »Geschlossenen Gesellschaft«, das Sartre in seinem Theaterstück reichlich abstrakt und modellhaft durchgespielt hatte, an einer kleinen rudimentären Familie als eine Alltagssituation darstellen. Ich fand nach anfänglich anderen Versuchen dafür die Lösung, das Geschehen in ein auswegloses Präsens zu bannen, in dem die Personen umeinander kreisen. Damit war auch die Schreibsicherheit gefunden. Die Schwierigkeiten, die ich trotzdem hatte, lagen in der mit Witsch ausgehandelten Arbeitssituation. Es stellte sich als ungünstig und frustrierend heraus, dauernd zwischen dem eigenen Manuskript und fremden Manuskripten hin- und herwechseln zu müssen. Auch das Verhältnis zu einigen Autoren wurde latent problematisch. Man läßt sich anscheinend nicht so gerne von jemandem kritisieren, der selber schreibt. Vielleicht hatte auch der eine oder andere Autor den Verdacht, nicht mehr die gleiche uneingeschränkte Zuwendung zu bekommen wie vorher, obwohl das in meiner Perspektive damit zusammenhing, daß ich sie nicht mehr als Anfänger, sondern als etablierte und autonome Autoren sah. Auch die literarische Öffentlichkeit hatte Probleme mit meinem Rollenwechsel oder meiner Doppelrolle als Lektor und Autor. Irgendwie schien das etwas Unerlaubtes zu sein. Calvino in Italien und Robbe Grillet in Frankreich, die auch Lektoren waren, hatten solche Probleme nicht. Es war wohl eine Nachwirkung des romantischen deutschen Dichterbildes, daß man den Beruf des Lektors und die Existenz eines Schriftstellers nicht als unterschiedliche Funktionen, sondern als Wesensunterschiede betrachtete, aber das sage ich doch inzwischen in der Vergangenheitsform. Für mich war es ein anregender Zusammenhang und mein allmählicher Übergang von dem einen zum anderen zwar aus praktischen Gründen ein schwieriger, doch lebensgeschichtlich der richtige Weg.

In den siebziger Jahren, als nach dem Tod von Witsch sein Schwiegersohn Reinhold Neven DuMont den Verlag übernahm, habe ich es noch als meine Aufgabe gesehen, ihm bei seiner Einarbeitung in die ihm plötzlich zugefallene Rolle zur Seite zu stehen, bin aber den Weg der Emanzipation weitergegangen. Ich übernahm jetzt in der Hauptsache einzelne Lektoratsaufgaben, zum Beispiel Manuskriptbearbeitungen, die ich zu Hause in kürzerer Zeit als mitten im Verlagsbetrieb erledigen konnte. Nachdem in der Krisenzeit des Wechsels von Witsch zu Reinhold Neven DuMont einige Autoren den Verlag verlassen hatten, mußten neue gewonnen und aufgebaut werden. Ich holte damals Günter Wallraff und Wolf Biermann in den Verlag, wovon neue Signale ausgingen. Ein lebendiger Verlag ist eine ewige Baustelle. Abrißarbeiten und Neubauten sind zwei Seiten des historischen Wandlungsprozesses, der nicht nur die Existenz, sondern auch die Identität des Verlages durch seine fortwährende Erneuerung erhält.

Ich habe mich als Lektor eigentlich wie ein Schriftsteller verhalten, indem ich mich vor allem von meinen persönlichen Faszinationen leiten ließ. In den Kategorien des amerikanischen Soziologen David Riesman kann man das als ein »innengelenktes Verhalten« bezeichnen. Es war in der von mir beschriebenen Ausprägung wohl schon ein wenig fragwürdig geworden und ist heute kaum noch in gleicher Weise möglich. Die Steigerung der Buchproduktion und die wachsende Zahl junger Autoren, die durch ein weitverzweigtes Förderungssystem ermöglicht und ermutigt und Saison für Saison als neue Hoffnungen ins Rennen geschickt werden, haben den Konkurrenzkampf verschärft, die Unterschiede zwischen Erfolg und Mißerfolg vergrößert und die Verfallszeiten der meisten Bücher und vieler schnell bekanntgewordener Personen dramatisch verkürzt. Deshalb haben die Vertriebs- und Werbeabteilungen der Verlage gegenüber den Lektoraten stark an Einfluß gewonnen. Der Markt regiert die Produktion und zwingt auch die Lektoren, die persönlich häufig »innengelenkte« Menschen sein mögen, ein »außengelenktes Verhalten« auf. Sie müssen viel reisen und bei literarischen Veranstaltungen Präsenz zeigen, um das Verlagsprogramm und die Verlagsautoren und auch sich selbst ins Gespräch zu bringen. Und vor allem müssen sie eine stets wache Aufmerksamkeit für neue Namen, neue Moden und aktuelle Themen haben und immer wieder neue Beziehungen anknüpfen. Das sind notwendige Orientierungsversuche und Haltepunkte gegenüber der Brandungswelle der eingesandten Manuskripte, die, mit kurzen oder langen erläuternden Begleitbriefen versehen, in zahlreichen Kopien durch die Verlage wandern, wo sie sich zu Monumenten schlechten Gewissens aufhäufen, weil sie eigentlich niemand mehr kontrollieren kann.

Wenn die Reisenden von den Autorenbesuchen, literarischen Workshops und Buchmessen oder aus ihrem Urlaub zurückkehren, haben sich die Wandschränke der Lektorenzimmer schon wieder mit neuen Manuskripten angefüllt. Der Verlag summt vor Arbeit, und die Telefone läuten. Ein Autor fragt an, ob der Lektor schon sein Manuskript gelesen habe. Erschöpft von langer, einsamer Arbeit lechzt er nach Zustimmung und Lob. Das jedenfalls ist noch wie immer.

# Der lange Weg zum Anfang

## Der erste Roman

Als ich meinen ersten Roman schrieb, der 1966 unter dem Titel »Ein schöner Tag« erschienen ist, hatte ich schlechte Voraussetzungen für die Arbeit an einem längeren Text. Aber jahrelang hatte ich wegen der vielfältigen, anspruchsvollen Verpflichtungen als Lektor des Verlages Kiepenheuer &Witsch überhaupt keine Aussicht, genug Zeit und Konzentration für eine größere literarische Arbeit zu finden. Der Wunsch war zwar nicht verkümmert, weil das Milieu, in dem ich lebte, neue Leseerfahrungen und die Arbeit an den Manuskripten der von mir betreuten Autoren ihn immer wieder belebt hatten, doch da ich eine Familie mit drei kleinen Kindern hatte, war nicht daran zu denken, meine Lektoratsarbeit aufzugeben und es mit dem Schreiben eines Romans zu versuchen. Auch vorher, als ich beim Rundfunk durch das Schreiben von Features und Nachtprogrammen unseren Lebensunterhalt verdiente, hatte ich die nötige Zeit nicht finden können. Als später Hörspiele dazukamen, war das zwar eine belebende Unterbrechung der Routine, brachte aber nicht die Wende, da ich durch zwei andere, sehr zeitaufwendige, aber miserabel bezahlte Arbeiten – das Schreiben eines Buches über Gottfried Benn und die Edition seiner Werkausgabe – in Schwierigkeiten geraten war. Wegen des Ausfalls der Funkhonorare hatte ich mir für diese Arbeiten bei meinem Bruder Geld leihen müssen, das ich zunächst nicht zurückzahlen konnte. Trotzdem hatte es sich gelohnt, das Buch über Benn zu schreiben, denn es bekam viele gute

Kritiken, und das veranlaßte den Verleger Joseph Caspar Witsch, mir eine Stellung als Lektor in seinem Verlag anzubieten. Damit waren wir erst einmal gerettet.

Ich wurde gleich mit Arbeit überhäuft, sollte eine wissenschaftliche Abteilung aufbauen, junge deutsche Autoren anwerben und die Werke von Heinrich Böll betreuen. Anfangs hatte ich die Lektoratsarbeit nur als Zwischenlösung betrachtet, doch bald sah es nicht mehr danach aus. Vor allem war mir klar, daß ich durch eine Kündigung keine freie Zeit gewinnen würde, sondern zwangsläufig zur täglichen Lohnschreiberei zurückkehren mußte. Trotzdem konnte ich mich nicht mit dem Gedanken abfinden, bei meiner Endstation angekommen zu sein. Das war, als hätte ich eine lange geplante Reise zu mir selbst nicht anzutreten gewagt.

Unerwartet bot sich dann nach einigen Jahren eine neue Möglichkeit. Der vor kurzem gegründete Deutschlandfunk machte mir das Angebot, in einer leitenden Position am Ausbau des Kulturprogramms mitzuarbeiten. Das war eine interessante Aufgabe, die mich reizte. Aber es war eine langfristige Verpflichtung, tendenziell eine Lebensstellung. Und dazu konnte ich mich nicht entschließen.

Schließlich kam ich auf die Idee, Witsch, der mit dem Gehaltsangebot des Funks nicht konkurrieren konnte, mich aber als Lektor behalten wollte, den Vorschlag zu machen, mir statt der längst fälligen Gehaltserhöhung zwei freie Tage pro Woche zum Schreiben zu geben. Für ihn wie für mich war das ein Experiment. Aber er willigte ein, nachdem ich ihm blind versichert hatte, daß ich meine Arbeit als Lektor auch unter diesen Umständen schaffen würde.

Drei Tage in der Woche arbeitete ich nun als Lektor, war also mit fremden Manuskripten beschäftigt. Meistens gab es dann einen Tag des Übergangs und der inneren Umstellung. Und dann nahm ich für drei Tage wieder die Arbeit am Roman auf. Das wurde dadurch erschwert, daß unsere Wohnung nach der Geburt unseres dritten Kindes zu klein geworden war. Ich mußte anderswo arbeiten, versuchte es in Cafés oder nach Dienstschluß im Verlag. Einmal folgte ich der Einladung eines Autors, in meiner Urlaubszeit zu ihm und seiner Frau aufs Land zu ziehen, in der Vorstellung, daß wir uns gegenseitig anregen und unterstützen könnten. Aber dieser Versuch endete in einem Desaster, weil mein Gastgeber plötzlich nicht mehr schreiben konnte und zu trinken begann. Die beste Möglichkeit ergab sich, als meine damalige Assistentin, die später meine Nachfolgerin im Lektorat wurde, sich eine kleine Wohnung nahm, in der ich tagsüber schreiben konnte. Wenn sie am späten Nachmittag nach Hause kam, wechselte ich meistens noch für ein paar Stunden in den leeren Verlag über, um dort weiterzuschreiben. Sie fand dann manchmal in ihrem Papierkorb meine zerrissenen Manuskripte.

Was mich am meisten irritierte und manchmal auch lähmte, war der Umstand, daß ich unter Beobachtung schrieb. Der ganze Verlag wußte es, auch die von mir betreuten Autoren, und es sickerte auch in die literarische Öffentlichkeit durch, wo man sich von mir durch meine Arbeit als Lektor, Herausgeber und Essayist ein völlig anderes Bild gemacht hatte. Daß ich auch Hörspiele geschrieben und den Hörspielpreis der Kriegsblinden erhalten hatte, fiel dabei weniger ins Gewicht.

Wohl aber eine kleine literarische Glosse, die ich unter dem Titel »Neuer Realismus« in der Verlagszeitschrift veröffentlicht hatte, um die von mir betreuten Autoren in einen Rahmen zu stellen. Der Begriff »Realismus« traf damals schon wegen der Nachbarschaft zum sogenannten »Sozialistischen Realismus« auf weitverbreitete Vorurteile. Man verstand darunter die Darstellung der bekannten Welt in den Formen eines ausgereizten historischen Stils. Für mich dagegen war Realismus kein literaturgeschichtliches Etikett, sondern die Bezeichnung eines fortschreitenden Erkenntnisinteresses, das immer wieder neue Sichtweisen entwickelt, um die Wahrnehmung der Welt und des menschlichen Lebens zu verändern und zu vertiefen. Um die Dynamik dieser Prozesse zu betonen, hatte ich den Begriff »**Neuer** Realismus« gewählt. Beispiele für eine Intensivierung der Wahrnehmung durch die Verfremdung des Bekannten fand ich bei den Autoren des französischen nouveau roman und in Siegfried Kracauers »Theorie des Films«, in der beschrieben wurde, wie Perspektivenwechsel, Kamerabewegung und Schnitt die gegenständliche Welt auflösen und neu inszenieren. Ja, Wahrnehmung war Inszenierung, die gesehene Realität ein Konstrukt. Auch die psychoanalytische Beschreibung der Entstehung von Wahrnehmungstäuschungen und Illusionen gehörte in diesen Zusammenhang. Meine damals im üblichen Arbeitsstreß spontan geschriebene programmatische Glosse war der Niederschlag dieser Eindrücke, und das las sich so: »Dargestellt wird eine Welt im Zustand der Unruhe, die sich im Prozeß befindet und nicht überschaubar, fertig und verfügbar ist. Distanz und Überblick des allwissenden Erzählers gibt es deshalb nicht mehr, sondern subjektive, begrenzte, momentane und bewegte Perspektiven. Wechsel zwischen Nahsicht und Fernsicht, Zeitdehnung und Zeitraffung und wechselnde Ereignisdichte geben der Welt ein dynamisches Relief.«

Das war eine reichlich theoretische Ankündigung, die damals weit gestreute Aufmerksamkeit erregte und auch als Kampfansage an andere Literaturkonzepte verstanden wurde. Jedenfalls hatte ich mir damit eine Bürde auferlegt, die ich als ein allgemeines skeptisches Abwarten spürte, als ich meinen ersten Roman zu schreiben begann. Eigentlich ist das ein hochsensibler Prozeß, der den Schutzraum einer vollkommenen Abgeschlossenheit braucht. Doch das war für mich ohnehin nicht mehr zu haben. Die Publikation einer literaturtheoretischen Programmschrift war dann nur noch eine offensive Konsequenz. Sobald ich allerdings beim Schreiben tiefer in den entstehenden Text hineinkam, konnte ich die Umstände auch wieder vergessen.

Die thematische Anregung für meinen Roman bekam ich durch Sartres kammerspielartiges Theaterstück »Geschlossene Gesellschaft«, in dem er drei konträre Personen – einen Mann und zwei Frauen, eine davon eine Lesbe – in einem geschlossenen Raum zusammenführt, den sie nicht mehr verlassen können. Unentrinnbar sind sie aneinander gefesselt in einem stillstehenden Konflikt. Es ist ein Bild der Hölle, mit dem Sartre seine These illustriert, daß die Hölle die anderen sind.

Dieser Gedanke interessierte mich. Seine modellhafte Inszenierung aber erschien mir abstrakt. Es waren an Schnüren geführte Puppen in künstlichen, wenig überzeugenden Konflikten. Natürlich gab es so etwas auch im richtigen Leben, nur nicht so thesenhaft, sondern wirrer, unübersichtlicher, individueller oder, um mit Ernst Bloch zu reden, »im Dunkel des gelebten Augenblicks«: Das wollte ich nun auf meine Weise darstellen – phänomenologisch, nicht thesenhaft und didaktisch. Es war ein kleines konzentriertes Sujet, bei dem alles auf die intimen Details des Geschehens ankam.

Der Roman erzählt zwei Wochen aus dem Leben einer rudimentären Flüchtlingsfamilie, bestehend aus dem Vater, einem schon leicht dementen, harmoniebedürftigen alten Mann, der Tochter, einer unverheirateten Studienrätin, die sich mit dem Gedanken trägt, den Vater in ein Altenheim zu bringen, und dem jüngeren Sohn, einem neurotischen

Studenten – drei Menschen, die sich nicht loslassen und sich gegenseitig im Wege stehen. Es kommt zu einem ziellosen Ausbruchsversuch des Sohnes, der dabei in psychotische Zustände abdriftet. Die Schwester muß ihn nach Hause holen. Dann, zum Geburtstag des Vaters, sind sie wieder zusammen.

Strukturell entschied ich mich, die Perspektive kapitelweise von Person zu Person wechseln zu lassen, weil das der Isolation der Personen und ihrer wechselseitigen Beobachtung entsprach. Eine Erzählerstimme gibt es nicht.

Ich hatte knapp ein Drittel des Romans geschrieben, als ich mir eingestehen mußte, daß es mir noch nicht gelungen war, den inneren Druck in diesem dramaturgischen Kessel zu erzeugen, den ich brauchte, um den alltäglichen, unsensationellen Vorgängen, die ich darstellte, die Dichte und Intensität zu geben, die ich mir wünschte. Ich kam meiner Vorstellung erst näher, als ich den Roman aus dem erzählerischen Imperfekt ins Präsens übertrug.

Das erzählerische Imperfekt ist das Tempus einer perspektivischen Erfassung des Kontinuums der Zeit. Jeder Satz geht weich in den nächsten über, und es wirkt nicht abstrakt, die Perspektive auf größere Zusammenhänge einzustellen. Erzählen heißt nämlich, ein Geschehen von einem meistens noch verschwiegenen oder schon vorausgesetzten Ende her wieder zu vergegenwärtigen und am inneren Auge vorbeiziehen zu lassen. Das Präsens dagegen beharrt auf dem Augenblick. Es ist blind für die Zukunft, die sich nur Stück für Stück als eine Folge manchmal sekundenkurzer Gegenwarten realisiert. Die Personen sind in einem engen Hier-und-Jetzt eingesperrt, das der Taktgeber ihres Lebens ist, unabhängig davon, ob sie noch residuale Pläne, Erwartungen oder Befürchtungen haben. In Erregungsphasen blähen sich die Momente auf. Dann wieder spulen sie sich in mechanischer Gleichmäßigkeit ab und verwandeln die Zeit in das unentrinnbare, zukunftslose Nacheinander der alltäglichen Routine, wie aufgenommen von einer mitlaufenden inneren Überwachungskamera. Das radikale Präsens kennt keine Unterschiede, sondern nur wechselnde Präsenzen. Es ist wie ein Text, in dem jedes Wort unterstrichen ist.

Diese Eigenschaften des Tempus entsprachen meinem Thema. Ich wollte ja ein zukunftsloses, von Lähmung bedrohtes Leben darstellen, das immer wieder von Erregungsschüben und Hysterien erfaßt wird. Ich glaube aber auch, daß die in Augenblicke segmentierte Zeit des dauernden Präsens meiner eigenen segmentierten Arbeitsweise entgegenkam, die mich nötigte, mit vielen Unterbrechungen zu schreiben und mich immer wieder sofort in das laufende Geschehen einzufühlen.

Mit gewissen Unterschieden, die sich aus der Verschiedenheit der dargestellten Situationen ergeben, läßt sich die Schreibweise des Buches mit den Texten jeder beliebigen Seite dokumentieren, doch mit der Einschränkung, daß es sich in der Regel um sehr lange Sequenzen handelt, die nicht ungekürzt zitierbar sind. So beschränke ich mich hier auf einen kurzen Ausschnitt aus einem Kapitel, in dem Günther, der Student, von der inneren Überwachungskamera beobachtet wird, wie er sich zwei Tage lang herumtreibt und schließlich in wachsender Erschöpfung und Verwirrung vor sich hin taumelt, ohne noch wahrzunehmen, wo er jetzt ist und was er tut. Zunehmend unfähig, seine Situation zu erfassen, wird er von wuchernden Eindrücken bedrängt, deren er sich nicht erwehren kann:

»Wieder kommt er in die Hitze, die farblose Helligkeit. Die Hitze ist ein Glänzen, das die Gegenstände vermummt, das auf ihnen klebt als ein Belag, ein heller dünn gestrichener Schleim. Er versucht wieder gleichmäßig zu gehen und den Koffer nicht dauernd von einer Hand in die andere zu wechseln, und immer wenn er sich Ziele setzt, bis dahin die linke, bis dahin die rechte Hand, sieht er am Ende der Straße, und weiter, so weit er sehen kann, ein Fließen wie von durchsichtigem, erhitztem Öl, während in der Nähe alles starr ist, kantig und gezackt, schmelzen vor ihm die Dächer in den hellen Flüssen wie gleitendes, sich drehendes, dunkel werdendes Fett.

Das Schwanken beginnt, er muß auf seine Füße blikken, die wechselweise vorstoßenden Schuhkappen, die schwarz sind, staubig und verschmiert. Er geht gekrümmt von kurzen überfallartigen Krämpfen, die nie ganz nachlassen, sich nur ausbreiten in einen wühlenden Schmerz. Er will nicht haltmachen, weil er dann vielleicht aufgeben muß. Manchmal ist es auch leichter, er kommt durch dünnere Räume, in denen kein Widerstand ist, und hat praktische Gedanken, wie er Geld verdienen, wie er es sparen kann oder nicht sparen, sondern behalten, das unterscheidet er jetzt.«

Die wirren Gedanken des letzten Satzes hängen damit zusammen, daß er das ihm von seiner älteren Schwester anvertraute Geld in einem seltsamen Zustand von Hemmungslosigkeit und Zerstörungswut durchgebracht hat.

Günther war die erste Verkörperung der Figur des gesellschaftlichen Verlierers, die in meinen nächsten vier Romanen eine zentrale Rolle spielt. Das Beharren auf diesem Motiv und seine fortschreitende Variation zeigt das große Erregungs- und Phantasiepotential, das für mich in diesem Thema steckte. Zweifellos hängt das mit den schwierigen, zeitweise auch bedrohlichen Situationen meines eigenen Lebens zusammen, aber auch mit Dramen, die sich in meiner Umgebung abspielten. Ich schrieb meinen ersten Roman in der Mitte der sechziger Jahre, als der Schein einer Gleichheit aller, der es in ersten Nachkriegsjahren leichtgemacht hatte, Armut und Mangel zu ertragen, endgültig zerfallen war und die Unterschiede von gesellschaftlichen Gewinnern und Verlierern immer schärfer hervortraten. Mein jüngerer Bruder hat den Kampf um Erfolg als ein dramatisches Auf und Ab erlebt und ist letzten Endes daran gestorben. Auf ihn beziehen sich viele meiner Texte. Bis auf das Buch »Blick auf einen fernen Berg«, das von seinem Sterben handelt, lebt er in meinen Büchern als eine fiktive Figur in riskanten und krisenhaften Situationen, entsprechend meiner Vorstellung, daß Literatur eine imaginäre Probebühne menschlicher Erfahrungen ist, auch und vor allem von solchen, die man eigentlich lieber vermeiden möchte. Denn Literatur muß gefährlich sein, oder sie ist belanglos.

Der »Schöne Tag« ist nicht mein Lieblingsroman, weil die rigorose Schreibweise auch etwas Zwanghaftes hat. Allerdings hat sie es mir erleichtert, trotz des ständigen Wechsels zwischen der Lektoratsarbeit und dem Schreiben schnell wieder in den Rhythmus und die Perspektive des eigenen Texts hineinzufinden. Ich habe meine Schreibweise später von Buch zu Buch weiterentwickelt und verändert. Aber gerade durch seine stilistische Monomanie und Zugespitztheit ging von dem ersten Roman ein Impuls für alle späteren aus.

# Leben – was sonst?
# Eine Frage an Gottfried Benn

## Vortrag, gehalten in einer Gedächtnisveranstaltung

Meine Damen und Herren,

es ist eine heikle Aufgabe, als Letzter zu sprechen, wenn der Vorredner einer der besten Kenner der Materie ist und das, wie Helmut Lethen, in einem soeben erschienenen Buch »Der Sound der Väter. Gottfried Benn und seine Zeit« bewiesen hat. Das Buch ist in Stoffbeherrschung, Analyse und Darstellung gleichermaßen überzeugend, und so hat es mich gefreut, mein vor fast einem halben Jahrhundert geschriebenes Buch über Benn mehrfach darin zitiert zu finden. Zwischen diesen beiden Büchern ist viel Zeit vergangen, während heute unsere Vorträge unmittelbar aneinandergrenzen. Da besteht bei einigen Motiven und Zitaten Wiederholungsgefahr. Weniger vielleicht bei der Betrachtungsweise. Ich werde jedenfalls nicht versuchen, an Helmut Lethens Vortrag sachlich ergänzend anzuknüpfen, sondern mir die Lizenz nehmen, sprunghaft und selektiv mit Benns Werk umzugehen und es im Kontrast zu eigenen Ansichten zu befragen.

Anders wäre es auch nicht möglich. Denn ich habe mich jahrzehntelang nicht mehr mit Benn beschäftigt, und die Fremdheit hat zugenommen. Zwar ist sein Werk – die Lyrik ohnehin, aber auch seine weltanschaulichen Positionsbestimmungen und poetologischen Konzepte – immer als ein Hintergrundwissen in mir anwesend geblieben, aber das wurde mit der Zeit überlagert und verschattet von anderen Zusammenhängen. Zur Eröffnung eines Gespräches muß ich mich deshalb mit einer Frage an ihn wenden, die eigentlich eine Gegenfrage zu einer von ihm gestellten Frage ist. Seine Frage lautet in herausfordernder Zuspitzung: »Wie soll man da leben?« Meine ebenso kurze Gegenfrage, die auch den Titel meines Vortrages bildet, ist eigentlich schon die Antwort: »Leben – was sonst?« Benns Frage steht in dem Prosastück »Epilog und lyrisches Ich«, mit dem er im hochpathetischen Stil eines Abschieds von der, wie er fand, gott- und sinnverlassenen materialistischen Welt der modernen Wissenschaft und der Medizin seine 1921 erschienenen »Gesammelten Schriften« abschloß. Mit einem eingefügten Rückblick auf Benns durch eine wachsende innere Lähmung bedingtes Scheitern als Psychiater bildet der Text den autobiographischen Hintergrund der Verstörungsgeschichten des jungen Arztes Dr. Rönne, mit denen Benns Werk, zusammen mit den Morgue-Gedichten, aufsehenerregend begann.

Den Satz meiner Gegenfrage las ich, zufällig auf dem Fahrrad vorbeifahrend, auf einem großen blauen Plakat, mit dem die ARD eine Sendereihe zum Thema »Krebs« ankündigte, und fühlte mich sofort auf Benn verwiesen.

Während dieser Fahrradfahrt ging mir vieles durch den Kopf: Das Gedicht »Mann und Frau gehen durch die Krebsbaracke« fiel mir ein, das mich tief beeindruckt hatte durch die unbarmherzige Beschreibung des körperlichen Verfalls, die im Sinne der liturgischen Begräbnisformel »Erde zu Erde« mit der Vision der allmählichen, unaufhaltsamen Zurückverwandlung der Körper in Erde endet. Dabei erinnerte ich mich, daß Benns Mutter unter schrecklichen Schmerzen an Krebs gestorben ist, angeblich weil ihr Mann, ein strenggläubiger protestantischer Pfarrer, Benn verboten hatte, ihr schmerzstillende Mittel zu geben, da ihm das als unerlaubter Eingriff in Gottes Willen galt. Jemand aus der Familie hat allerdings gesagt, der Verzicht auf schmerzstillende Mittel sei im Einverständnis mit der Kranken geschehen. Im Gegensatz dazu mußte ich an meinen jüngeren Bruder denken, der an Leukämie gestorben ist und in den letzten Monaten in seinem unbändigen Wunsch zu leben die schwersten Chemotherapien erduldet hatte. Wenn man ihn nach seinem letzten Wunsch gefragt hätte, dann hätte er zweifellos im Sinne des Plakats geantwortet: »Leben – was sonst?« Vor allem aber tauchten durch diese Frage auch wieder Erinnerungen an den Krieg in mir auf, unvergeßliche Szenen des Sterbens ringsum, junge, eben erst 18jährige Menschen mit Kopfschüssen, Halsschüssen, Lungenschüssen, ein kreidebleicher Toter in einem Wassergraben, Sterbende im Heidekraut einer Angriffsstrecke, schon mehrfach getroffen, weil man sie von dort nicht abtransportieren konnte, ich selbst mit einem Granatsplitter im Bein aus der Feuerzone wegkriechend mit dem heißen Wunsch und Willen zu überleben. Und viele andere Szenen, andere Eindrücke dieser Art.

Das Glück, am Leben geblieben zu sein, das mich in den ersten Jahren nach dem Krieg erfüllte, hat mich nie ganz verlassen. Das erklärt vielleicht meine Ungeduld gegenüber lebensverneinender Larmoyanz oder blasierten Attitüden von Lebensverachtung, für die es bei Benn viele Beispiele gibt. »Leben – niederer Wahn!« beginnt ein Gedicht. »Das Leben – das Speibecken, in das alle spuckten, die Kühe und die Würmer und die Huren«, heißt es in einem Prosatext.

Doch bevor ich mich diesem Motiv bei Benn zuwende, möchte ich von einem Erlebnis erzählen, bei dem die Gegensätze – nicht nur zwischen Benn und mir, sondern auch bei Benn selber – sich in einem anderen emotionalen Klima, aber in derselben Struktur mit schneidender Schärfe gezeigt haben. Es handelt sich um den Besuch eines jungen Mannes, der mich um ein Interview gebeten hatte und mit dem ich ein kurzes, aber folgenreiches Gespräch hatte. Ich hatte eigentlich keine Zeit für ein Gespräch, weil ich dabei war, ein Buch zu Ende zu schreiben. Aber er war sehr höflich am Telefon. Und weil ich eine Dringlichkeit aus seinen Worten herauszuhören glaubte, gab ich ihm einen Termin. Der Besucher war ein sensibler, scheuer Mensch, der zwar nicht Rönne hieß, aber durchaus eine neue Verkörperung des verstörten Dr. Rönne hätte sein können. So jedenfalls habe ich es später gedacht.

Er hatte sich eine Reihe von Fragen auf einem Zettel notiert, die er sich alle selbst hätte beantworten können, da er sich offenbar hervorragend in meinen Büchern auskannte. Doch das Interview war nur ein Vorwand, denn die einzige Frage, die er mir stellen wollte, stand nicht auf seinem Zettel, und er stellte sie mir zum Schluß: »Wie kann man eigentlich leben, wenn man wie Sie an nichts glaubt?«

Das überraschte mich, denn ich hatte kein Gefühl von innerer Leere und Sinnlosigkeit. Aber ich vermutete gleich, daß seine Frage aus einem religiösen Hintergrund kam, der ins Wanken geraten war. Doch da er das nicht gesagt hatte, antwortete ich ohne Umschweife: »Zum Leben braucht man keine Begründung. Es trägt seinen Sinn in sich selbst. Man lebt, weil man lebt und um zu leben. Man muß ja auch nicht begründen, daß man atmet.« Ich machte eine Pause und sah, daß er nickte. Mir war klar, daß ich eine ungeduldige und keine erschöpfende Antwort gegeben hatte. Deshalb fügte ich hinzu, Leben sei der grundlegende Wert, auf dem alle anderen Werte beruhten und an dem sie gemessen werden müßten. »Das Leben«, sagte ich, »ist ein einmaliges Geschenk mit vielen darin verborgenen Möglichkeiten. Wir müssen versuchen, das Beste, das für uns Richtige daraus zu machen.« Das war eine andere Version des existentialistischen Diktums, daß die Freiheit des Menschen – nicht nur die Freiheit, die er hat, sondern die Freiheit, die er ist – ihn dazu bestimmt, sich seine eigene Notwendigkeit zu erschaffen. Das war nach dem Krieg und nach den Jahren der ideologischen Fremdbestimmung, in denen ich aufgewachsen war, meine innerste Überzeugung geworden. Mein Besucher nickte erneut. »So sehe ich das eigentlich auch«, sagte er. Und dann verabschiedete er sich. Ungefähr ein Jahr danach erfuhr ich, daß er sich umgebracht hatte. Er war im letzten Winter in ein nahe gelegenes Gebirge gefahren, hatte sich in eine Tannenschonung gelegt und einschneien lassen.

Sein Bruder, der mir das erzählt hatte, gab mir eine Kopie seines Tagebuches, da ich oft darin erwähnt wurde. So bekam ich intime Einblicke in die Todeslogik, die diesen hochintelligenten Menschen erfaßt hatte. Es verhielt sich so, wie ich vermutet hatte: Er stammte aus einer streng katholischen Familie, von der er sich gelöst hatte, ohne daß es ihm gelungen war, im Leben Fuß zu fassen, weder sozial noch sexuell und auch geistig nicht. Daß er versucht hatte, sich an mir zu orientieren, war ihm nicht gut bekommen. In seinem Tagebuch las ich den Satz: »Ich glaube nichts mehr von dem, was ich glauben müßte, um mein Leben in Zukunft noch ertragen zu können.«

Was wäre das gewesen? Der Glaube, in Gottes guter Hut zu sein? Wenn er mir das gestanden hätte, hätte ich ihm nicht widersprochen. Auch nicht mit dem Hinweis, daß im 2. Weltkrieg die Parole »Gott mit uns« auf den Koppelschlössern der deutschen Soldaten ebenfalls göttlichen Schutz und Beistand versprochen hatte. Über die Hohlheit und den Schwindel solcher Sprüche brauchte man meinen Besucher ohnehin nicht aufzuklären. Er, ein Leser Nietzsches und des Skeptikers Cioran, konnte nicht mehr zu einer Glaubensgewißheit zurückfinden, die ihn gegen den

Druck und die unauflösliche Fremdheit der Welt schützte. So hat er versucht, die Geborgenheit, die ihm fehlte, im Tod zu finden, indem er sein Sterben wie ein Gedicht inszenierte, das von der Rückkehr in Stille und Frieden und schmerzlosem Versinken in sich auflösende Träume handelt. So hatte er es gelesen, denn so wird der Tod durch Erfrieren in der Regel beschrieben. Vielleicht war es aber auch ganz anders: eine fortschreitende Auskühlung mit Zittern, Krämpfen, wachsender Atemnot und Lähmung, bevor die Ohnmacht kam.

Sehen wir uns daneben Benns Lebenskrise an, wie er sie in »Epilog und Lyrisches Ich« beschrieben hat:

»Ich war ursprünglich Psychiater gewesen, bis sich das merkwürdige Phänomen einstellte, daß ich mich nicht mehr für einen Einzelfall interessieren konnte. Es war mir körperlich nicht mehr möglich, meine Aufmerksamkeit, mein Interesse auf einen neu eingelieferten Fall zu sammeln oder die alten Akten fortlaufend individualisierend zu beobachten. Die Fragen nach der Vorgeschichte ihres Leidens, die Feststellungen über ihre Herkunft und Lebensweise, die Prüfungen, die sich auf des einzelnen Intelligenz und moralisches Quivive bezogen, schufen mir Qualen, die nicht beschreiblich sind. Mein Mund trocknete aus, meine Lider entzündeten sich, ich wäre zu Gewalttaten geschritten, wenn mich nicht schon vorher mein Chef zu sich gerufen, über vollkommen unzureichende Führung der Krankenakten zur Rede gestellt und entlassen hätte.«

Was hier beschrieben ist, stellt eine schwere Verhaltensstörung und Konfusion dar, die das Ausmaß einer Psychose hat. Benn interpretiert sie selbst in psychiatrischen Begriffen als »Depersonalisation« und »Entfremdung der Wahrnehmungswelt«. Nichts dergleichen fand ich in dem Tagebuch des Selbstmörders, wohl aber Hinweise auf zyklisch wiederkehrende Depressionen. Im Sommer, wenn ringsum alles reifte und die Vitalität des Lebens ihren Höhepunkt erreichte, empfand er mit vernichtender Klarheit sein eigenes Scheitern und die Nichtigkeit seines Lebens. Daß er sich seiner Intelligenz bewußt war und um sich herum viel menschliche Dummheit, Borniertheit und Trivialität entdeckte, konnte ihn über sein eigenes Versagen und seine schwere Lebenshemmung nicht hinwegtäuschen. Und weil er in sich ständig dieses Vakuum spürte, erdrückte ihn die Welt wie in einer depressiven Implosion.

Ganz anders Benn. Mit seiner Frage »Wie soll man da leben?«, auf die er sich selbst antwortete: »Man soll ja auch nicht!«, verlagert er die Schuld nach außen. Die Welt ist schuld, ihre unzumutbare Verfassung, der Sinnverlust, der Werteverfall, die Trivialisierung des Lebens durch die materialistische Zivilisation, die er überall sieht. Das klingt wie eine vergröberte Version des später formulierten Diktums von Adorno, daß es kein richtiges Leben im falschen gebe. Lange war dieser Satz ein Lieblingszitat feinsinniger Gesellschaftskritik, weil er eine überlegene Einsicht in die universelle Unglückslogik der Welt verriet. Aber stimmt diese Behauptung? Ist sie nicht vielmehr eine universalistische Abstraktion, die in ihrer Grundsätzlichkeit ihre Abstammung von der Idee der Ursünde zu erkennen gibt? Ich denke, es hat immer und zu allen Zeiten mitten im sogenannten falschen Leben richtiges Leben gegeben, Enklaven von Glück, Zufriedenheit, Selbstgewißheit und menschlicher Solidarität, Momente überstandener Gefahr, gestillter Begierden, belohnter Mühe, gegenseitiger Anerkennung, neuer Zuversicht und Hoffnung. Aber das alles in der Form lebendiger individueller Erfahrungen, prozeßhaft und vermischt mit Widersprüchen und nicht eingefroren in der unverweslichen Reinheit einer Idee, die nie richtiges Leben wäre, sondern nur seine Erstarrung.

Als Lyriker weiß Benn das auch. Seine schönsten Gedichte sind immer Mischungen von Licht und Schatten, von Vordergrund und Tiefe, im Augenblick aufleuchtende Ewigkeiten, »Glücklügenstunden«, wie er mit einer seiner Wortprägungen gesagt hat. Doch auf einer anderen Ebene, wo er meint, sich rechtfertigen und behaupten zu müssen, ist das ganz anders. Dort wird er zu einem fanatischen Räsonierer, der vor keiner Generalisierung zurückschreckt. Alles, was er sagt, dient dazu, sich Platz zu schaffen und zu stimulieren, und bezieht daraus seine Energie. Ganze Breitseiten expressiv aufgeladener Rhetorik feuert er ab, und zwar in einer Redeform, die er selbst treffend als »Summarisches Überblicken« bezeichnet hat. Es ist ein träumerischer Blick, der im freien assoziativen Gedankenspiel oder optisch beim Überblättern von Büchern zahllose, flüchtig wahrgenommene Einzelheiten an sich vorbeigleiten läßt, was laut Benn manchmal »einen leichten Rausch« erzeugt. Es ist aber auch, und zwar noch häufiger, das rhetorische Schema einer Polemik, die von oben herab alle erfaßten Einzelheiten planiert und jeden differenzierenden Einspruch überschwemmt. Davon wird noch die Rede sein.

Als ich Anfang der 50er Jahre meinem späteren Doktorvater Wilhelm Schneider sagte, daß ich eine Doktorarbeit über Kafka schreiben wolle, hob der gleich abwehrend die Hände: »Bloß nicht! Darüber gibt es schon zuviel. Und die meisten beißen sich daran die Zähne aus.« Ich glaube, er wollte nicht nur mich vor unabsehbaren Komplexitäten schützen, sondern auch sich selber. Statt dessen sagte er: »Schauen Sie sich doch mal den Benn an, von dem neuerdings soviel die Rede ist.«

Das war ein guter Vorschlag, lebensgeschichtlich gesehen. Die Dissertation und das später daran anschließende

Buch und die mir anvertraute erste Edition von Benns Gesamtwerk öffneten mir die Tür zum literarischen Leben. So fand ich vor allem meinen Verlag.

Und tatsächlich war die Aufgabe leichter als die, auf die ich mich ursprünglich einlassen wollte. Denn im Unterschied zu der Hermetik und Rätselhaftigkeit der Kafkaschen Texte stieß ich bei Benn auf ein Übermaß an »Meinungsfreude«, um einen ironischen, auf das heutige Medienpalaver gemünzten Begriff des Berliner Essayisten Michael Rutschky auf Benn anzuwenden. Man mußte nur die Bücher ausfindig machen, die Benn gelesen hatte, um das Gemisch aus Geschichte, Mythenkunde, naturwissenschaftlichen Konzepten, Tiefenpsychologie, Archäologie, Poetologie und Zivilisationskritik mitsamt den verschwenderisch darin verstreuten Aktualitäten und Sonderbarkeiten aus dem Feuilleton zum Pfauenrad seines Weltbildes zusammensetzen zu können, das er in seinen Essays und Prosaschriften immer wieder mit geringen Variationen präsentiert. Regiert wird diese schimmernde Vielfalt von einem einfachen Gedankenschema: Gottes Tod, verursacht durch den Triumph der Aufklärung und der Wissenschaft, hat die einst mythisch beseelte Welt zur öden Faktenwelt verkümmern lassen und die Menschen zu flachen Nützlichkeitsidioten gemacht. Doch in den Tiefenschichten der Seele schlummert noch die mythische Vergangenheit und kann in Traum und Rausch wieder aufsteigen. Und sie ist auch das schöpferische und visionäre Potential der Kunst.

Die Dominanz dieses Gedankenschemas hat dazu geführt, daß die an die frühen Rönne-Novellen anschließenden Prosastücke wie »Der Geburtstag«, »Der Garten von Arles«, »Das letzte Ich« und »Urgesicht« ziemlich flach und monoton wirken. Obwohl es sich nach Benns Vorstellungen um absolute Prosa handelt, fehlt ihnen das über alles Inhaltliche hinausgehende Plus eines Formzwangs, der jedem Gedicht seine individuelle Gestalt gibt. Um so mehr spürt man, daß es in diesen Texten keine Schritte ins Unabsehbare, keine offene Entwicklung gibt, sondern nur ein sich wiederholendes Stereotyp. Immer wieder steht im Mittelpunkt ein einsamer sensibler Mann, der sich durch seine sachliche, nüchterne Umgebung von Seelenlähmung und Wirklichkeitsverlust bedroht fühlt, bis er in einen halluzinatorischen Zustand abdriftet, der ihm als Offenbarung des wahren Lebens erscheint. Mythisches taucht auf, archaische Landschaften, aber es ist ein Repertoire, dessen offensichtliche Begrenztheit die dahinter stehende These vom Überschwang des »Provozierten Lebens« und der sich in der Dichtung offenbarenden Unerschöpflichkeit der tiefen Seelenschichten in Frage stellt. Mehr und mehr kehren sich die Verhältnisse um. Die spontane Phantasieproduktion wird von thesenhaftem Räsonieren durchbrochen. Die Ideologieproduktion dominiert, und zwar mit einer Lautstärke und Emphase, die in meinen Ohren predigerhaft klingt. Da spricht ein Bußprediger alten Stils, der der gottverlassenen Welt ihre Verderbtheit vorhält, die Menschen zur Umkehr aufruft, sie verurteilt, verdammt und mit schwerer Strafe bedroht. Ich will ihn mit einigen charakteristischen Zitaten zu Wort kommen lassen. In dem Prosastück »Das moderne Ich« aus dem Jahre 1920 tritt er in der fiktiven Gestalt eines Redners auf, der sich an die akademische Jugend mit dem moralischen Appell wendet, sich nicht von der gottfernen Denkungsart der wissenschaftlichen Welt verführen zu lassen:

»Meine Herrn Kollegen, die Sie jetzt Medizin studieren wollen, Kommilitonen, die Sie sich anschicken, die wissenschaftlichen Fächer zu beforschen, junge Leute, die Teubners ›Aus Natur und Geisteswelt‹ in ihren Freistunden ergriffen lesen und die kleinen Göschenbücher, meine Damen und Herren und alle Jugend, die antritt, in

Laboratorien und Instituten die Binde von Sais zu lüften, ich will Mißtrauen säen in Ihre Herzen gegen Ihrer Lehrer Wort und Werk, Verachtung für das Geschwätz vollbärtiger Fünfziger, deren Wort der Staat lohnt und schützt, und Ekel vor einem Handwerk, das nie an eine Schöpfung glaubte.«

Es hört sich wie ein Argument an, wenn der folgende Text mit einem Blick auf den 1. Weltkrieg beginnt. Aber noch im selben Satz verliert sich der Text wieder in polemische Karikaturen der schöpfungsfernen materialistischen Wissenschaft:

»Da war es versammelt, dies Jahrhundert des Wirklichen und des Erkennens, in dem der Geist Statistik schuf und Urinkontrolle, wo die Tabelle hochging und die Schöpfung sank, wo man Ordinarius wurde, wenn man die Nebenhöhlen der Nase beherrschte, und Vorsitzender von Kongressen, wenn man drei Pickel gesehen hatte und der Nebenmann nur zwei, wo kein Haus in keiner Straße war, wo nicht ein Zahnklempner wohnte und ein Patentanwalt, ein Harnarzt oder ein Geodäte – zur Eroberung der Erde und zur Beherrschung der Welt.«

Mit anderen Worten, der von Benn so benannte »Mittelmensch, das kleine Format, das Stehaufmännchen des Behagens, der Barabasschreier, der bon und propre leben will«, oder, in einer andern rhetorischen Sequenz, »der materialistisch organisierte Gebrauchstyp, der Montagetyp, optimistisch und flachschichtig, jeder Vorstellung von menschlicher Schicksalhaftigkeit zynisch entwachsen«, hat Gott in die Transzendenz abgeschoben und pensioniert, um nach dem Motto »möglichst wenig Leid für den einzelnen und möglichst viel Behaglichkeit für alle« eine Welt einzurichten, in der Menschen ohne das Erlösungsversprechen der Religion menschlich leben können. Als Ergebnis dieses Prozesses ist eine verdinglichte Faktenwelt entstanden, die in der Sprache von Obduktionsberichten ihre konsequente Schlußformel gefunden hat. Für den Bußprediger ist ein solches Denken die Sünde schlechthin. Er verweigert ihm jede praktische Solidarität:

»Hatte es für das menschliche Problem irgendeinen erfüllteren Sinn, das rationalisierte Einzelwesen vielleicht drei Tage oder drei Wochen oder selbst drei Monate länger in körperlichem Unverfall zu bewahren, wenn die Epoche doch nichts weiter hinter ihm erblickte, nichts weiter aus ihm machte als Pferdekräfte, Brauchbarkeiten, Arbeitskalorien, Kaldaunenreflexe, Drüsengenuß. Hatte es überhaupt noch irgendeine historische Bedeutung, den Abendländer mit Spritzen, Salben, Bruchbändern und nun auch noch mit Suggestionsmethoden körperlich zu sanieren, wenn sein Hintergrund doch nur dieselbe verrottete Ideologie des Nützlichkeitspositivismus, dieselbe abgetakelte, hilflose, leergelaufene Hymnologie auf den von der Wiege bis zur Bahre mit Nasenduschen und Nährklistieren hochgepäppelten Fortschrittsfavoriten immer blieb?«

Ein Bußprediger wird auf diese rhetorische Frage nicht nur mit Nein antworten, sondern die gegeißelte Gesinnung mit einem alttestamentarischen Fluch beantworten: »Schmerz, Faustschlag gegen das Pamphlet des Lebens aus dem ausgefransten Maule hedonistischer Demokratien«. »Über sie das Chaos, der Sturz, das tiefe Verhängnis und alle Panik der Agonie«.

Früher und ganz anders als gedacht hat sich das Verhängnis dann ereignet: als Nazidiktatur und als 2. Weltkrieg, der mit weltweit über 56 Millionen Toten und dem industriell organisierten Massenmord, mit den Flächenbombardements und dem ersten Abwurf von Atombomben ein so apokalyptisches Ausmaß angenommen hat, daß man Benns Fluch als nahezu erfüllt ansehen konnte. Daß er sich anfangs im Unterschied zu vielen anderen zeitgenössischen Schriftstellern in das Geschehen verstrickte, hatte viele, auch individuelle Gründe, war aber zweifellos ein Ausdruck seines Irrationalismus und seiner Verachtung der modernen materialistischen Zivilisation. Er glaubte und redete sich das ein, die Stunde einer grundlegenden Veränderung aller Werte sei gekommen, ein unerwartet aus völkischer Tiefe aufgestiegener politischer Expressionismus, dem er sich anschließen müsse, letzten Endes auch dann, wenn er opportunistische Motive nicht verleugnen könne. Ihm blieben dann etwa 12 Jahre der Isolation, um sich neu zu orientieren. Er änderte keineswegs alle seine Positionen, aber fast alles klang anders, auch wenn es formal ähnlich war, wie zum Beispiel das summarische Überblicken, das eine rhetorisch bevorzugte Ausdrucksform blieb, jetzt aber als artistische Spielform einer prinzipiellen Indifferenz. Der Bußprediger wurde – vielleicht als erster in Deutschland – ein postmoderner Autor, der erklärt: »Der interindividuelle Konflikt ist ausgestorben.« »Heute ist das Nebeneinander der Dinge zu ertragen und zum Ausdruck zu bringen auftragsgemäßer und seinserfüllter.« »Zugegeben: Panoptikum, von meinen Fragen koloriert.« »Wenn man wie ich seitlich in die Dinge hineinsieht, sieht man jedenfalls Buntes.« »Gesamtschau, Totalitätsbetreuung, Lebenseinheit, Harmonie – das lehnte ich ab. Wir alle leben etwas anderes, als wir sind. Dort wie hier Bruchstücke, Reflexe: Wer Synthese sagt, ist schon gebrochen. Auftauchen, nur im Akt vorhanden sein und wieder versinken.«

Das hört sich – wie ein emotionales Umspringbild – mal leichtfertig, mal skeptisch an. Es gibt aber noch eine andere Fassung dieses Gedankens. Sie steht am Schluß des szenischen Lesestücks »Die Stimme hinter dem Vorhang«, in dem der unsichtbar hinter dem Vorhang verborgene alte Gott sich aus dem Dialog mit den Menschen anscheinend für immer zurückzieht und ihnen zum Nachdenken den pathetischen Satz hinterläßt: »Im Dunkel leben, im Dunkel tun, was wir können«. Über sich selbst allerdings sagt er etwas ganz anderes, etwas, das vielleicht der Lyriker Gottfried Benn in ihm erweckt hat: »Ich will einen Garten im Sommer sehen und will sehen, wie Schnee fällt, weiter gar nichts.«

Leben – was sonst?

# Geisterbeschwörung

## Die literarischen Emigranten der Nazizeit

Ich erinnere mich noch genau. Es war einer jener denkwürdigen, überraschenden Besuche, die sich zwar kurz vorher ansagen, aber auf die man nicht eingestellt ist. Oder um es anders auszudrücken: Ich wußte nicht, womit ich zu rechnen hatte, außer mit meiner Nachbarin, der Schriftstellerin und Künstlerin Ingeborg Drews, die ich vor zwei oder drei Wochen bei einer Gedenkveranstaltung zum Tag der nationalsozialistischen Bücherverbrennung getroffen hatte. Gemeinsam mit einer Reihe anderer Autoren hatten wir Texte aus Büchern vorgelesen, die am 10. Mai 1933 auf dem Berliner Opernplatz und in vielen andern deutschen Städten auf öffentlichen Plätzen demonstrativ in die Flammen geworfen wurden, vor allem Bücher jüdischer Autoren, aber auch marxistische und pazifistische Bücher und solche, die von dem an die Macht gekommenen Ungeist als undeutsch bezeichnet wurden. Es war ein organisierter Fememord an der deutschen Literatur, die danach zwölf Jahre lang und bis in die ersten Nachkriegsjahre hinein in Provinzialität erstarrte. Die Gedenklesung fand unter dem Titel »Verboten und verbrannt« im Gebäude der Alten Universität der Fachhochschule Köln vor einem hauptsächlich wohl studentischen Publikum statt, was mich daran denken ließ, daß im Mai 1933 kommandierte und fanatisierte Mitglieder des deutschen Studentenbundes die aus den Bibliotheken aussortierten Bücher ins Feuer geworfen hatten. Gab es vielleicht immer einen Anteil uneingestandenen Bücherhasses unter jungen Menschen, eine latente Wut gegen das Lesen und den Bildungszwang, die sich unter plakativen, autoritären Vorgaben in Gewalt verwandeln ließ?

An diesem Abend hatten wir allerdings sehr aufmerksame Zuhörer, die aus Interesse gekommen waren. Ich las einen Text von Kafka. Ingeborg Drews las zwei Textabschnitte aus dem Pilatusroman von Gertrud von le Fort. Insgesamt kamen etwa zwanzig von den Nazis verfemte und in die Emigration getriebene Autoren zu Wort, darunter auch einige, die in den Konzentrationslagern umgebracht wurden oder aus Verzweiflung und Aussichtslosigkeit Selbstmord begingen. In ihrer ausgeprägten Verschiedenheit repräsentierten die vorgelesenen Texte den geistigen und humanen Reichtum, der damals gewaltsam aus dem kulturellen Gedächtnis getilgt werden sollte, um einer dumpfen nationalistischen und rassistischen Gesinnungsdiktatur Platz zu machen.

Es war ein nachdenklicher Leseabend. Als ich danach mit Ingeborg Drews durch den Römerpark nach Hause ging, erzählte sie mir, daß sie viele der verfemten Autoren nach alten Vorlagen porträtiert habe. Und ohne schon einen Termin vorzuschlagen, sagte ich, daß ich mir die Bilder gerne einmal ansehen wolle. Das fiel mir erst wieder ein, als sie Wochen später anrief und fragte, ob ich zufällig Zeit hätte, mir die Bilder anzuschauen. Ja gut, ich war einverstanden, denn ich sah es als eine willkommene Unterbrechung langweiligerer Tätigkeiten. Kurz danach kam sie mit den schnellen energischen Schritten einer Eilbotin die Treppe herauf, unter dem Arm eine große dunkle Mappe.

Ich schlug ihr vor, die Bilder auf unserem ausziehbaren Eßtisch auszubreiten. Doch zu meiner Verblüffung tat sie etwas ganz anderes. Sie rückte die Stühle vom Tisch ab und stellte ihre auf festen Karton aufgezogenen Bilder senkrecht gegen die Lehnen. Obwohl es nur Köpfe waren, machte es auf mich den Eindruck, als hätten sich lautlos erschienene Personen auf meine Stühle gesetzt. Aber das waren nicht die einzigen Besucher, nur die ersten. Neue kamen dazu, suchten einen Platz. Die nächsten Bilder – auch lauter frontal abgebildete Köpfe – stellte Inge Drews dicht nebeneinander auf die Fensterbank. Andere auf eine Anrichte, lehnte sie an die dort stehende Kaffeekanne, das Kofferradio und andere Halt bietende Gegenstände. Auch entlang der Fußleiste reihte sie Bilder auf. Es war eine Invasion mich von allen Seiten anstarrender Gesichter, plötzlich aufgetaucht aus dem Dunkel der Vergangenheit. Literarisch, politisch und persönlich war es eine höchst gemischte, sogar inhomogene Gesellschaft. Aber ihre Vielgestaltigkeit und innere Gegensätzlichkeit wurde durch das gemeinsame Schicksal der Verfolgung und Emigration aufgehoben. Sie alle waren Zeugen, umschlossen vom Schreckenshorizont der gemeinsamen historischen Erfahrung. Erst allmählich verwandelte sich der Anprall der um mich herum aufgestellten Bilder und Blicke in unterschiedliche Gesichter und Schicksale. Ein neues Bild des Schreckens setzte sich durch: Es ist das Bild einer mörderischen, ideologischen Gewalt, die viele Menschen aus ihren Lebensbindungen herausriß, wie plötzlich vom Zweig gerissene Blätter in alle Winde zerstreute, dabei die meisten in Not, Einsamkeit und Vergessenheit und viele in den Tod trieb.

Ich lasse meinen Blick über die Bilder gleiten und sehe als erstes Walter Benjamin, den Philosophen, Literaturwissenschaftler und subtilen Schriftsteller, der so bedeutende Essays wie »Das Kunstwerk im Zeitalter seiner technischen Reproduzierbarkeit« und »Goethes Wahlverwandtschaften«, »Paris, Hauptstadt des 19. Jahrhunderts« und die Beschreibung bürgerlicher Lebensformen und Familienkultur in den Prosaminiaturen »Berliner Kindheit um Neunzehnhundert« schrieb. Da er Jude war, wurde die Bücherverbrennung für ihn wie für viele das Alarmsignal. Er floh nach Frankreich und, als 1940 die deutschen Truppen in Frankreich eindrangen, floh er in einer Gruppe von Emigranten nach Spanien, wo er verhaftet wurde. Aus Hoffnungslosigkeit und aus Furcht, an die Deutschen ausgeliefert zu werden, brachte er sich um. Ähnlich Walter Hasenclever, der expressionistische Lyriker und Dramatiker, der in französischer Internierung Selbstmord beging. Der Schriftsteller Franz Werfel und Lektor im renommierten Verlag von Kurt Wolff, wo er 1913 zusammen mit Walter Hasenclever und Kurt Pinthus die berühmte Gedichtsammlung »Der jüngste Tag« herausbrachte, wurde 1933 aus der »Preußischen Akademie der Dichtung« ausgeschlossen, emigrierte 1938 nach Frankreich und gelangte nach dem Einmarsch der deutschen Truppen in abenteuerlicher Flucht durch Spanien und Portugal in die USA, wo er 1945 starb. Alfred Döblin, der 1933 nach Frankreich emigrierte und dort die Staatsbürgerschaft erwarb, floh 1940 ebenfalls in die USA, wo er als Autor nahezu vergessen und kümmerlich lebte und auch nach seiner Rückkehr in Deutschland nicht mehr die Beachtung fand, mit der er gerechnet hatte. Er starb tief enttäuscht im Juni 1957 in einem württembergischen Krankenhaus. Als zöge sie an seiner Stelle das Resümee des gemeinsamen Lebens, beging Döblins Frau Erna kurz danach in Paris Selbstmord. Isolation und Vereinsamung bedeutete die Emigration auch für die Lyrikerin Else Lasker-Schüler, die 1933 über die Schweiz nach Ägypten und Palästina floh, wo sie seit 1937 verarmt in Jerusalem lebte und im Januar 1945 starb. Der Dramatiker Ernst Toller, der sich nach Amerika gerettet hatte, ohne dort ein neues Leben aufbauen zu können, brachte sich 1939, dem Jahr des Kriegsausbruches, in New York um. Kurt Tucholsky, der brillante satirische Schriftsteller, Kritiker und zeitweilige Herausgeber der »Weltbühne«, nahm sich 1935, entmutigt durch die deutschen Zustände, in Schweden das Leben. Stefan Zweig, der Autor viel gelesener psychologischer Novellen, emigrierte 1934 nach Großbritannien und mit einer Zwischenstation in der Nähe von New York weiter nach Brasilien, wo er sich zusammen mit seiner Frau Lotte das Leben nahm. Der österreichische Romanautor Josef Roth, der jahrelang als Korrespondent der Frankfurter Zeitung in Europa herumgereist war, emigrierte 1933 als erklärter Gegner des Naziregimes nach Paris und trank sich dort systematisch zu Tode.

Besser fanden sich Lion Feuchtwanger, Thomas Mann und Bert Brecht in der Emigration zurecht. Feuchtwanger, der immer schon viel im Ausland gelebt hatte, gab nach seiner Ausbürgerung in Südfrankreich eine Emigrantenzeitschrift heraus und etablierte sich nach der zweiten Flucht im Jahr 1940 dank seiner unbeschädigten schriftstellerischen Produktivität im kalifornischen Exil, wo er 1958 als wohlhabender amerikanischer Bürger starb. Sein Haus, die Villa Aurora in Los Angeles, beherbergt heute für jeweils drei Monate Schriftsteller, Künstler und Musiker als Stipendiaten und in Erinnerung an Feuchtwangers Emigration jeweils für ein Jahr einen »Writer in Exile«, zur Zeit einen aus seiner Heimat vertriebenen kurdischen Schriftsteller.

Thomas Mann war als Nobelpreisträger schon ein weltbekannter Autor, als er 1933 von einer Vortragsreise nicht mehr nach Deutschland zurückkehrte. Tief verwurzelt in den geistigen Traditionen der deutschen Kultur, fiel es ihm schwer, sich aus alten Bindungen zu lösen. Er lebte mit seiner Familie in Südfrankreich und in der Schweiz einige Jahre wie in einer Wartestellung, bevor er 1939 in die USA übersiedelte und sich in Kalifornien niederließ. Als ihm nach der Aberkennung der deutschen Staatsbürgerschaft die Universität Bonn in schäbiger Beflissenheit den Titel eines Ehrendoktors aberkannt hatte, distanzierte er sich in einem kurzen Antwortbrief, der weltweite Beachtung fand, von dem »menschenverachtenden Regime«, das in Deutschland an die Macht gekommen war. Das war der Anfang seiner zahlreichen öffentlichen Stellungnahmen. An Albert Einstein, der seine Mitgliedschaft in der Preußischen Akademie der Wissenschaften und sein Amt als Direktor des Kaiser-Wilhelm-Instituts für Physik verloren hatte und inzwischen in Princeton lebte, schrieb Thomas Mann 1933 in prägnanter Selbsteinschätzung, er sei »weit eher zum Repräsentanten geboren als zum Märtyrer«. Diesem Maßstab stellte er sich nun und wurde mit seinen 55 Rundfunkansprachen an »Deutschland und die Deutschen«, die unter diesem Titel 1945 gedruckt erschienen, zum herausragenden Repräsentanten der oppositionellen deutschen Schriftsteller und Intellektuellen. Im Goethe-Jahr 1949 reiste er zum ersten Mal wieder nach Deutschland und wurde in beiden Teilen des staatlich gespaltenen Landes gefeiert und mit Preisen ausgezeichnet. Doch im selben Jahr wählte sein ältester Sohn, der Schriftsteller und leidenschaftlich für die Sache der Emigranten streitende Klaus Mann, den Freitod. Ein Jahr später starb auch Heinrich Mann, der ebenfalls in die USA emigriert war und dort von Zuwendungen seines Bruders Thomas abhängig wurde. Thomas Mann kehrte zwar 1952 nach Europa zurück, wohnte aber während der letzten drei Jahre seines Lebens wieder in der Schweiz, wo seine Emigration begonnen hatte. Ein subtiles Gleichgewicht zwischen Distanz und Nähe herzustellen war wohl zugleich instinktiv und bewußt die Hauptregel seiner Lebenskunst.

Bert Brecht, der 23 Jahre jünger als Thomas Mann war,

ging 1933 für einige Jahre in die Schweiz und nach Dänemark und gelangte schließlich über Schweden, Finnland und die Sowjetunion nach Kalifornien, wo er einen großen Teil seiner Werke schrieb. Doch als der Krieg sich in den Kalten Krieg verwandelte, geriet Brecht ins Visier der organisierten Kommunistenjagd des Senators McCarthy und mußte sich einem Verhör stellen, in dem er sich nach Art seiner moralischen Demonstrationsfigur Herr Keuner (»Ich habe kein Rückgrat zum Zerschlagenwerden«) dem Zugriff entwand. 1947 kehrte er über die Schweiz nach Deutschland zurück, wo er in Ostberlin am Berliner Ensemble als Regisseur und Autor bis zu seinem Tod im August 1956 eine Wirkungsstätte für seine theatralischen Experimente fand. Ein simpler Parteigänger der herrschenden Macht war Brecht nicht, aber ein kluger Pragmatiker, der im Schutz seiner internationalen Berühmtheit eigenwillig die sich ihm bietenden Spielräume nutzte. Herzkrank, wie er in den letzten Jahren war, hat ihn die Niederschlagung des Berliner Arbeiteraufstandes von 1953 schwer belastet. Auf die ideologische Verurteilung der Motive der Aufständischen und die Umerziehungsmaßnahmen der Partei reagierte er mit der ironischen Frage: »Wäre es da nicht einfacher, die Regierung löste das Volk auf und wählte ein anderes?« Brecht starb 1956 kurz vor der blutigen Unterwerfung des Ungarnaufstandes, beunruhigt durch das überall im Ostblock sich rührende Protestpotential und die zunehmende Verhärtung der ratlosen Macht.

Undialektischer verhielt sich der Lyriker Johannes R. Becher. Er hatte mit ekstatischen expressionistischen Gedichten begonnen, war 1919 in die KPD eingetreten und 1933 in die Sowjetunion geflohen. Als er nach dem Krieg nach Deutschland zurückkehrte, wurde er Präsident des kommunistischen Kulturbundes und 1954 Kulturminister der DDR. Er schrieb systemkonforme Texte, zum Beispiel eine Hymne auf Stalin, und dichtete den Text für die Nationalhymne der DDR. Durch sein Engagement erkaufte er sich ein privilegiertes Leben, vermutlich nicht ohne einen robusten Aufwand an selbstmanipulativen Argumenten. Becher war eine gebrochene Person, die sich um ein prekäres Gleichgewicht bemühte, indem er versuchte, angeklagte Renegaten zu schützen und zugleich die Partei von seiner Solidarität und Dienstbarkeit zu überzeugen. Es war ein schwer durchzuhaltender Spagat, dem er sich in den letzten Jahren häufig durch Krankheiten zu entziehen versuchte.

Anders Ernst Bloch. Er hatte eine marxistisch und eschatologisch fundierte Philosophie der Hoffnung entworfen, die eine endliche Befreiung und unentfremdete Verwirklichung der Menschennatur als das utopische Ziel der Geschichte interpretierte, was dem Verklärungsbedarf jeder realpolitischen Macht grundsätzlich widersprach. Als Blochs Bücher 1933 auf dem Scheiterhaufen landeten, emigrierte er in Etappen über die Schweiz, Österreich und die Tschechoslowakei in die USA. Von dort wurde er 1948 auf einen Lehrstuhl für Philosophie an der Universität Leipzig berufen. Er erhielt den Nationalpreis der DDR, geriet aber in Konflikt mit dem SED-Konzept des »real existierenden Sozialismus« und wurde nach gescheiterten Disziplinierungsversuchen zwangsemeritiert. So mußte er ein zweites Mal emigrieren. Diesmal war der Weg nicht mehr weit. Er führte ihn nach Tübingen in den Westen, wo er in der Studentenbewegung der 68er-Generation ein neues junges Publikum für seine Ideen fand, wie auch die aus dem Exil in Los Angeles nach Frankfurt heimkehrenden Soziologen und Philosophen der Kritischen Theorie: Horkheimer, Adorno und Marcuse.

Während der massenhaften Emigration aus Deutschland war es ein großer Überlebensvorteil, wenn man einem internationalen Bezugssystem wie beispielsweise der Wissenschaftsgesellschaft angehörte. Max Horkheimer konnte die Arbeit des Frankfurter Instituts für Sozialforschung mit seinen Hauptmitarbeitern an der New Yorker Columbia Universität fortsetzen. Aber viele literarische Emigranten sahen sich im fremden Land mehr oder minder auf sich selbst gestellt. Sie hatten keinen Verlag, der sich um sie kümmerte, keine einflußreichen Freunde. Und wenn sie auch zunächst Unterkunft und organisierte Hilfe fanden oder irgendeine Beschäftigung, mit der sie sich über Wasser halten konnten, wenn ihre Ersparnisse erschöpft waren, blieb ihre Zukunft ungewiß und bedrohlich. Vor allem als der Krieg ausbrach und in den ersten Jahren die deutsche Armee den größten Teil Europas besetzte. Gemessen an der improvisierten Notdürftigkeit des Emigrantenlebens war das eine endlos sich dehnende, manchmal perspektivenlos erscheinende Wartezeit, die an den Selbstbehauptungskräften zehrte. Alle, die sich das Leben nahmen, waren von sich verdichtender Hoffnungslosigkeit überwältigt worden. Dagegen half manchmal nur eine durch Rituale künstlich aufrechterhaltene Illusion. 1939, als der Zweite Weltkrieg begann, hat Bertolt Brecht diese Erfahrung in einem berühmt gewordenen Gedicht beschrieben:

Gedanken über die Dauer des Exils

I
Schlage keinen Nagel in die Wand,
wirf den Rock auf den Stuhl.
Warum vorsorgen für vier Tage?
Du kehrst morgen zurück.

Laß den kleinen Baum ohne Wasser.
Wozu noch einen Baum pflanzen?
Bevor er so hoch wie eine Stufe ist,
gehst du froh weg von hier.

Zieh die Mütze ins Gesicht, wenn Leute vorbeigehen!
Wozu in einer fremden Grammatik blättern?
Die Nachricht, die dich heimruft,
ist in bekannter Sprache geschrieben.

So wie der Kalk vom Gebälk blättert,
(tue nichts dagegen!)
wird der Zaun der Gewalt zermorschen,
der an der Grenze aufgerichtet ist
gegen die Gerechtigkeit.

II
Sieh den Nagel an der Wand, den du eingeschlagen hast!
Wann, glaubst du, wirst du zurückkehren?
Willst du wissen, was du im Innersten glaubst?

Tag um Tag
arbeitest du an der Befreiung,
sitzend in der Kammer schreibst du.
Willst du wissen, was du von deiner Arbeit hältst?
Sieh den kleinen Kastanienbaum im Eck des Hofes,
zu dem du die Kanne voll Wasser schlepptest!

Brechts Gedicht, das zu Zähigkeit und Geduld als den wichtigsten Überlebenskräften rät und mit dem Hinweis auf den selbstgepflanzten und gewässerten kleinen Kastanienbaum auf die ermutigende Kraft eines Beispiels setzt, ist die positive Gegenstimme zu der von Panik getriebenen Verzweiflungstat Walter Benjamins, der, geschockt durch die erpresserische Drohung, die Flüchtlingsgruppe, der er sich angeschlossen hatte, an die Gestapo auszuliefern, seinem Leben ein Ende machte, oder dem von langer Hand gemeinsam beschlossenen Doppelselbstmord des Ehepaars Zweig. Es sind in ihrer Verschiedenheit authentische Antworten auf das Unglück der Epoche. Hinter jedem der Gesichter, die Ingeborg Drews mit ihrer Porträtsammlung um mich herum versammelte und deren dringlichen Blicken ich mich ausgesetzt fühlte, verbergen sich solche Geschichten. Denn die Emigranten sind das markante, individualisierte Personal der Vorgeschichte des Jahre später einsetzenden industriell organisierten, millionenfachen Massenmordes, in dem die individuellen Lebensgeschichten in tödlicher Verdinglichung ausgelöscht wurden. Unter den Porträts der Sammlung sehe ich auch Franz Kafka, dessen Bücher, zusammen mit denen der anderen verfemten Autoren, schon mit der gleichen dumpfen Rigorosität in die Flammen geworfen wurden, mit der man Jahre später Menschenleiber wie Abfall in riesige Gruben warf. Kafka war damals schon neun Jahre tot. Man könnte sagen glücklicherweise, weil ihm so das Schicksal seiner Schwestern erspart blieb, die alle drei in Theresienstadt oder Auschwitz umkamen. Doch er ist vielleicht der einzige Autor, von dem man angesichts seines Romans »Der Prozeß« und der Erzählung »In der Strafkolonie« sagen kann, er habe in seinem faktischen Nichtwissen schon alles gewußt.

# Das Leben des Textes und der Text des Lebens

## Gunter Geduldig und Ursula Schüssler im Gespräch mit Dieter Wellershoff

*Herr Wellershoff, wir möchten mit Ihnen über Ihre Erfahrungen sprechen, die Sie mit Ihrem Leserpublikum gemacht haben. Vor allem interessieren uns die Reaktionsweisen der Besucher und Besucherrinnen Ihrer Lesungen. Gibt es da in Ihrer Wahrnehmung einen Unterschied zwischen dem Publikum in der Stadt und dem auf dem Lande?*
Ich bezweifle, daß der traditionelle Gegensatz von Stadt- und Landbewohnern heute noch markant ist. Die Unterschiede werden jedenfalls zunehmend verwischt. Vor allem durch die Allgegenwart des Fernsehens und die Expansion des Verkehrs. Auch die Landbewohner machen Urlaubsreisen oder fahren zum Einkaufen in die Stadt. Und viele Stadtbewohner besitzen Zweithäuser in landschaftlich reizvollen Gegenden in denen sie viele Wochenenden verbringen.

*Aber denken Sie doch bloß zurück an Ihre Lesung im September 2006 in Neuenkirchen/Oldbg., einer Kleinstadt im Landkreis Vechta. Der Saal war dicht besetzt mit Menschen, die gespannt waren auf Ihre Recherchen, die Sie für Ihren Roman »Einladung an alle« Anfang der 70er Jahre in der Region gemacht haben. Diese Erwartung, sozusagen aus erster Hand noch einmal die gruseligen Geschich-*

*ten von damals erzählt zu bekommen, wirkte doch recht provinziell.*
Das habe ich nicht so empfunden. »Einladung an alle« ist ein dokumentarisch fundierter Roman über eine spektakuläre Verbrecherjagd, die damals in der gesamten deutschen Presse ein anhaltendes Interesse gefunden hat, auch weil sie zwei Jahre lang erfolglos blieb, bis sich der Täter in einem Kaufhaus verhaften ließ. Viele Besucher der Lesung haben die Vorgänge damals miterlebt, meistens in der Dramatisierung durch die Boulevardpresse. Daß sie sich für die Lesung interessierten, ist doch natürlich.

*War es denn für Sie nicht befremdlich, daß man in Ihnen nicht so sehr den Romanautor sah, sondern eher den Reporter oder Kriminalisten, der einen authentischen Fall bearbeitet hatte?*
Ich sehe diese Unterscheidung nicht und habe sie auch nicht bei den Zuhörern bemerkt. Und der Text macht sie auch nicht. Wenn beispielsweise hier und da Zeitungsberichte zitiert werden, verwandeln sie sich durch den Kontext, in dem sie stehen, in literarische Texte. Sie werden Teil eines multiperspektivischen literarischen Konzeptes, in dem viele unterschiedliche Textformen nebeneinander stehen, um ein komplexes Gesamtbild des Geschehens zu ergeben.

*»Einladung an alle« ist der einzige Dokumentarroman, den Sie geschrieben haben, neben mehreren fiktionalen Romanen und vielen Erzählungen, Novellen und Sachbüchern. Wie definieren Sie den Dokumentarroman?*
Er ist ein ebenso legitimes Genre der Literatur wie ein fiktionaler Roman. Und zwischen beiden Romanformen gibt es fließende Übergänge. Auch in einem realistischen fiktionalen Roman kommen Schauplätze, Vorgänge und

Sachverhalte vor, die stimmen müssen. Doch bei der Erfindung der Romanhandlung und ihrer szenischen Entfaltung, vor allem bei der Charakteristik der Personen hat der Autor eines fiktionalen Romans nahezu unbeschränkte Gestaltungsfreiheit. Er kann, inspiriert von neuen Einfällen, alles bisher Geschriebene wieder verändern und in eine neue, unerwartete Richtung lenken. Das unterscheidet ihn vom Autor eines Dokumentarromans, der sich an ein vorgegebenes Geschehen halten muß, das in der Regel im Klappentext des Buches auch ausdrücklich erwähnt wird. Doch sein sorgfältig und umfangreich recherchiertes Material bliebe eine Anhäufung toter Fakten, wenn es nicht von der Vorstellungskraft des Autors und seiner Sprache zum Leben erweckt würde. Fast alles fehlt ja noch: Gefühle, Gedanken, Dialoge, Bewegungen und Blicke, Impressionen des Augenblicks und alles Beiläufige und Unerwartete, das immer zum realen Leben gehört. Für mich sind im fiktionalen Roman, aber auch im Dokumentarroman, Vorstellungskraft und Einfühlungsvermögen die entscheidenden Eigenschaften eines Schriftstellers. Im Unterschied zum Phantasieren wie im Fantasyroman, das die Realität nach Belieben überfliegt.

*Sie empfinden also eine – von uns als naiv beurteilte – Rezeptionserwartung, welche das Romangeschehen für bare Münze nimmt, keinesfalls als naiv, sondern eher als angemessen?*

Diese Formulierung, etwas »für bare Münze nehmen«, bezeichnet ein naives Literaturverständnis, insofern es dem Leser die Erwartung unterstellt, ein literarischer Text müsse und könne im Verhältnis eins zu eins einem realen Vorbild entsprechen. Aber wie schon gesagt: So verhält es sich nicht einmal im Dokumentarroman. Wir machen uns immer ein Bild von den handelnden Personen, den Szenen, in denen sie auftreten, ihrem Verhalten, ihren Äußerungen, ihren Gedanken und inneren Konflikten. In dieses Bild und in die sich entwickelnde Geschichte fließen Erfahrungen aus den verschiedensten Quellen ein. Der Autor weiß meistens nicht, woher seine Einfälle kommen. Für ihn ist das Schreiben eines Romans eine fortschreitende Imagination. Schritt für Schritt folgt er intuitiven Einsichten in die wachsende Komplexität des dargestellten Geschehens und lässt viele Vorstellungen, mit denen er begann, als überwundene Klischees hinter sich.

*Die Identifizierung des Textes mit der Realität fördern Sie ja gezielt dadurch, dass Sie Ihren Figuren eine außerordentlich starke Präsenz und plastische Struktur verleihen. Ihnen gelingt dies, indem Sie in diese Rollen regelrecht hineinschlüpfen. Aber spätestens dann, wenn es sich um eine weibliche Figur handelt, wird doch der artifizielle Charakter dieses Rollenspiels selbst für den harmlosesten Leser durchschaubar.*

Sie meinen, weil ich keine Frau bin? Ich bin ja auch kein Mörder und kein Selbstmörder, aber beides habe ich beschrieben. Und zwar in dem Gefühl, es genau zu wissen. Es wundert mich deshalb auch immer, wenn man darüber staunt, dass sich ein Mann in das Bewusstsein und das Gefühlsleben einer Frau hineindenken kann. Offenbar unterstellt man, der Geschlechtsunterschied sei eine unüberwindbare Hürde für das gegenseitige Verstehen. Die Literaturgeschichte belegt etwas ganz anderes: Bedeutende Frauengestalten wie Emma Bovary, Anna Karenina und Effi Briest – um nur die drei berühmten Ehebruchsromane des 19. Jahrhunderts zu nennen – sind von Männern geschaffen worden. Wir sind eben keine fensterlosen Monaden. Wir können über uns hinaus sehen. Nicht immer und in jedem Fall, und meistens nur höchst beschränkt. Aber das literarische Schreiben und das Lesen sind privilegierte Erkenntnissituationen, weil sie nicht unter den Verhaltenszwängen realer Situationen stehen. Das macht es möglich, sich angstfrei in fremde Personen und problematische Situationen hinein zu denken und so die Erfahrung zu machen, daß man viel mehr weiß und sich vorzustellen imstande ist, als man sich unter dem Druck alltäglicher Situationen und Vorurteile eingestanden hat. Das bekannte Statement »die Kunst ist frei«, das sich gegen politische Zensur verwahrt, bedeutet psychologisch gesehen vor allem, sie müsse auch frei sein von den Schematismen der Routine und den Blockaden der Angst. Nur so wird sie realitätsfähig und kann sich auf alle Aspekte des Lebens einlassen, auch auf Befremdliches, Anstößiges, Erschreckendes. Dabei geschieht eine wunderbare Umwandlung. Ohne daß die dargestellte Negativität verleugnet würde, erleben der Autor und die Leser den Text als das Erscheinen einer neuen Wahrheit, einen Zuwachs an Sein. Also als etwas außerordentlich Beglückendes.

*Sie interpretieren das als Erkenntnis. Aber es handelt sich doch um Kunst, also um etwas Gemachtes.*
Ja sicher. Aber was heißt das? Erkenntnis ist ja ein produktiver Prozess. Indem wir die Welt um uns herum wahrnehmen, m a c h e n wir uns ein Bild von ihr. In einem umfassenden Sinn sprechen wir sogar von unserem Weltbild, interpretieren es also als ein Konstrukt. Das Schreiben eines Romans oder einer Erzählung ist ein Zusammenspiel von konzeptioneller Arbeit und spontanen Einfällen, also in wechselnden Maßen Konstrukt und unwillkürlicher Prozeß. Das ist so, als hätte eine Suchmachine im Kopf unter der Vorgabe des Themas und des Konzeptes das ganze Arsenal der gespeicherten Erfahrungen, Eindrücke und Gedankenspuren nach expressivem Material

abgesucht und es dem prüfenden und komponierenden Verstand zugespielt, damit er nach seinem Bedarf davon Gebrauch machen kann. Abgesunkenes Erlebnismaterial reagiert wie ein empfindlicher Resonanzboden, der in Schwingung gerät, wenn neue existentiell bedeutsame Motive auftauchen.

*Was verstehen Sie darunter?*
Motive, Eindrücke, die unsere Interessen, Neigungen und Wertvorstellungen berühren und vielleicht auch in Frage stellen.

*Das kann dann auch der Keim eines neuen Buch sein.*
Ja, der Autor wittert sozusagen das im Stoff verborgene und zu ihm passende Thema. In meinem Verständnis ist ein Schriftsteller nicht jemand, der über wechselnde aktuelle Beliebigkeiten schreibt, sondern aus einer persönlichen, sich fortschreitend differenzierenden Perspektive die Themen seiner Bücher entwickelt.

*Auch seinen persönlichen Stil, an dem ihn seine Leser schon auf den ersten Seiten erkennen.*
Nicht immer, aber oft.

*Wie verhält es sich mit prägenden sozialen Hintergründen bei der Literaturrezeption?.*
Schauen wir noch einmal zurück auf Ihre anfängliche Frage nach den Unterschieden der Literaturrezeption von Großstädtern und Landbewohnern. Da spielt es wahrscheinlich eine Rolle, daß die Stadt eine instabilere und unübersichtlichere Lebensform bietet als das Land, wo man sich gegenseitig kennt und vermutlich zum großen Teil noch in gemeinsamen Formen und Überzeugungen lebt. Das könnte sich bei der literarischen Lektüre der

Landbevölkerung in einer engeren thematischen und stilistischen Auswahl und in stärkeren moralischen Vorurteilen ausdrücken, also in der Abwehr der als verstörend und bedrohlich erfahrenen städtischen Entgrenzung des Bewußtseins. Aber das sind generalisierende Vermutungen. Individuell kann natürlich vieles anders aussehen.

*Trotzdem möchten wir uns noch nicht von unserer Vorstellung eines spezifisch ländlichen Leseverhaltens verabschieden. Deshalb noch eine weitere kleine Bobachtung, die wir bei Ihrer Lesung im Landkreis Vechta gemacht haben: Eine Zuhörerin bezeichnete in dem sich an die Lesung anschließenden Gespräch den in der Erzählung dargestellten Ehekonflikt als »banal«, womit sie offenbar sagen wollte, ein so skandalöses Verhalten sei primitiv und indezent und käme in ihrer eigenen, intakten, sittlich gefestigten Lebenswirklichkeit nicht vor.*
Ja, ich erinnere mich. Anscheinend fand die Dame, daß die Literatur sich höheren, geistigen Themen zuwenden solle und so etwas Abstoßendes wie ein Ehebruch im Grunde nicht darstellenswürdig sei. Sie schien von einer Rangordnung auszugehen, in der alle Lebenserscheinungen einen unverrückbaren Platz hatten. Der Ehebruch rangierte in ihrer Lebensordnung sehr weit unten.

*Und genau dieses Lesemuster, das einem Denk- und Verhaltensmuster entspricht, treffen wir beim ländlichen Publikum regelmäßig an.*
Es kann aber auch anders gewesen sein. Vielleicht wollte die Fragerin nur von mir hören, warum mich dieses Thema interessiert hat. Ich hätte ihr vielleicht erklären sollen, daß menschliche Krisen, in denen sich gewohnte Lebensformen auflösen, immer auch Lebensphasen sind, in denen es um neue Wahrheiten geht. Die Geschichte »In der

Oper« läßt übrigens keinen Zweifel an der Widersprüchlichkeit des Geschehens.

*Gibt es auch Fragen aus dem Publikum, die Sie als unangebracht oder unangenehm empfinden?*

In der Regel nicht. Zunächst einmal gehe ich davon aus, daß es keine unberechtigten Fragen gibt, wohl aber ungenau formulierte oder unreflektierte Fragen. Dann muß man das Problem erkennen, das in der Frage verborgen ist, um sie produktiv beantworten zu können.

*Sie gehen also sehr pädagogisch auf ihr Publikum ein.*

Ich möchte meinen Lesern nichts Bestimmtes beibringen, schon gar nicht etwas Normatives. Aber ich möchte ihren Blick für das Leben erweitern.

*Durch das Lesen, das Verstehen von Literatur?*

Ja, ernstzunehmende literarische Texte sind für mich Verdichtungen des großen Lebenstextes, der uns umgibt und im Lesen und Schreiben eines Romans oder einer Erzählung intensiv und beispielhaft erschlossen werden kann. Und zwar individuell, aus dem Lebenshintergrund der persönlichen Erfahrung heraus. Immer mehr Menschen scheinen das zu suchen, nachdem die großräumigen Welterklärungssysteme der Religion oder der politischen Ideologien durch zeremoniellen Verschleiß und Missbrauch zunehmend an Triftigkeit und Glaubhaftigkeit verloren haben.

*Würden Sie auch über strukturelle und stilistische Probleme mit einem Publikum diskutieren?*

Grundsätzlich ja. Manchmal habe ich das auch getan. Zum Beispiel habe ich Zuhörern erklärt, warum ich meinen Roman »Der Liebeswunsch« nach einem ursprünglich anders geplanten Anfang mit einer Rückblende begonnen habe. Oder ich habe über das Nebeneinander von Ich- und Er-Perspektiven im selben Roman gesprochen. Aber um detailliert über den Text, also seine Mikrostruktur, sprechen zu können, müsste jeder Zuhörer ein aufgeschlagenes Buch in der Hand haben. Das wäre dann wie in der Schule und keine besonders attraktive Veranstaltung, jedenfalls nicht für alle.

Außerdem finde ich, dass ein mit Sinn für Pausen, Tempi und Satzbau vorgelesener Text schon ein interpretierter, aufgeschlossner Text ist, in dem die Details und die tragenden Zusammenhänge zu leuchten beginnen. Und darin sehe ich den eigentlichen Sinn einer literarischen Lesung. Sie nötigt den Zuhörer zu mehr Aufmerksamkeit. Meistens liest man nämlich beim stummen Lesen viel zu schnell. Man gleitet rasch in einem gleichmäßigen Tempo über das Relief und die Nuancen des Textes hinweg, weil man neugierig ist, wie die Handlung weitergeht. Oft haben mir Zuhörer nach der Veranstaltung gesagt, daß sie den Text dank der Lesung viel differenzierter verstanden hätten als bei ihrer ersten Lektüre.

Früher, als ich als Lektor Manuskripte junger Autoren kritisch zu betreuen hatte, habe ich, sozusagen in umgedrehter Versuchsanordnung, schon die gleiche Erfahrung gemacht. Immer wenn ich in einem Manuskript Schwächen entdeckte, habe ich die Autoren gebeten, mir die entsprechenden Seiten langsam vorzulesen. Meistens entdeckten sie die Schwächen dann selber.

*Könnte man aus solchen Erfahrungen Anregungen für literarische Veranstaltungen gewinnen?*

Ich weiß nicht. Es müssten Wochenendseminare sein. Mein persönliches Interesse wäre das nicht. Auch nicht, wenn ich noch ein junger Autor wäre. Bei solchen kollegialen

Zusammenkünften und Workshops gibt es immer einen gewissen Konformitätsdruck, was als aktuelle Literatur zu gelten habe und was nicht.

*Wir denken an Veranstaltungen mit einer kleineren Gruppe von Lesern, in deren Mittelpunkt das Werk eines Autors steht.*

Solche Seminare gibt es sicher in dem einem oder anderem Literaturhaus. Doch parallel zu den Literaturhäusern – und vielleicht sogar mit ihnen verwandt – sind in den letzten Jahrzehnten überall kleine private Lesekreise entstanden, in denen sich Menschen regelmäßig zusammenfinden, um sich über ein Buch zu unterhalten, das sie alle gelesen haben. Ich habe einige Male an solchen Zusammenkünften teilgenommen und war immer beeindruckt von der Offenheit und der Konkretion der Gespräche, die in gleicher Weise um das Leben des Textes und den Text des Lebens gingen.

# Nachweis der Veröffentlichungen

*Wahrnehmung, Vorstellung, Evidenz.* Gespräch mit Daniel Lenz und Eric Pütz. 1998. Sendedatum im WDR nicht ermittelt.

*Der Augenblick der Erkenntnis.* In: »Mein Bibeltext«, Hg. Friedrich Schorlemmer. Stuttgart 1999, S. 265/266. Und in: Dieter Wellershoff, »Das Kainsmal des Krieges«, Landpresse. Weilerswist 1998.

*Die Entstehung eines Romans. Ein Zwischenbericht.* Vortrag, gehalten in der Akademie der Wissenschaften und der Literatur in Mainz am 23. April 1999. Druckfassung in: »Abhandlungen der Klasse der Literatur / Akademie der Wissenschaften und der Literatur«, Nr. 3, Jg. 2000.

*Das Schweigen der alten Kirchen.* In: »Romanik in Köln«, eine Anthologie, Hg. Förderverein Romanische Kirchen. Köln 2001, S. 12–18.

*Das Zerreißen des Sinns.* Rede zur Verleihung des Hölderlinpreises am 7. 6. 2001 in Bad Homburg. Unveröffentlicht.

*Dazwischen und darüber sein.* Rede zur Verleihung des Joseph-Breitbach-Preises am 28. 9. 2001 in der Akademie der Wissenschaften und der Literatur Mainz. Unveröffentlicht.

*Spurensuche.* Rede zur Verleihung des Niederrheinischen Kulturpreises in Krefeld, 1. 12. 2002. Unveröffentlicht.

*Köln – die wieder erstandene Stadt.* Gespräch mit Olaf Petersenn. 2002, veröffentlicht in dem Bildband Walter Dick und Dieter Wellershoff: »Köln. Stadt im Aufbruch«, Hg. Winfried Konnertz und Dietrich Magun. Köln o. J.

*Nichts ist sicher, alles kann geschehen.* Gespräch mit Heinz Norbert Jocks anläßlich des Irakkrieges. In: »Freitag« Nr. 16, 14. 4. 2003.

*Bodenlosigkeit oder Der Betrogene ruft an. Versuch einen Dialog zu lesen.* In: ZENO, Jahrheft für Literatur + Kritik, 24. Jahrg., Heft 25, 2003, S. 35–52.

*Die Literatur und die Erfahrbarkeit des Lebens.* Rede zur Verleihung des Ernst-Robert-Curtius-Preises für Essayistik am 23. 6. 2005 in der Universität Bonn. Unveröffentlicht.

*Small talk und Konspiration.* In: »Stille Post. Inoffizielle Schriftstellerkontakte zwischen West und Ost«, Hg. Roland Berbig. Berlin 2005.

*Der riskante Beruf des Schriftstellers.* In: Kölner Stadt-Anzeiger vom 13./14. 8. 2005 als Abschlußtext einer zweiwöchigen Diskussion.

*Was war, was ist. Erinnerungen an den 2. Weltkrieg.* Vortrag bei der Festveranstaltung zur Woche der Brüderlichkeit der Kölnischen Gesellschaft für christlich-jüdische Zusammenarbeit im Wallraf-Richartz-Museum am 29. Mai 2005. Veröffentlicht in der Dokumentation der Festveranstaltung im November 2005.

*Die Nachkriegszeit.* Anpassung oder Lernprozeß 2006. Unveröffentlicht.

*Das richtige und das falsche Leben.* Zum Werk Heinrich Bölls. In: STERN, Nr. 38, in der Reihe: Abschied von Heinrich Böll, S. 24/25, 1998.

*Vielstimmiges Intermezzo. Meine Zeit als Lektor.* In: »Krise des Lektorats?«, Hg. Gunter Nickel. Göttingen 2006.

*Der lange Weg zum Anfang. Die Entstehung des ersten Romans.* In: »Mein erstes Buch. Schriftsteller über ihr literarisches Debüt«, Hg. Renatus Deckert. Frankfurt am Main 2007.

*Leben – was sonst? Eine Frage an Gottfried Benn.* Vortrag, gehalten bei einer Gedächtnisveranstaltung zum 50. Todestag im Westend-Krankenhaus in Berlin am 20. 5. 2006, veröffentlicht in: Frankfurter allgemeine Sonntagszeitung, 24. 12. 2006, S. 24

*Geisterbeschwörung.* Die literarischen Emigranten der Nazizeit. 2006. Unveröffentlicht.

*Das Leben des Textes und der Text des Lebens. Gunter Geduldig und Ursula Schüssler im Gespräch mit Dieter Wellershoff.*

Vorabdruck aus dem Buch *Literarisches Leben hier zu Lande*, hrsg. im Auftrag der Rolf-Dieter-Brinkmann-Gesellschaft e.V. und der Oldenburgischen Landschaft von Gunter Geduldig. Das Buch wird voraussichtlich im Herbst 2007 im Isensee Verlag (Oldenburg) erscheinen. – Das Gespräch mit Dieter Wellershoff führten Gunter Geduldig und Ursula Schüssler im November 2006 in Köln.

## Bibliographie: Dieter Wellershoff


Gottfried Benn – Phänotyp dieser Stunde, 1958/86
Der Gleichgültige. Versuche über Hemingway, Camus, Benn und Beckett, 1963/75
Ein schöner Tag. Roman, 1966/67/81
Die Schattengrenze. Roman, 1969/71/81
Literatur und Veränderung. Essays, 1969/71
Das Schreien der Katze im Sack. Hörspiele, 1970
Einladung an alle. Roman, 1972/86/88/93
Literatur und Lustprinzip. Essays, 1973/75
Doppelt belichtetes Seestück. Erzählungen, Gedichte, 1974
Die Auflösung des Kunstbegriffs. Essays, 1976
Die Schönheit des Schimpansen. Roman, 1977/2000
Glücksucher. Vier Drehbücher und begleitende Texte, 1979
Die Wahrheit der Literatur. Sieben Gespräche, 1980
Das Verschwinden im Bild. Essays, 1980
Die Sirene. Novelle, 1980/82/92/96
Der Sieger nimmt alles. Roman, 1983/86/95/2002
Die Arbeit des Lebens. Autobiographische Texte, 1985
Die Körper und die Träume. Erzählungen, 1986/89/93
Flüchtige Bekanntschaften. Vier Drehbücher und begleitende Texte, 1987
Wahrnehmung und Phantasie. Essays, 1988
Der Roman und die Erfahrbarkeit der Welt. Vorlesungen über den Roman, 1988/2005
Pan und die Engel. Ansichten von Köln, 1990/99
Blick auf einen fernen Berg. Autobiographischer Text über das Sterben des Bruders, 1991/95
Das geordnete Chaos. Essays zur Literatur, 1992

Im Lande des Alligators. Floridanische Notizen.
Reisebericht, 1992
Zwischenreich. Gedichte, 1993
Tanz in Schwarz. Prosaminiaturen und eine Erzählung, 1993
Angesichts der Gegenwart. Texte zur Zeitgeschichte, 1993
Der Ernstfall. Innenansichten des Krieges.
Autobiographischer Bericht, 1995/97
Inselleben. Zum Beispiel Juist, 1995
Zikadengeschrei. Novelle, 1995/99/2003
Das Schimmern der Schlangenhaut.
Frankfurter Poetikvorlesungen, 1996
Das Kainsmal des Krieges. Texte zur Zeitgeschichte, 1998
Der Liebeswunsch. Roman, 2000, neun weitere Auflagen
bis 2005
Der verstörte Eros. Zur Literatur des Begehrens.
Essay, 2001/04
Die Frage nach dem Sinn. Rede vor Abiturienten, 2003
Das normale Leben. Erzählungen, 2005
Der lange Weg zum Anfang. Zeitgeschichte, Lebensgeschichte,
Literatur. Aufsätze, Reden, Gespräche, 2007.
Werke Bd. 1 bis 6, herausgegeben von Keith Bullivant und
Manfred Durzak, 1996 f. Die Edition wird fortgesetzt.

Dieter Wellershoff
Das normale Leben

Erzählungen
Gebunden

Nach dem überwältigenden Erfolg seines Romans »Der Liebeswunsch« setzt Dieter Wellershoff mit zehn neuen, subtilen Erzählungen seine Beschreibung der alltäglichen Glückssuche der Menschen unserer Zeit fort. Nuancenreich, eindringlich und berührend zeigt er Wendepunkte des Lebens, ergriffene und verpasste Chancen, kühle Phantasien und kleinmütige Fluchten.

»Es ist die Präzision und Dichte von Dieter Wellershoffs literarischer Verhängnisforschung, die einen in Bann schlägt. In der epischen Erkundung bürgerlicher Daseinsverfehlungen ist dieser Autor nicht zu übertreffen.« *Neue Zürcher Zeitung*

»Die hohe Kunst von Dieter Wellershoff ist es, die Macht der Gefühle der Kraft der Vernunft zu unterziehen.« *WDR*

»Faszinierend und fesselnd.« *Kölner Stadt-Anzeiger*

# Dieter Wellershoff
# Der Liebeswunsch

Roman
Gebunden

»Der Liebeswunsch« erzählt von zwei Paaren, deren ritualisierte Freundschaftsordnung durch den leidenschaftlichen Lebenstraum einer der Frauen zerstört wird. »Der Liebeswunsch« wurde verfilmt und startet im Frühjahr 2007 in den Kinos.

»Ein erzählerisches Meisterstück.«
*Volker Hage, Der Spiegel*

»Ein von der ersten bis zur letzten Seite fesselnder, ebenso gescheiter wie unterhaltsamer Roman.«
*Martin Lüdke, Literaturen*

»Ich habe selten erlebt in unserer zeitgenössischen Literatur, dass Liebe so vergegenwärtigt wird. Mit 75 hat Dieter Wellershoff sein Meisterstück geschrieben!«
*Marcel Reich-Ranicki im Literarischen Quartett*

Dieter Wellershoff
Der verstörte Eros

Zur Literatur des Begehrens
Gebunden

Dieter Wellershoff folgt der Darstellung von Liebe und Leidenschaft, Verführung und Ehebruch in exemplarischen Werken der Literatur der letzten zweihundert Jahre, wobei er das Werk und die jeweilige Lebensgeschichte der Autoren, von Goethe bis Houellebecq, spannend und hellsichtig miteinander verknüpft.

Die dargestellten Autoren:
Johann Wolfgang Goethe, Choderlos de Laclos, Friedrich Schlegel, Stendhal, Honoré de Balzac, Gustave Flaubert, Leo Tolstoi, Theodor Fontane, Marcel Proust, Rudolf Borchart, Emile Zola, Thomas Mann, D. H. Lawrence, Henry Miller, Georges Bataille, Vladimir Nabokov, James Joyce, John Updike, Michel Houellebecq, Harold Brodkey, Elfriede Jelinek, Bret Easton Ellis